CRÍTICA
da Faculdade de Julgar

Coleção Fundamentos do direito

© Copyright da tradução – 2009
Ícone Editora Ltda.

Conselho Editorial
Cláudio Gastão Junqueira de Castro
Diamantino Fernandes Trindade
Dorival Bonora Jr.
José Luiz Del Roio
Marcio Pugliesi
Marcos Del Roio
Neusa Dal Ri
Tereza Isenburg
Ursulino dos Santos Isidoro
Vinícius Cavalari

Tradução
Daniela Botelho B. Guedes

Revisão Técnica da Tradução
José Ignácio Coelho Mendes Neto
Mestre em Filosofia pela FFLCH – USP

Design de Capa e Diagramação
Rodnei de Oliveira Medeiros

Revisão
Rosa Maria Cury Cardoso

Proibida a reprodução total ou parcial desta obra, de qualquer forma ou meio eletrônico, mecânico, inclusive através de processos xerográficos, sem permissão expressa do editor.
(Lei nº 9.610/98)

Todos os direitos reservados pela
ÍCONE EDITORA LTDA.
Rua Anhanguera, 56 – Barra Funda
CEP: 01135-000 – São Paulo/SP
Fone/Fax.: (11) 3392-7771
www.iconeeditora.com.br – iconevendas@iconeeditora.com.br

Immanuel Kant

CRÍTICA
da Faculdade de Julgar

Coleção Fundamentos do Direito

1ª Edição - 2009

Dados Internacionais de Catalogação na Publicação (CIP)
(Câmara Brasileira do Livro, SP, Brasil)

Kant, Immanuel, 1724-1804.
 Crítica da faculdade de julgar / Kant ; [tradução Daniela Botelho B. Guedes]. -- São Paulo : Ícone, 2009.

 Título original: Critica del juicio.
 ISBN 978-85-274-1036-6

 1. Juízo (Estética) 2. Juízo (Lógica) 3. Teologia I. Título.

09-02657
CDD-111.85
-124

Índices para catálogo sistemático:

1. Crítica do juízo : Faculdade de julgar : Estética : Filosofia   111.85
2. Crítica do juízo : Faculdade de julgar : Teleologia : Filosofia   124

ÍNDICE

Prefácio, 11

INTRODUÇÃO

I – *Da divisão da filosofia, 15*
II – *Da jurisdição da filosofia em geral, 18*
III – *Da crítica da faculdade de julgar como membro de enlace que une num todo as duas partes da filosofia, 21*
IV – *Da faculdade de julgar como faculdade legislativa a priori, 24*
V – *O princípio da finalidade formal da natureza é um princípio transcendental da faculdade de julgar, 26*
VI – *Da união do sentimento de agrado com o conceito de finalidade da natureza, 31*
VII – *Da representação estética da idoneidade da natureza, 34*
VIII – *Da representação lógica da idoneidade da natureza, 37*
IX – *De como a faculdade de julgar une as legislações do entendimento e da razão, 40*

CRÍTICA DA FACULDADE DE JULGAR

Primeira Parte

CRÍTICA DA FACULDADE DE JULGAR ESTÉTICA

Seção Primeira

ANALÍTICA DA FACULDADE DE JULGAR ESTÉTICA

Livro Primeiro

ANALÍTICA DO BELO

Primeiro fator do juízo de gosto, segundo a qualidade

§ 1. - *O juízo de gosto é estético*, 47
§ 2. - *O prazer que dá lugar ao juízo de gosto é alheio a todo interesse*, 48
§ 3. - *O prazer pelo agradável está associado ao interesse*, 49
§ 4. - *O prazer pelo bom está associado ao interesse*, 51
§ 5. - *Comparação das três classes de prazer especificamente diferentes*, 53

Segundo fator do juízo de gosto: o relativo à sua quantidade

§ 6. - *O belo é o que, sem conceitos, se representa como objeto de um prazer universal*, 55
§ 7. - *Comparação do belo com o agradável e bom considerando esta última observação*, 56
§ 8. - *Num juízo de gosto, a universalidade do prazer se representa unicamente como subjetiva*, 57
§ 9. - *Investigação da questão de se no juízo de gosto o sentimento de agrado precede ao juízo do objeto ou este àquele*, 61

Terceiro fator dos juízos de gosto: segundo a relação dos fins que neles estão presentes

§ 10.- *Da finalidade em geral*, 64
§ 11.- *O juízo de gosto não tem por fundamento nada mais que a forma da finalidade de um objeto (ou do modo de representação desse objeto*, 65
§ 12.- *O juízo de gosto se baseia em fundamentos a priori*, 66

§ 13.- *O juízo de gosto puro é alheio a estímulos e emoções*, 67
§ 14.- *Explicação por meio de exemplos*, 68
§ 15.- *O juízo de gosto é totalmente independente do conceito de perfeição*, 71
§ 16.- *Não é puro o juízo de gosto que declara belo o objeto que responde a um conceito determinado*, 73
§ 17.- *Do ideal de beleza*, 76

Quarto fator do juízo de gosto, segundo a modalidade do prazer pelos objetos

§ 18.- *O que pode ser a modalidade de um juízo de gosto*, 81
§ 19.- *A necessidade subjetiva que atribuímos ao juízo de gosto é condicionada*, 82
§ 20.- *A condição da necessidade, invocada por um juízo de gosto, é a ideia de um sentido comum*, 82
§ 21.- *Se há razão para pressupor um sentido comum*, 83
§ 22.- *A necessidade do assentimento universal implícito num juízo de gosto é uma necessidade subjetiva, representada como objetiva partindo da hipótese de um sentido comum*, 84
Comentário geral à Seção Primeira da Analítica, 86

Livro Segundo
ANALÍTICA DO SUBLIME

§ 23.- *Passagem da faculdade de julgar o belo à de julgar o sublime*, 91
§ 24.- *Da divisão de uma investigação do sentimento do sublime*, 94

A. DO SUBLIME MATEMÁTICO

§ 25.- *Definição nominal do sublime*, 95
§ 26.- *Da estimativa de magnitudes das coisas naturais exigida para a ideia do sublime*, 98
§ 27.- *Da qualidade do prazer no juízo do sublime*, 104

B. DO DINAMICAMENTE SUBLIME DA NATUREZA

§ 28.- *Da natureza como potência*, 108
§ 29.- *Da modalidade do juízo sobre o sublime da natureza*, 112
Comentário geral sobre a exposição dos juízos reflexionantes estéticos, 115

Dedução dos juízos estéticos puros

§ 30. - *A dedução dos juízos estéticos sobre os objetos da natureza não deve ser orientada ao que neles qualificamos de sublime, mas apenas ao belo, 128*

§ 31. - *Do método da dedução dos juízos de gosto, 129*

§ 32 - *Primeira característica do juízo de gosto, 131*

§ 33 - *Segunda característica do juízo de gosto, 133*

§ 34 - *Não é possível nenhum princípio objetivo do gosto, 134*

§ 35 - *O princípio do gosto é o princípio subjetivo da própria faculdade de julgar, 136*

§ 36 - *Do problema de uma dedução dos juízos de gosto, 137*

§ 37 - *O que se afirma propriamente* a priori *de um objeto num juízo de gosto?, 138*

§ 38 - *Dedução dos juízos de gosto, 139*

Comentário, 140

§ 39 - *Da comunicabilidade de uma sensação, 141*

§ 40. - *Do gosto como uma espécie de sensus communis, 142*

§ 41. - *Do interesse empírico pelo belo, 146*

§ 42. - *Do interesse intelectual pelo belo, 148*

§ 43. - *Da arte em geral, 152*

§ 44. - *Da arte bela, 154*

§ 45. - *A arte bela é arte na medida em que ao mesmo tempo parece ser natureza, 156*

§ 46. - *A arte bela é arte do gênio, 157*

§ 47. - *Esclarecimento e confirmação da definição anterior do gênio, 158*

§ 48. - *Da relação do gênio com o gosto, 160*

§ 49. - *Das faculdades do espírito que constituem o gênio, 163*

§ 50. - *Da união do gosto com o gênio nos produtos da arte bela, 169*

§ 51. - *Da divisão das belas artes, 170*

§ 52. - *Da união das belas artes num mesmo produto, 175*

§ 53. - *Comparação entre os valores estéticos das distintas belas artes, 176*

§ 54. - Comentário, 180

Seção Segunda
Da crítica da faculdade de julgar estética
DIALÉTICA DA FACULDADE DE JULGAR ESTÉTICA

§ 55. -, 187

§ 56. - *Representação da antinomia do gosto, 188*

§ 57. - *Solução da antinomia do gosto*, 189
Comentário I, 192
Comentário II, 194
§ 58. - *Do idealismo da idoneidade tanto da natureza como da arte, como princípio único da faculdade de julgar estética*, 196
§ 59. - *Da beleza como símbolo da moralidade*, 201
§ 60. - Apêndice. *Da metodologia do gosto*, 205

Segunda Parte
Da crítica da faculdade de julgar
crítica da faculdade de julgar teleológica

§ 61. - *Da idoneidade objetiva da natureza*, 207

Seção Primeira
Analítica da faculdade de julgar teleológica

§ 62. - *Da idoneidade objetiva formal em oposição à material*, 210
§ 63. - *Da idoneidade relativa da natureza em oposição à intrínseca*, 215
§ 64. - *Do caráter peculiar das coisas como fins naturais*, 218
§ 65. - *As coisas, como fins naturais, são seres organizados*, 220
§ 66. - *Do princípio para julgar a idoneidade intrínseca dos seres organizados*, 224
§ 67. - *Do princípio do juízo teleológico da natureza em geral como sistema de fins*, 226
§ 68. - *Do princípio da teleologia como princípio intrínseco da ciência natural*, 230

Seção Segunda
DIALÉTICA DA FACULDADE DE JULGAR TELEOLÓGICA

§ 69. - *O que é uma antinomia da faculdade de julgar*, 233
§ 70. - *Representação dessa antinomia*, 234
§ 71. - *Preparação para resolver a antinomia anterior*, 237
§ 72. - *Dos diversos sistemas sobre a idoneidade da natureza*, 238
§ 73. - *Nenhum dos sistemas anteriores alcança o que pretende*, 241
§ 74. - *A causa da impossibilidade de se tratar dogmaticamente o conceito de uma técnica da natureza é a inexplicabilidade de um fim natural*, 244
§ 75. - *O conceito de uma idoneidade objetiva da natureza é um princípio crítico da razão para a faculdade de julgar especulativa*, 246
§ 76. - *Comentário*, 250

§ 77. - *Da peculiaridade do entendimento humano, graças à qual é possível para nós o conceito de um fim natural*, 254
§ 78. - *Da união do princípio do mecanismo universal da matéria com o teleológico na técnica da natureza*, 260

Apêndice
METODOLOGIA DA FACULDADE DE JULGAR TELEOLÓGICA

§ 79. - *Se a teleologia deve ser tratada como pertencente à teoria da natureza*, 267
§ 80. - *Da necessária subordinação do princípio do mecanismo ao teleológico na explicação de uma coisa como fim natural*, 268
§ 81. - *Da associação do mecanismo ao princípio teleológico para a explicação de um fim da natureza como produto natural*, 273
§ 82. - *Do sistema teleológico nas relações exteriores dos seres organizados*, 276
§ 83. - *Do fim último da natureza como sistema teleológico*, 281
§ 84. - *Do final da existência de um mundo, isto é, da criação mesma*, 285
§ 85. - *Da teologia física*, 287
§ 86. - *Da teologia ética*, 293
Comentário, 296
§ 87. - *Da demonstração moral da existência de Deus*, 298
§ 88. - *Limitação da validade da prova moral*, 303
Comentário, 309
§ 89. - *Da utilidade do argumento moral*, 310
§ 90. - *Da classe de aquiescência numa prova teleológica da existência de Deus*, 312
§ 91. - *Do modo de aquiescência alcançável por meio de uma fé prática* 318
Comentário geral à teleologia, 326

PREFÁCIO

Pode qualificar-se de razão pura a faculdade de conhecer com base em princípios a priori, e de crítica da razão pura a investigação da possibilidade e dos limites dessa faculdade, independentemente de que se entenda por tal faculdade só a razão em seu uso teórico, como se fez na primeira obra que leva essa denominação, sem incluir também na investigação sua faculdade como razão prática segundo seus princípios especiais. Aquela se propõe então como mero objeto nossa faculdade de conhecer coisas a priori, e, consequentemente, se ocupa somente da faculdade do conhecimento, deixando de lado o sentimento de agrado e desagrado e a faculdade de desejar; e, entre as faculdades do conhecimento, trata do entendimento segundo seus princípios a priori, com exclusão da faculdade de julgar e da razão (como faculdades pertencentes igualmente ao conhecimento teórico), porque logo se descobre que nenhuma outra faculdade de conhecimento que não seja o entendimento pode oferecer princípios cognitivos constitutivos a priori. De fato, a crítica que os seleciona em conjunto segundo a participação que cada um dos demais possa alegar na posse nua do conhecimento como procedente de raiz própria, não deixa como resíduo senão o que a razão prescreve a priori como lei da natureza, entendendo a última como conjunto de fenômenos (cuja forma se dá igualmente a priori); mas relega todos os demais conceitos puros às ideias, que excedem nossa faculdade de conhecimento teórico, o que não quer dizer que sejam inúteis nem que se possa prescindir delas, pelo contrário, servem de princípios reguladores: em parte, para pôr limite às alarmantes pretensões do entendimento, quando este (fundando-se em sua faculdade de dar a priori as condições da possibilidade de todas as coisas que ele possa reconhecer) pretende encerrar nesses mesmos limites a possibilidade de todas as coisas; em parte, para dirigir o mesmo entendimento no estudo da natureza, segundo um princípio de totalidade (mesmo que não possa alcançá-la nunca) favorecendo desse modo a intenção final de todo conhecimento.

O entendimento, que tem sua jurisdição própria, a saber: a faculdade de conhecer, na medida em que contém princípios cognitivos constitutivos a priori, foi, pois, o que, graças ao que se costuma denominar crítica da razão pura, seria colocado em posse segura, mas limitada[1], com respeito a todas as demais faculdades rivais. E, igualmente, à razão, que não contém, senão meramente com respeito à faculdade apetitiva, princípios constitutivos a priori, atribui-se como domínio a crítica da razão prática.

A questão de se a faculdade de julgar, na ordem de nossas faculdades de conhecimento, membro intermediário entre o entendimento e a razão, tem também por si princípios a priori; a de se estes são constitutivos ou meramente reguladores (não oferecendo, consequentemente, nenhuma jurisdição própria), e a de se a faculdade de julgar dá a regra a priori ao sentimento de agrado e desagrado, a título de membro intermediário entre a faculdade de conhecer e a de desejar (tal como o entendimento prescreve leis à primeira dessas faculdades e a razão à segunda): todas essas questões são tratadas na presente crítica do juízo.

Seria incompleta uma crítica da razão pura, quer dizer, de nossa capacidade de julgar segundo princípios a priori, se como parte especial sua não tratasse da faculdade de julgar, a qual, a título de faculdade do conhecer, tem também direito de julgar desse modo; isso apesar de que seus princípios não poderiam constituir, num sistema de filosofia pura, nenhuma parte especial entre o teórico e o prático, mas, havendo necessidade, teriam que ser incorporados eventualmente a um ou outro desses setores, pois se alguma vez chegar a se formar um sistema semelhante, com a

---

[1] Interpretação de Schöndörffer; em vez de "limitada", o texto original diz "einig" = unida, que Erdmann interpreta no sentido de "única", e Windelband no de "exclusiva".

denominação geral de Metafísica, o que se poderia realizar perfeitamente de um modo completo e seria de suma importância para o uso da razão sob todos os aspectos, será necessário então que a crítica haja explorado previamente o terreno desse edifício, penetrando, com efeito, até a base primeira da faculdade de princípios independentes da experiência, para que esse edifício não se rache em qualquer parte acarretando inevitavelmente o desmoronamento do todo.

Mas da natureza da faculdade de julgar (cujo uso correto é tão necessária e geralmente requerido que, consequentemente, com o nome de entendimento são se alude precisamente a essa faculdade e não a outra) pode-se depreender facilmente que deve oferecer grandes dificuldades ao descobrimento de um princípio característico dela (pois um ou outro deve conter a priori, já que de outra forma não se exporia sequer à crítica mais comum como faculdade especial de conhecimento), princípio que, não obstante, não deve ser deduzido de conceitos a priori, visto que estes pertencem ao entendimento, e a faculdade de julgar se volta apenas para sua aplicação. Tem que dar, pois, um conceito que não sirva propriamente para conhecer coisa alguma, mas sim que só lhe sirva de regra, porém não de regra objetiva à qual possa adaptar seu juízo, porque para isso se necessitaria, por sua vez, outro juízo para poder distinguir se o caso dado é ou não o da regra.

Essa perplexidade por um princípio (seja subjetivo ou objetivo) se apresenta principalmente nos juízos denominados estéticos, que se referem ao belo e ao sublime, da natureza ou da arte. E, entretanto, a investigação crítica neles de um princípio da faculdade de julgar é o elemento mais importante da crítica dessa faculdade, visto que, embora por si mesmos em nada contribuam ao conhecimento das coisas, pertencem unicamente à faculdade do conhecimento e revelam uma relação direta dessa faculdade com o sentimento de agrado ou desagrado segundo algum modo de princípio a priori, sem confundi-lo com o que possa ser motivo determinante da faculdade de desejo, porque esta tem nos conceitos da razão seus princípios a priori. Mas, no que se refere ao juízo lógico[2] da natureza, ali onde a experiência estabelece uma legalidade nas coisas, que o conceito geral do sensível já não consegue

---

[2] "Teleológico", segundo Rosenkranz.

entender ou explicar, e a faculdade de julgar pode tomar de si mesma um princípio de relação da coisa da natureza com o supras-sensível incognoscível, mesmo que só necessite usá-lo para si mesma para o conhecimento da natureza – então semelhante princípio a priori pode e deve certamente aplicar-se para o conhecimento dos seres do mundo, e ao mesmo tempo abre perspectivas vantajosas para a razão prática; mas não tem relação direta alguma com o sentimento de agrado ou desagrado, que é precisamente o enigmático no princípio do juízo e o que determina a necessidade de dedicar um capítulo especial da crítica a essa faculdade, haja vista que o juízo lógico por conceitos (do qual jamais se poderá obter uma conclusão direta sobre o sentimento de agrado e desagrado) teria podido incorporar-se em todo caso à parte teórica da filosofia, junto com uma restrição crítica dela.

Como a investigação da faculdade do gosto como juízo estético não pode perseguir em nossa obra a formação e o cultivo do gosto (pois estes continuarão sempre sua marcha como até agora sem necessidade de todas estas investigações), a não ser só uma intenção transcendental – confio em que o fato de que resulte insuficiente para aquele fim haverá de merecer também indulgente juízo; em contrapartida, quanto à intenção aludida em último lugar, essa investigação tem que contar com o fato de que será objeto do mais severo exame. Porém, mesmo neste caso, a grande dificuldade de resolver um problema que a natureza complicou tanto poderá servir de desculpa – assim o espero –, se na solução se encontrar alguma obscuridade não totalmente evitável, à condição somente que o princípio se formule diretamente e se exponha com suficiente clareza; decerto, o modo de deduzir a partir daí o fenômeno da faculdade de julgar não tem toda a clareza que com razão se pode exigir em outras partes (por exemplo: de um conhecimento por conceitos) e que acredito haver conseguido também eu na segunda parte desta obra.

Com isso termino todo meu trabalho crítico. Sem demora me lançarei ao doutrinal, com o propósito de poder dedicar-lhe uma época ainda bastante favorável da minha vida antes que aumente minha velhice. Entende-se por si mesmo que nesse estudo não poderei dedicar uma parte especial à faculdade de julgar, porque para isso serve melhor a crítica que a teoria; pelo contrário, dividida a filosofia em teoria e prática, e em idênticas partes a pura, realizarão essa tarefa a Metafísica da natureza e a dos costumes.

INTRODUÇÃO

I

DA DIVISÃO DA FILOSOFIA

Está bem que, como se costuma fazer de ordinário, se divida a filosofia em teórica e prática, levando-se em conta que contém princípios do conhecimento racional das coisas por meio de conceitos (e não apenas, como a Lógica, princípios da forma do pensar em geral, sem distinção de objetos); mas então têm que ser especificamente distintos também os conceitos que atribuem seu objeto aos princípios desse conhecimento racional, pois de outro modo não haveria justificativa para nenhuma divisão, que sempre pressupõe uma oposição dos princípios do conhecimento racional pertencente às distintas partes de uma ciência.

Porém, só há duas classes de conceitos que admitem outros tantos princípios distintos de possibilidade de seus objetos: os conceitos de natureza e o conceito de liberdade. E como os primeiros tornam possível um conhecimento teórico segundo princípios *a priori*, enquanto o segundo, com relação àqueles conceitos, só traz em si, por seu próprio conceito, um princípio negativo (de mera oposição), ao passo que para a determinação da vontade constitui princípios extensivos por tal motivo qualificados de práticos, resulta justificada a divisão da filosofia em duas partes completamente distintas por seus princípios: a teórica, como filosofia natural, e a prática como filosofia moral, pois assim se denomina a legislação prática da razão com base no conceito de liberdade. Mas até agora se cometeu grande abuso com essas expressões para dividir os distintos princípios e, com eles, também a filosofia, pois se fazia uma só coisa do prático segundo conceitos de natureza e do prático segundo o conceito de liberdade, e assim, com as mesmas denominações de filosofia teórica e prática, se formulava uma definição que na realidade não dividia nada, já que as duas partes podiam ter princípios de uma mesma classe.

E ocorre que a vontade, como faculdade de desejar, é uma das várias causas naturais no mundo, a saber: a que atua segundo conceitos; e tudo quanto se representa como possível (ou necessário) por meio de uma vontade, se qualifica de praticamente possível (ou de praticamente necessário); por oposição à possibilidade ou necessidade física de um efeito em que a causa não se orienta para a causalidade por conceitos (senão, como ocorre com a matéria inerte, por um mecanismo, e nos animais por instinto). Porém, com isso se deixa indeciso, com relação ao prático, se é um conceito de natureza ou um conceito de liberdade o que dá a regra à causalidade da vontade.

E, entretanto, a última distinção é essencial, já que se o conceito que orienta a causalidade for um conceito de natureza, os princípios são técnico-práticos, enquanto se for um conceito de liberdade, são estes morais-práticos; e como na divisão de uma ciência racional é de toda importância o distinguir entre si os objetos para cujo conhecimento se requerem princípios diferentes, os primeiros pertencerão à filosofia teórica (como teoria da natureza), enquanto os outros constituirão por si sós a segunda parte, a saber: a filosofia prática (como teoria dos costumes).

Todas as regras técnico-práticas (quer dizer, as da arte e da habilidade em geral, ou também da prudência como habilidade para ter influência sobre os homens e sua vontade) devem figurar apenas como corolários da filosofia teórica, pois seus princípios se baseiam em conceitos, visto que se referem apenas à possibilidade das coisas segundo conceitos da natureza, entre os quais se contam não só os meios dispostos para tal fim na natureza, mas sim a própria vontade (como faculdade de desejar e, portanto, como faculdade da natureza) enquanto, segundo aquelas regras, pode ser determinada por meio de recursos naturais por aquelas regras. No entanto, semelhantes regras práticas não são classificada como leis (como se faz com as físicas), mas sim apenas como preceitos, precisamente porque a vontade não se encontra somente sob o conceito da natureza, mas também sob o conceito da liberdade, com relação ao qual os princípios da vontade se chamam leis e, junto com suas consequências, integram por si sós a segunda parte da filosofia, ou seja, a parte prática.

Consequentemente, se a solução dos problemas da geometria pura não constitui uma parte especial dessa ciência, ou se a agrimensura não merece propriamente o nome de geometria prática, como segunda parte da geometria, diferente da pura, muito menos pode a arte mecânica ou química dos experimentos ou das observações ser tida como parte prática da teoria da natureza, como tampouco, por último, a economia doméstica, a agrária nem a do Estado, a arte dos bons modos, os preceitos[3] da dietética, nem a própria teoria da felicidade, nem sequer a dominação das inclinações e a sujeição das paixões com vistas à felicidade, podem ser incluídas na filosofia prática nem ainda formar propriamente a segunda parte da filosofia em geral, visto que em conjunto contêm apenas regras de habilidade, sendo, portanto, de caráter meramente técnico-prático, para alcançar um efeito possível segundo os conceitos naturais de causa e efeito, e como estes conceitos, que pertencem à filosofia teórica, estão submetidos àqueles preceitos como meros corolários seus (da ciência da natureza), não podem reclamar um lugar numa filosofia especial, na chamada filosofia prática. Pelo contrário, os preceitos morais-práticos, que se baseiam totalmente no conceito de liberdade, com exclusão total dos motivos de determinação da vontade procedentes da natureza, constituem um tipo muito peculiar de preceitos, que recebem também a denominação de leis, como as regras às quais obedece a natureza, embora, ao contrário das últimas, não se baseiem em condições sensíveis, mas sim num princípio suprassensível, requerendo para si sós, juntamente com a parte teórica da filosofia, outra parte denominada filosofia prática.

[3] O texto original diz "preceito".

Observa-se com isso que uma soma de preceitos práticos dados pela filosofia não pode integrar uma parte especial da filosofia além de sua parte teórica, pela simples razão de que sejam práticos, pois poderiam sê-lo caso seus princípios se obtivessem totalmente do conhecimento teórico da natureza (enquanto regras técnico-práticas); ao contrário podem integrá-la sempre e quando seu princípio não derive de modo algum do conceito da natureza, sempre condicionado de modo sensível, senão que se apoie no suprassensível, cognoscível unicamente pelo conceito de liberdade com base em leis formais, sendo, portanto, leis de ordem moral prática, quer dizer, não meros preceitos e regras com tal ou qual intenção, mas sim sem prévia referência a fins e propósitos.

II

DA JURISDIÇÃO DA FILOSOFIA EM GERAL

O uso da nossa faculdade de conhecer segundo princípios e, com ele, a filosofia, chegam até onde tenham aplicação os conceitos *a priori*.

Porém, o conjunto de todos os objetos aos quais, para obter na medida do possível um conhecimento deles, se referem aqueles conceitos, pode dividir-se considerando a diferente suficiência ou insuficiência de nossas faculdades para esse fim.

Os conceitos, enquanto remetidos a objetos, prescindindo de se é possível ou não um conhecimento destes, têm seu campo, que se determina unicamente pelas relações que com nossa faculdade de conhecer em geral tenha o objeto desses conceitos. A parte desse campo em que o conhecimento resulta possível para nós é um território *(territorium)* desses conceitos e da faculdade de conhecer necessária para eles. A parte do território governada por eles sob forma de leis é a jurisdição *(ditio)* desses conceitos e da faculdade de conhecer que lhes corresponde. E embora os conceitos de experiência tenham seu território na natureza como conjunto de todos os objetos dos sentidos, o mesmo não ocorre com sua jurisdição (mas somente com sua residência: *domicilium*), porque são produzidos segundo leis, mas não têm força de lei, ao contrário as regras neles baseadas são empíricas e, portanto, contingentes.

O conjunto de nossa faculdade de conhecer tem duas jurisdições: a dos conceitos da natureza e a do conceito de liberdade, pois por meio de ambos dita leis *a priori*. Pois bem, de acordo com isso, a filosofia se divide também em teoria e prática. Mas o território em que se constitui sua jurisdição e em que exerce sua legislação não é mais que o conjunto dos objetos de toda experiência possível, enquanto tomados unicamente como meros fenômenos, pois sem isso não se poderia conceber nenhuma legislação do entendimento com respeito a eles.

A legislação por meio de conceitos naturais se opera pelo entendimento, e é teórica. A legislação por meio do conceito de liberdade se opera a partir da razão, e é meramente prática. Apenas no prático, exclusivamente, pode a razão ser legislativa; no que tange ao conhecimento teórico (o da natureza), unicamente pode (como conhecedora da lei graças ao entendimento) tirar de leis dadas, com base em deduções, conclusões que, todavia, nunca se separam da natureza; em contrapartida, pelo contrário, quando as regras são práticas, não por isso já é legislativa a razão, visto que essas regras podem ser também técnico-práticas.

O entendimento e a razão têm, portanto, duas legislações distintas num só território: o da experiência, sem que nenhuma das duas possa prejudicar a outra, já que tampouco como o conceito de natureza tenha influência na legislação pelo conceito de liberdade, tampouco esta é perturbada pela legislação da natureza. A crítica da razão pura demonstrou a possibilidade de conceber no mesmo sujeito, pelo menos sem contradição, a coexistência de ambas as legislações e das faculdades a elas correspondentes, pois rebateu as objeções feitas contra essa possibilidade deixando claro a ilusão dialética contida nelas.

Porém, essas duas jurisdições distintas (que ainda sem limitar-se em sua legislação, se limitam, contudo, incessantemente em seus efeitos no mundo dos sentidos) não constituem uma única coisa, como se depreende do fato de que o conceito natural representa seus objetos na intuição, mas não como coisas em si, e sim como meros fenômenos, enquanto, pelo contrário, o conceito de liberdade expõe em seu objeto uma coisa em si, mas não na intuição, de modo que nenhum dos dois pode proporcionar um conhecimento teórico do seu objeto (nem sequer do sujeito cogitante) como coisa em si, conhecimento que seria o suprassensível, e a partir disso que a ideia tenha que se subordinar à possibilidade de todos aqueles objetos da experiência, mas sem que jamais possa elevar-se nem ampliar-se até o nível do conhecimento.

Há, pois, um campo limitado, mas inacessível também, para toda nossa capacidade de conhecimento, a saber: o campo do suprassensível, no qual não encontramos território para nós, quer dizer, que nele não podemos ter uma jurisdição para o conhecimento teórico nem por meio dos conceitos do entendimento nem por meio dos da razão; e se aos efeitos do uso da razão, tanto teórico quanto prático, temos que ocupar de ideias esse campo, não podemos, em contrapartida, proporcionar a essas ideias, com relação às leis derivadas do conceito de liberdade, outra realidade que a prática, de modo que, consequentemente, nosso conhecimento teórico não se amplia nem um pouco até o suprassensível.

E embora se haja estabelecido em definitivo um abismo insuperável entre a jurisdição do conceito natural, enquanto jurisdição do sensível, e a do conceito de liberdade, como jurisdição do suprassensível, de modo que não há possibilidade alguma de passar da primeira para a outra (por exemplo: por meio do uso teórico da razão), como se houvesse outros tantos mundos diferentes e o primeiro não pudesse ter influência alguma sobre o segundo: ao fim e ao cabo, o último teria uma influência sobre o primeiro, no sentido de que o conceito de liberdade há de tornar real no mundo dos sentidos o objetivo proposto por suas leis, e, consequentemente, a natureza deve poder ser concebida assim também de modo que a legalidade da sua forma coincida pelo menos com a possibilidade dos fins nela alcançáveis em virtude de leis de liberdade. Portanto, tem que haver, apesar de tudo, um fundamento da unidade entre o suprassensível, que jaz no fundo da natureza, e o praticamente contido no conceito de liberdade, e daí que o conceito, embora nem teórica nem praticamente, possa chegar a um conhecimento desse fundamento (e sem ter tampouco, portanto, jurisdição peculiar), torne possível a passagem do modo de pensamento segundo os princípios de um ao modo de pensamento segundo os do outro.

III

DA CRÍTICA DA FACULDADE DE JULGAR COMO MEMBRO DE ENLACE QUE UNE NUM TODO AS DUAS PARTES DA FILOSOFIA

A crítica das faculdades de conhecimento no que diz respeito ao que estas podem fazer *a priori* não tem propriamente jurisdição com relação aos objetos: porque não é uma doutrina, antes deve limitar-se a investigar se e como por meio dela é possível obter uma doutrina, de acordo com a natureza de nossas faculdades. Seu campo se estende a todas as pretensões dessas faculdades para mantê-las dentro dos limites de sua lícita competência. Porém, o que não pode figurar propriamente na classificação da filosofia pode figurar, contudo, como parte principal, na crítica da pura faculdade de conhecer, quando essa faculdade contém princípios que por si sós não servem para o uso teórico nem para o prático.

Os conceitos da natureza, que contêm o fundamento de todo conhecimento teórico *a priori*, repousavam na legislação do entendimento. O conceito de liberdade, que contém o fundamento de todos os preceitos práticos *a priori* sensíveis-incondicionados, repousava na legislação da razão. Por conseguinte, as duas faculdades, além de que pela forma lógica possam aplicar-se a princípios, qualquer que seja sua origem, têm também, cada uma delas, sua própria legislação conforme seu conteúdo, sobre a qual não há outra (*a priori*), e a qual, portanto, justifica a divisão da filosofia em teórica e prática.

Porém, na família das faculdades de conhecimento superiores há, entretanto, outro membro intermediário entre o entendimento e a razão: é a faculdade de julgar, da qual há motivos para supor, por analogia, que pode conter igualmente, se não uma legislação própria, um princípio peculiar seu para buscar leis, mesmo que esse princípio seja meramente subjetivo, *a priori*, o qual, sem ter como jurisdição própria nenhum campo de objetos, pode ter, contudo, algum território e certa qualidade do mesmo para a qual precisamente só seria válido esse princípio.

E a esse princípio (a julgar pela analogia) vem somar-se um novo motivo para unir a faculdade de julgar com outra ordem de nossas faculdades representativas, ordem que parece ser de importância ainda maior que a do parentesco com a família das faculdades de conhecimento, visto que todas as faculdades ou capacidades da alma podem reduzir-se às três que não cabe derivar já de um fundo comum ulterior: a faculdade de conhecer, o sentimento de agrado e desagrado e a faculdade de desejar[4].

[4] Para conceitos que se usam como princípios empíricos, quando há motivos para supor que têm relações de parentesco com a pura faculdade de conhecer a priori, é de utilidade, devido a essa relação, tentar deles uma definição transcendental, a saber, por categorias puras quando estas são as únicas que permitem distinguir suficientemente o conceito de que se trata. Segue-se nisso o exemplo do matemático que deixa indeterminados os dados empíricos de seu problema para buscar apenas suas relações na síntese pura do problema sob os conceitos da aritmética pura, generalizando assim sua solução. Fui repreendido por haver empregado um procedimento semelhante (Crítica da razão prática, pág. 16 do prefácio), e censurado por definir a faculdade de desejar como sendo, por suas representações, causa da realidade dos objetos destas: objetaram-me que meros desejos seriam também apetites, e todos coincidem em que por si sós não poderiam produzir o objeto desses desejos. Mas isso demonstra tão-somente que o homem tem também apetites que o fazem incorrer em contradição consigo mesmo, visto que sua representação tende unicamente a produzir o objeto sabendo que não pode consegui-lo, pois tem consciência de que suas faculdades mecânicas (caso se queira denominar assim as não psicológicas), destinadas segundo aquela representação a produzir o objeto (ou seja, indiretamente), resultam insuficientes, ou, o que é pior, aspiram a algo impossível, por exemplo: fazer com que não ocorra o já sucedido (O mihi praeteritos... etc. – Eneida, liv. VIII, vs. 560), ou então pretender anular o intervalo que os separa de um momento desejado para quem espera com impaciência a chegada desse momento. E embora nessa classe de apetites fantásticos tenhamos consciência do insuficiente de nossas representações (e até de sua inutilidade) para ser causa de seus objetos, em todo caso sua interpretação como causa, e, portanto, a representação de sua causalidade, já se encontra implícita, e então se faz visível, em todo desejo, quando este é uma afeição, isto é, ânsia, pois estas, expandindo o coração e contraindo-o, e esgotando assim as energias, demonstram que por meio de representações voltam a se colocar repetidamente em tensão as forças, embora logo provoquem o desalentado relaxamento do espírito ao perceber este quão vão é o esforço. Mesmo as orações para afastar grandes e, ao que parece, inevitáveis males, e muitos meios supersticiosos para obter de modo natural fins impossíveis, demonstram a relação causal que estabelecem entre as representações e seus objetos, e nem sequer a consciência do insuficiente destas para produzir o efeito pode impedir que lhes atribuamos esse caráter de causa. O motivo de que em

Para a faculdade de conhecer só o entendimento é legislador, caso essa faculdade, a título de capacidade de conhecimento teórico, se aplique à natureza (como se deve fazer quando ela é considerada por si mesma, sem misturá-la com a faculdade de desejar), pois apenas com relação à natureza (como fenômeno) é possível para nós dar leis mediante conceitos naturais *a priori*, que são propriamente conceitos puros do entendimento. Para a faculdade de desejar, como faculdade superior, segundo o conceito de liberdade, somente a razão (a única em que tem validade esse conceito) é legislativa *a priori*. Pois bem, entre a faculdade de conhecer e a de desejar se encontra o sentimento de agrado, da mesma forma que entre o entendimento e a razão se acha a faculdade de julgar; portanto, cabe supor, pelo menos provisoriamente que a faculdade de julgar contém igualmente por si mesma um princípio *a priori*, e, dado que à faculdade de desejar está necessariamente associado o agrado ou desagrado (seja que, como na inferior, anteceda seu princípio, ou que, como na superior, resulte apenas de sua determinação pela lei moral), há de dar origem a uma passagem da pura faculdade de conhecer, isto é, da jurisdição dos conceitos de natureza, para a jurisdição do conceito de liberdade, assim como no uso lógico torna possível a passagem do entendimento para a razão.

Portanto, mesmo que a filosofia só possa dividir-se em duas partes principais: a teórica e a prática; mesmo que seja preciso incluir na parte teórica, isto é, no conhecimento racional por princípios naturais, tudo quanto possamos dizer dos princípios peculiares da faculdade de julgar, a crítica da razão pura, que tem que abarcar tudo isso antes de elaborar aquele sistema, e com vistas a torná-lo possível, consistirá em três partes: a crítica do entendimento puro, a da faculdade de julgar pura e a da razão pura, faculdades que qualificamos de puras porque são legislativas *a priori*.

---

nossa natureza exista esse apego a apetites que sabemos irrealizáveis é de ordem antropológico-teleológica: parece que se não decidíssemos empregar nossas forças antes de havermos assegurado da suficiência de nossa faculdade para produzir um objeto, aquelas forças haveriam de ficar em grande parte sem ser utilizadas, visto que, normalmente, nos damos conta pela primeira vez de nossas forças quando as pomos à prova. Consequentemente, essa miragem dos desejos irrealizáveis é apenas consequência de uma benéfica disposição de nossa natureza. (Nota acrescentada por Kant na segunda edição da obra.)

IV

DA FACULDADE DE JULGAR COMO FACULDADE LEGISLATIVA *A PRIORI*

A faculdade de julgar é a faculdade de conceber o particular como contido no universal. Se o universal for dado (a regra, o princípio, a lei), a faculdade de julgar, que subsume o particular no universal (mesmo quando, na condição de faculdade de julgar transcendental, ela indica *a priori* as condições únicas em que seja possível efetuar essa subsunção), *é determinante*; mas se o dado é só o particular, e para isso seja necessário encontrar o universal, a faculdade de julgar é apenas *reflexionante*.

A faculdade de julgar determinante sob leis universais transcendentais dadas pelo entendimento se limita a subsumir; indica-se-lhe *a priori* a lei, e, consequentemente, ela não necessita conceber por si mesma uma lei para poder subordinar na natureza o particular ao universal. Entretanto, há formas tão diversas da natureza, vale dizer, tantas modificações dos conceitos naturais transcendentais gerais, que ficarão indeterminadas por aquelas leis que dá o entendimento puro *a priori*, porque essas leis só têm em vista a possibilidade de uma natureza (como objeto dos sentidos), que para isso também deve haver leis que, se poderiam, por ser empíricas, ser contingentes segundo nosso conhecimento intelectual, devem ser consideradas, se hão de ser denominadas leis (como exige também o conceito de uma natureza), necessárias com base num princípio, mesmo que desconhecido para nós, da unidade do diverso. A faculdade de julgar reflexionante, cuja missão é elevar-se do particular da natureza ao universal, necessita, pois, um princípio que não pode tomar da experiência porque precisamente tem que estabelecer a unidade de todos os princípios empíricos sob outros princípios, empíricos também, mas superiores e, por isso, a possibilidade da subordinação destes entre si num sistema. Portanto, a faculdade de julgar pode apenas dar a si mesma esse princípio transcendental como lei, mas não tirá-lo de outra parte (pois então seria a faculdade de julgar determinante), nem prescrevê-lo à natureza: porque a reflexão sobre as leis da natureza é regida pela natureza, e não esta pelas condições segundo as quais tratamos de obter dela um conceito totalmente contingente com relação àquelas.

Pois bem, esse princípio não pode ser outro que o de que, como as leis gerais da natureza têm seu fundamento em nosso entendimento, que as prescreve à natureza (mesmo que apenas segundo o conceito geral dela como natureza), elas têm que ser consideradas segundo tal unidade as leis empíricas com relação ao que fica indeterminado por aquelas, como se um entendimento (ainda que não fosse o nosso) as houvesse dado aos fins de nossas faculdades de conhecimento para tornar possível um sistema da experiência segundo leis especiais da natureza, não no sentido de que deste modo se tenha que supor realmente tal entendimento (visto que a faculdade de julgar reflexionante, à qual serve de princípio esta ideia, é só para reflexionar, não para determinar), pelo contrário, esta faculdade se dá com isso uma lei unicamente para si mesma, mas não para a natureza.

Sendo assim, como o conceito de um objeto, sempre que ao mesmo tempo contenha o fundamento da realidade desse objeto, se denomina fim, e finalidade[5] da forma de uma coisa, a coincidência desta com aquela constituição das coisas somente possível segundo fins, o princípio da faculdade de julgar, com relação à forma das coisas da natureza sob leis empíricas em geral, é a finalidade da natureza em sua diversidade. Isto é: por esse conceito a natureza se representa como se um entendimento contivesse o motivo da unidade do diverso das leis empíricas da natureza.

A finalidade da natureza é, pois, um conceito *a priori* especial, que tem simplesmente sua origem na faculdade de julgar reflexionante, já que não se pode atribuir uma coisa semelhante aos produtos da natureza, como se esta os houvesse dotado com vistas a fins, mas sim que este conceito só pode ser usado para refletir sobre eles acerca da união dos fenômenos que na natureza se dão, união regida por leis empíricas. Esse conceito também tem que ser distinguido totalmente da finalidade prática (da arte humana ou também dos costumes), apesar de haver sido concebido por uma analogia com esta.

---

[5] *Zweckmässigkeit*: conformidade a um fim. Significa, no sentido amplo, conveniência, adequação para algo e a partir disso o traduzimos também por *idoneidade*.

V

O PRINCÍPIO DA FINALIDADE FORMAL DA NATUREZA É UM PRINCÍPIO TRANSCENDENTAL DA FACULDADE DE JULGAR

Princípio transcendental é o que serve para representar a condição universal *a priori*, única que permite que as coisas cheguem a ser objetos do nosso conhecimento em geral. Pelo contrário, qualifica-se de metafísico o princípio que representa a condição *a priori*, única que permite dar uma definição *a priori* mais precisa de objetos cujo conceito deve-se dar empiricamente. Dessa forma, o princípio do conhecimento dos corpos como substâncias, e como substâncias variáveis, é transcendental quando com ele se diz que sua alteração deve ter uma causa, e, em contrapartida, metafísico quando com ele se diz que sua alteração deve ter uma causa *exterior*; porque no primeiro caso o corpo pode conceber-se somente por meio de predicados ontológicos (puros conceitos do entendimento), por exemplo: como substância, para conhecer *a priori* a proposição, enquanto no segundo se toma como base dessa proposição o conceito empírico de um corpo (como coisa móvel no espaço), mas então há que se compreender totalmente *a priori* que lhe convém ao corpo o último predicado (do movimento unicamente atribuível a uma causa exterior). E assim, como vou mostrar em seguida, o princípio da finalidade da natureza (na diversidade de suas leis empíricas) é um princípio transcendental, visto que o conceito dos objetos, enquanto concebemos como situados sob esse princípio, é unicamente o conceito puro dos objetos do próprio conhecimento empírico possível, e não contém nada empírico. Pelo contrário, o princípio da finalidade prática, necessariamente concebido na ideia da determinação de uma vontade livre, seria um princípio metafísico, porque o conceito de uma faculdade de desejar, por ser de uma vontade, precisa dar-se empiricamente (não pertence aos predicados transcendentais). Porém, não obstante, nenhum dos dois princípios é empírico, mas sim ambos *a priori*, porque para unir o predicado com o conceito empírico do sujeito de seus juízos não se necessita outra experiência mais, senão que essa união pode ser compreendida perfeitamente *a priori*.

Pelas máximas da faculdade de julgar tomadas *a priori* como base para a investigação da natureza, apesar de que não têm em vista mais que a possibilidade da experiência, e, com isso, do conhecimento da natureza, mas não da natureza em geral, senão de uma natureza definida por uma diversidade de leis especiais, – pode compreender-se suficientemente que o conceito de uma finalidade da natureza pertence aos princípios transcendentais. Sob a forma de sentenças da sabedoria metafísica, essas máximas se apresentam com bastante frequência, embora somente dispersas, no transcurso desta ciência, devido a algumas regras cuja necessidade não se pode expor com base em conceitos. "A natureza toma o caminho mais curto *(lex parsimoniae)*, e, contudo, não dá saltos, nem na sucessão de suas modificações nem na agrupação de formas especificamente distintas *(lex continui in natura)*; sua grande diversidade de leis empíricas é, entretanto, unidade sob uns poucos princípios *(principia praeter necessitatem non sunt multiplicanda)*" e outras desse estilo.

Mas repugna totalmente ao sentido desses princípios pretender indicar sua origem, adotando para isso uma postura psicológica. De fato, não dizem o que ocorre, isto é, segundo quais regras funcionam realmente nossas faculdades cognoscitivas, nem como se julga, senão como se há de julgar, e essa necessidade objetiva lógica não pode surgir se os princípios forem meramente empíricos. Portanto, para nossas faculdades de conhecimento e para seu uso, que de modo patente resulta delas, a finalidade da natureza é um princípio transcendental dos juízos, e, por isso, necessita também de uma dedução transcendental, por meio da qual se descubra *a priori* nas fontes do conhecimento o fundamento de assim julgar.

Precisamente nos fundamentos da possibilidade de uma experiência encontramos evidentemente, em primeiro lugar, algo necessário: as leis gerais, sem as quais nem sequer caberia conceber a natureza (como objeto dos sentidos); e estas se apoiam nas categorias, aplicadas às condições formais de toda intuição possível para nós, na medida em que é dada igualmente *a priori*. Sob essas leis, a faculdade de julgar é decisiva, visto que sua única tarefa é subsumir sob leis dadas. Por exemplo, o entendimento diz: toda modificação tem sua causa (lei geral da natureza); a faculdade de julgar transcendental não tem então outra tarefa senão indicar *a priori* a condição para subsumir sob o conceito do entendimento que é apresentado e que é a sucessão das determinações de uma mesma coisa. Ora, para a natureza em geral (como objeto de possível experiência), aquela lei é reconhecida como absolutamente necessária. Mas os objetos do conhecimento empírico, além daquela condição temporal formal, estão determinados ou podem determinar-se (até onde caiba julgar *a priori*) de diversos modos, de modo que naturezas especificamente diferentes, além do que tenham em comum como pertencentes à natureza em geral, podem ainda ser causas de modo infinitamente diverso; e cada um desses modos deve (segundo o conceito de causa em si) ter sua regra, que é lei, e implica necessidade, embora nós, pela índole e limites de nossas faculdades cognoscitivas, não percebamos essa necessidade. Portanto, na natureza, observando suas leis meramente empíricas, temos que pensar numa possibilidade de leis empíricas infinitamente diversas, embora a nosso modo de ver sejam contingentes (não podem ser conhecidas *a priori*); e em atenção a elas julgamos contingente a unidade da natureza segundo leis empíricas e a possibilidade da unidade da experiência (como sistema por leis empíricas). Porém, como essa unidade deve ser aceita e pressuposta necessariamente, pois de outro modo não se chegaria a uma união total do conhecimento empírico num conjunto da experiência, já que as leis naturais gerais proporcionam, sim, essa união entre as coisas por sua espécie enquanto coisas da natureza em geral, mas não especificamente enquanto tais entes naturais especiais, por isso a faculdade de julgar tem que admitir como princípio *a priori*, para seu próprio uso, que aquilo que para a intelecção humana há de causal nas leis especiais (empíricas) da natureza, contém, no entanto, uma unidade legal (insondável para nós, mas pelo menos concebível) na união do que têm de diverso numa experiência possível em si. Consequentemente, dado que a unidade legal numa união, (que reconhecemos decerto como conforme a um propósito necessário uma necessidade do entendimento, mas também ao mesmo tempo como acidental em si), se apresenta como conformidade dos objetos aos fins (neste caso, da natureza), a faculdade de julgar, meramente reflexionante com relação às coisas sujeitas a possíveis leis empíricas (por descobrir ainda), tem que conceber a natureza, com relação às últimas, segundo um princípio de finalidade para nossa faculdade de conhecimento, que então se expresse nas mencionadas máximas da faculdade de julgar. Sendo assim, esse conceito transcendental de uma finalidade da natureza tampouco é um conceito natural nem um conceito de liberdade, porque nada atribui ao objeto (à natureza), mas só expressa o único modo de que devemos proceder na reflexão sobre os objetos da natureza com vistas a uma experiência totalmente coerente; logo, é um princípio subjetivo (máxima) da faculdade de julgar. É por isso também que como se fosse um acaso afortunado, propício para nosso desígnio, nos deleite (propriamente: satisfaça a necessidade) o fato de encontrarmos essa unidade sistemática sob leis meramente empíricas, e isso apesar de precisarmos admitir que é uma unidade que não podemos compreender nem demonstrar.

Para convencer-se da correção dessa dedução do conceito em questão e da necessidade de considerá-lo como princípio transcendental do conhecimento, basta pensar na magnitude do problema: com base em percepções dadas de uma natureza que em todo caso contém infinita quantidade de leis empíricas, fazer uma experiência coerente, problema que se apresenta *a priori* em nosso entendimento. E mesmo que o entendimento possua *a priori* as leis gerais da natureza, pois sem elas esta não poderia nem sequer ser objeto de uma experiência, ele também necessita, contudo, de certa ordem da natureza, nas leis especiais da mesma, as quais pode conhecer apenas empiricamente e que são contingentes com relação a ele. Porém, essas regras, sem as quais não seria de modo algum possível avançar da analogia geral de uma possível experiência a uma especial, há que se concebê-las como leis (isto é, como necessárias), porque de outro modo não dariam uma ordem natural, não levando em consideração que o entendimento não chega nunca a compreendê-las nem as reconhece como necessárias. Portanto, ainda que com respeito a eles (aos objetos) nada possa determinar *a priori*, necessita, contudo, para seguir essas leis chamadas empíricas, tomar como base de toda reflexão sobre a natureza um princípio *a priori*: que com base nessas leis é possível uma ordem cognoscível da natureza, princípio que se expressa nas proposições seguintes: que na natureza há uma subordinação, compreensível para nós, de gêneros e espécies; que aqueles, por sua vez, se aproximam entre si em virtude de um princípio comum, que permite passar de um deles ao outro e, consequentemente, a um gênero superior; que, como para a diversidade específica dos efeitos naturais temos que supor outras tantas classes distintas de causalidade, parece inicialmente inevitável para nosso conhecimento que, isso não obstante, caibam estas sob um número reduzido de princípios a cujo descobrimento havemos de dedicar nossos esforços, etc. Essa coincidência da natureza com nossa faculdade de conhecimento é suposta *a priori* pela faculdade de julgar, a fim de que possa refletir sobre aquela observando suas leis empíricas; já que, ao mesmo tempo, o entendimento a considera objetivamente como acidental, e apenas a faculdade de julgar a atribui à natureza como finalidade transcendental (com respeito à faculdade de conhecer do sujeito); e ocorre que, sem pressupor essa finalidade, não poderíamos ter nenhuma ordem natural baseada em leis empíricas, e, portanto, nenhum guia para uma experiência (e para sua investigação) que se possa dispor de acordo com essas leis em toda sua diversidade.

De fato, concebe-se perfeitamente que, apesar de toda a uniformidade das coisas naturais segundo as leis gerais, sem a qual nem sequer poderia existir a forma de um verdadeiro conhecimento de experiência, a diferença específica das leis empíricas da natureza, junto com seus efeitos, poderia ser tão grande que resultaria impossível para nosso entendimento descobrir nela uma ordem concebível, classificar seus produtos em gêneros e espécies para aproveitar os princípios da explicação e compreensão de um para a explicação e compreensão do outro, e converter em experiência coerente um material para nós tão confuso (realmente, apenas de infinita diversidade, inadequado para nossa faculdade de compreensão).

Portanto, a faculdade de julgar tem também um princípio *a priori* para a possibilidade da natureza, porém apenas do ponto de vista subjetivo, em si, com o qual não prescreve à natureza (como autonomia), senão a si mesma (como heautonomia), para a reflexão sobre aquela, uma lei que se poderia chamar de lei de especificação da natureza com respeito às suas leis empíricas, lei que não reconhece *a priori* nela senão que supõe com vistas a uma ordem dela na classificação que faz de suas leis gerais, quando quer subordinar a estas uma diversidade das especiais. Portanto, quando se diz: a natureza especifica suas leis gerais segundo o princípio da finalidade, para nossa faculdade de conhecimento, quer dizer, para a acomodação ao entendimento humano em sua ocupação necessária de encontrar o universal no particular, que lhe oferece a percepção, e no diverso (embora geral para cada espécie) uma nova união na unidade do princípio: com isso, nem se prescreve uma lei à natureza, nem desta se aprende uma por observação (embora mediante esta possa confirmar-se aquele princípio). E ocorre que não é um princípio da faculdade de julgar determinante, mas sim reflexionante; a única coisa que se pretende é que, como queira que esteja organizada a natureza de acordo com suas leis gerais, seja necessário rastreá-la com base totalmente naquele princípio e nas máximas que nele se fundam, porque apenas até onde aquele impere poderemos avançar na experiência com o uso de nosso entendimento e adquirir conhecimento.

VI

DA UNIÃO DO SENTIMENTO DE AGRADO COM O CONCEITO DE FINALIDADE DA NATUREZA

A concebida coincidência da natureza na diversidade de suas leis especiais com nossa necessidade de encontrar para elas a universalidade dos princípios deve ser julgada casual segundo toda nossa compreensão, ainda que para nossa necessidade intelectual seja julgada como indispensável e, por isso, como finalidade por meio da qual coincide a natureza com nosso propósito, ainda que unicamente dirigido ao conhecimento. As leis gerais do conhecimento, ao mesmo tempo leis da natureza, são tão necessárias para esta (ainda que surgidas da espontaneidade) como para a matéria as leis do movimento; e sua produção não pressupõe propósito algum com nossas faculdades de conhecimento, porque somente mediante elas adquirimos um conceito do que seja conhecimento das coisas (da natureza), e correspondem por necessidade à natureza como objeto de nosso conhecimento. Entretanto, até onde alcançamos compreender, é contingente que a ordem da natureza segundo suas leis especiais resulte realmente adequada a esta apesar de toda a diversidade e disparidade superior a nossa faculdade de compreensão, e pelo menos possível, e seu descobrimento é coisa do entendimento, que deliberadamente é levado a um fim que lhe é necessário, a saber: introduzir nessa ordem unidade dos princípios, fim que então deve atribuir à natureza a faculdade de julgar, porque nisto não pode o entendimento prescrever-lhe lei alguma.

A obtenção daquele[6] propósito está associada ao sentimento de agrado, e se é condição da primeira uma representação *a priori*, como neste caso um princípio para a faculdade de julgar reflexionante em geral, o sentimento de agrado também se determina *a priori* e com validade para todos graças a um motivo, a saber: apenas mediante a relação do objeto com a faculdade de conhecimento, sem que o conceito de finalidade considere para nada neste caso a faculdade de desejar, distinguindo-se totalmente, com isso, de toda finalidade prática da natureza.

De fato, como da confluência das percepções com as leis segundo conceitos gerais da natureza (ou categorias) não encontramos em nós o menor efeito sobre o sentimento de agrado, porque involuntariamente o entendimento procede nisso segundo sua natureza, por outra parte, a descoberta compatibilidade de duas ou mais leis naturais heterogêneas empíricas sob um princípio que as abarque todas é motivo de um deleite muito notável, e com frequência ainda de uma admiração, e até de uma admiração incessante apesar de que se esteja bastante familiarizado com seu objeto. É bem verdade que já não experimentamos um prazer apreciável na compreensibilidade da natureza e de sua unidade das divisões em gêneros e espécies, indispensáveis para os conceitos empíricos, graças às quais conhecemos a natureza segundo suas leis especiais; mas sem dúvida foi prazer em seu tempo, e só pela circunstância de que a mais comum experiência não seria possível sem ela, vem se confundindo paulatinamente com o mero conhecimento e já não se lhe presta especial atenção. Para que a concordância das diferentes leis da

---

[6] Ao invés de "aquele", versão de Hartenstein, o original diz "todo".

natureza em nossa faculdade de conhecimento, concordância considerada por nós como meramente contingente, nos proporcione uma sensação de agrado, se requer, pois, algo que no juízo da natureza chame a atenção para o teleologismo desta para nosso entendimento, um afã de colocar na medida do possível essas leis sob outras superiores, embora sem deixar de ser empíricas, e se o alcançarmos se produzirá essa sensação. Em contrapartida, nos desagradaria totalmente uma representação da natureza que de antemão nos dissesse que quando fôssemos além da insignificante exploração sobre a experiência mais comum, haveríamos de esbarrar numa heterogeneidade de suas leis que tornasse impossível para nosso entendimento a conciliação de suas leis especiais sob as gerais empíricas, visto que isso estaria em contradição com o princípio da especificação subjetivo-finalista da natureza em seus gêneros e de nossa faculdade de julgar reflexionante com vistas aos últimos.

Até onde possa estender-se essa idoneidade idealista da natureza para nossa faculdade de conhecer, é questão sobre a qual este suposto prévio da faculdade de julgar resulta tão indeterminado que também nos damos por satisfeitos quando nos é dito que um conhecimento mais profundo ou mais amplo da natureza com base em observação tenha que esbarrar em última instância numa diversidade de leis que nenhum entendimento humano pode reduzir a um só princípio; obviamente, mais nos agradam as esperanças que nos dão outros de que à medida que avançamos no conhecimento da natureza em seu interior, ou se pudéssemos compará-la com membros exteriores atualmente desconhecidos para nós, tanto mais simples a encontraríamos em seus princípios, e tanto mais unânime, a despeito da aparente heterogeneidade de suas leis empíricas, quanto mais progredisse nossa experiência. De fato, nossa faculdade de julgar nos obriga a proceder de acordo com o princípio da adequação da natureza a nossa faculdade de conhecimento até onde isso seja possível, sem nos pronunciarmos (porque não há uma faculdade de julgar determinante que nos dê esta regra) acerca de se tem seus limites ou não em alguma parte, visto que, embora possamos determinar os limites relativos ao uso racional de nossa faculdade de conhecer, não nos é possível traçar limite algum no campo empírico.

VII

DA REPRESENTAÇÃO ESTÉTICA DA IDONEIDADE DA NATUREZA

O meramente subjetivo na representação de um objeto, isto é, o que constitui sua relação com o sujeito mas não com o objeto, é a qualidade estética daquela, e o que serve ou pode ser utilizado dela para a determinação do objeto (para o conhecimento) é sua validade lógica. No conhecimento de um objeto dos sentidos se dão juntas ambas as relações. Na representação sensível das coisas alheias a mim, a qualidade do espaço em que as vemos é o meramente subjetivo de minha representação delas (com o qual se deixa indeciso que possam ser como objetos em si), e em virtude dessa relação o objeto se concebe, desta forma, como mero fenômeno; mas o espaço, apesar da sua mera qualidade subjetiva, é, entretanto, um fator de conhecimento das coisas como fenômenos. A sensação (neste caso exterior) expressa também o meramente subjetivo de nossas representações das coisas exteriores a nós, porém propriamente o material (real) delas (por meio do qual se dá o existente), assim como o espaço a mera forma *a priori* da possibilidade de intuição, e, entretanto, também aquela se necessita para o conhecimento dos objetos exteriores a nós.

Mas o subjetivo numa representação, o que de modo algum pode chegar a ser fator de conhecimento, é a sensação de agrado ou desagrado associada a ela, pois por meio dessa sensação nada conheço do objeto da representação, embora tal sensação possa ser efeito de algum conhecimento. Sendo assim, a idoneidade de uma coisa, enquanto representada na percepção, tampouco é uma qualidade do próprio objeto (pois esta não se pode perceber), ainda que se possa deduzir de um conhecimento das coisas. Portanto, a idoneidade, anterior ao conhecimento de um objeto e que, ainda sem querer utilizar sua representação para um conhecimento, está diretamente unida a essa representação, é o que tem de subjetivo e que não pode chegar a ser fator de conhecimento. Então, portanto, o objeto só poderá ser qualificado de idôneo porque sua representação está diretamente associada à sensação de agrado, e essa própria representação é uma representação estética da idoneidade. A única coisa que cabe perguntar é se realmente há tal representação de idoneidade.

O fato de que à mera apreensão da forma de um objeto de contemplação, sem relacioná-la a um conceito para determinado conhecimento, esteja associado o agrado nem por isso remete a representação ao objeto, mas simplesmente ao sujeito; e o agrado não pode expressar mais que a acomodação do objeto às faculdades de conhecimento que estão em jogo na faculdade de julgar reflexionante, e enquanto o estão, quer dizer, meramente uma idoneidade formal subjetiva do objeto, visto que essa apreensão das formas na imaginação não pode operar-se nunca sem que a faculdade de julgar reflexionante as compare pelo menos, ainda que involuntariamente, à sua faculdade de relacionar as intuições com conceitos. Sendo assim, quando nessa comparação a imaginação (como faculdade de intuições *a priori*) se põe indeliberadamente em coincidência com o entendimento (como faculdade dos conceitos) mediante uma representação dada, produzindo-se assim uma sensação de agrado, então o objeto deve ser considerado como idôneo para a faculdade de julgar reflexionante. Esse juízo é um juízo estético sobre a idoneidade do objeto, que não se funda em nenhum conceito existente do objeto nem proporciona nenhum conceito do mesmo. E a forma desse objeto (não o material de sua representação, enquanto sensação) na mera reflexão sobre ela (sem pensar num conceito que por ele haja de adquirir-se) é considerada motivo de um agrado na representação desse objeto, considerando-se que esta sua representação está necessariamente unida também a esse agrado, unida, portanto, não somente para o sujeito que percebe essa forma, mas também para qualquer um que julgue. Então o objeto é qualificado de belo, e de gosto a faculdade de julgar (por conseguinte, também com validade universal) com base em semelhante agrado. De fato, já que o motivo do agrado é atribuído apenas à forma do objeto para a reflexão em geral, e, portanto, não a alguma impressão do objeto nem sequer com relação a um conceito que contivesse algum propósito: é apenas a legalidade no uso empírico da faculdade de julgar em geral (unidade da imaginação com o entendimento) no sujeito, aquilo com que concorda a representação do objeto na reflexão, cujas condições *a priori* vigoram universalmente, e como essa concordância do objeto com as faculdades do sujeito é contingente, determina a representação de uma idoneidade do objeto com respeito às faculdades de conhecimento do sujeito.

Sendo assim, neste caso temos um agrado que, como todo agrado ou desagrado não produzido pelo conceito de liberdade (isto é, pela prévia determinação da faculdade superior de desejar, pela razão pura), não pode ser interpretado nunca com base em conceitos, como necessariamente unido à representação de um objeto, mas deve ser sempre reconhecido mediante a mera percepção reflexiva como associada a esta; por conseguinte, como todos os juízos empíricos, não pode predicar uma necessidade objetiva e pretender validade *a priori*. Mas o juízo de gosto pretende somente, como qualquer outro juízo empírico, ser válido para todos, o que é sempre possível apesar de sua contingência intrínseca. O que estranha e choca é unicamente que não seja um conceito empírico, mas sim um sentimento de agrado (por conseguinte, não um conceito), o que deva ser atribuído a todos em virtude do juízo de gosto, como se fosse um predicado associado ao conhecimento do objeto, e o que deva ser associado a sua representação.

Um juízo de experiência individual, por exemplo: o de quem percebe num cristal de rocha uma gota de água móvel, exige com razão que assim o considerem todos os demais, porque esse juízo foi formulado segundo as condições gerais da capacidade de julgar determinante, sob as leis de uma experiência possível. Faz o mesmo quem encontra agrado na mera reflexão sobre a forma de um objeto, sem observar um conceito, e aspira com razão ao assentimento de todos embora esse juízo seja empírico e individual; porque o fundamento desse agrado se encontra na condição universal, apesar de meramente subjetiva, dos juízos reflexionantes, a saber: a coincidência idônea de um objeto (produto da natureza ou da arte) com a relação das faculdades de conhecimento entre si, que se requer de todo conhecimento empírico (da imaginação e do entendimento). Assim, pois, nos juízos de gosto, o agrado depende de uma representação empírica e não pode associar-se *a priori* a um conceito (não se pode decidir *a priori* que objeto estará ou não conforme o gosto, é necessário experimentá-lo); mas o agrado é apenas o fundamento determinante desse juízo pelo fato de que se tem consciência de que se apoia unicamente na reflexão e nas condições gerais, embora só subjetivas, da coincidência daquela com o conhecimento do objeto em geral, coincidência para a qual é idônea a forma do objeto.

Esta é a causa de que os juízos de gosto estejam submetidos também, quanto à sua possibilidade, a uma crítica, porque essa possibilidade pressupõe *a priori* um princípio, mesmo que este não seja nem um princípio de conhecimento para o entendimento nem prático para a vontade, e, portanto, não seja em absoluto determinante *a priori*.

Mas a suscetibilidade a um agrado baseado na reflexão sobre as formas das coisas (tanto da natureza como da arte) não indica somente uma idoneidade dos objetos com relação à faculdade de julgar reflexionante, de acordo com o conceito de natureza, no sujeito, mas também, ao contrário do sujeito com relação aos objetos segundo sua forma, e ainda sua informidade, como consequência do conceito de liberdade, e assim ocorre que o juízo estético não apenas se refere ao belo, a título de juízo de gosto, mas também, como procedente de um sentimento espiritual, ao sublime, originando-se assim a necessidade de dividir nessas duas partes principais aquela crítica da faculdade do juízo estético.

VIII

DA REPRESENTAÇÃO LÓGICA DA IDONEIDADE DA NATUREZA

Num objeto dado na experiência pode-se representar a idoneidade, ou com base num motivo puramente subjetivo, como coincidência de sua forma, na apreensão desta com anterioridade a todo conceito, com as faculdades de conhecimento, para associar a intuição a conceitos num conhecimento em geral, ou com base num motivo objetivo, como coincidência de sua forma com a possibilidade da própria coisa, segundo um conceito desta anterior ao motivo desta forma nele compreendido. Vimos que a representação da idoneidade da primeira classe repousa no agrado direto que a forma do objeto nos proporciona na reflexão sobre ela; a da idoneidade da segunda classe, por relacionar a forma do objeto não às faculdades de conhecimento do sujeito na apreensão dessa forma, mas sim a um determinado conhecimento do objeto sob um conceito dado, nada tem a ver com um sentimento de agrado nas coisas, senão com o entendimento que as julga. Se houver o conceito de um objeto, a função da faculdade de julgar consiste em usá-lo para o conhecimento na exibição, quer dizer, em pôr ao lado do conceito uma intuição sensível correspondente: seja recorrendo para isso a nossa própria imaginação, como ocorre na arte, quanto realizamos um conceito, previamente formulado, de um objeto, que para nós é fim, ou então por meio da natureza, em sua técnica (como ocorre com os corpos organizados) quando para o juízo de seus produtos nos baseamos em nosso conceito de fim; neste último caso, se representa não só a idoneidade da natureza na forma da coisa, mas sim esse produto seu como fim natural. E embora nosso conceito de uma idoneidade subjetiva da natureza em suas formas sujeitas a leis empíricas não seja um conceito do objeto mas apenas um princípio da faculdade de julgar, para proporcionar-se conceitos em meio de sua excessiva diversidade (para poder orientar-se nela), com isso atribuímos uma espécie de consideração à nossa faculdade de conhecimento por analogia com um fim, e assim podemos considerar a beleza natural como exibição do conceito da idoneidade formal (meramente subjetiva) e os fins da natureza como exibição do conceito de uma idoneidade real (objetiva), julgando a primeira idoneidade com o gosto (esteticamente, mediante o sentimento de agrado) e a segunda com o entendimento e a razão (logicamente, por meio de conceitos).

Nisto se funda a divisão da crítica da faculdade de julgar em estética e teleológica, entendendo pela primeira a faculdade de julgar a idoneidade formal (denominada também subjetiva) por meio do sentimento de agrado ou desagrado, e pela segunda a de julgar a idoneidade real (objetiva) da natureza por meio do entendimento e da razão.

Numa crítica da faculdade de julgar, a parte que contém a faculdade de julgar estética corresponde-lhe essencialmente, porque somente esta contém um princípio em que a faculdade de julgar se apoia totalmente *a priori* para sua reflexão sobre a natureza, a saber: o de uma idoneidade formal da natureza, segundo suas leis especiais (empíricas) para nossa faculdade de conhecimento, sem o qual o entendimento não poderia orientar-se na natureza; em vez de negar a possibilidade de dar um fundamento *a priori*, ou sequer a de obtê-lo do conceito de uma natureza, como objeto da experiência tanto em geral como em particular, resulta que na natureza deve haver fins objetivos, ou seja, coisas que são possíveis apenas como fins da natureza; porém, só a faculdade de julgar, mesmo sem conter para isso um princípio *a priori*, contém, nos casos que se apresentem (de certos produtos), para fazer uso do conceito dos fins para necessidades da razão, a regra em virtude da qual aquele princípio transcendental preparou já o entendimento para aplicar à natureza o conceito de fim (pelo menos segundo a forma).

Entretanto, o princípio transcendental de representar-se uma idoneidade da natureza em relação subjetiva com nossa faculdade de conhecimento da forma de uma coisa como princípio de juízo desta, não se pronuncia em nada acerca de onde e em que casos haverei de dispor o ato de julgar, como sendo de um produto, de acordo com um princípio da idoneidade, ao invés de limitar-me antes a dispô-lo de acordo com as leis gerais da natureza, ao contrário, deixa que a faculdade de julgar estética esclareça no gosto a acomodação da coisa (da sua forma) a nossas faculdades de conhecimento (na medida em que essa faculdade decide não pela coincidência com os conceitos, mas sim pelo sentimento). Em contrapartida, o juízo usado teleologicamente dá concretamente as condições de acordo com as quais se deva julgar algo (por exemplo, um corpo organizado), segundo a ideia de um fim da natureza; mas do conceito de natureza, como objeto da experiência, não pode deduzir nada que lhe autorize a atribuir-lhe *a priori* uma relação com fins, nem sequer a supô-la de modo indeterminado baseando-se na verdadeira experiência nesses produtos; a razão disso está em que, para poder conhecer, ainda que seja apenas empiricamente, uma idoneidade objetiva num objeto determinado, é necessário atentar para muitas experiências especiais e examiná-las sob a unidade de seu princípio. Portanto, a faculdade de julgar estética é uma faculdade especial de julgar as coisas por uma regra, mas não por conceitos. A teleológica não é uma faculdade especial, mas apenas a mesma faculdade de julgar reflexionante; pois procede segundo conceitos, como ocorre sempre no conhecimento teórico, ainda que, com respeito a certos objetos da natureza, segundo os princípios especiais de uma faculdade de julgar reflexionante, que não determinar os objetos, ou seja, que por sua aplicação pertence à parte teórica da filosofia, e por causa dos princípios especiais que não devem ser determinantes, como por necessidade o são numa doutrina, tenha que integrar também uma parte especial da crítica; nisso se diferencia da faculdade de julgar estética, que em nada contribui ao conhecimento de seus objetos, motivo pelo qual deve ser incluída simplesmente na crítica do sujeito que julga e de suas faculdades de conhecimento, enquanto capazes de princípios *a priori*, seja qual for o uso que deles faça (teórico ou prático), crítica que é a propedêutica de toda filosofia.

IX

DE COMO A FACULDADE DE JULGAR UNE AS LEGISLAÇÕES DO ENTENDIMENTO E DA RAZÃO

O entendimento é legislador *a priori* para a natureza como objeto dos sentidos, para um conhecimento teórico dela numa possível experiência. A razão é legisladora *a priori* para a liberdade e sua própria causalidade, como o suprassensível no sujeito, para um conhecimento absoluto-prático. A jurisdição do conceito de natureza, regida por uma das duas legislações, e a do conceito de liberdade, regida pela outra, encontram-se totalmente separadas pelo grande abismo que medeia entre o suprassensível e os fenômenos, apesar de todas as influências mútuas que possam ter entre si (cada qual segundo suas leis fundamentais). O conceito de liberdade nada determina com respeito ao conhecimento teórico da natureza, do mesmo modo que nada determina o conceito de natureza com respeito às leis práticas da liberdade, e nessas condições não é possível estender uma ponte de uma a outra de ambas as jurisdições. Contudo, embora os fundamentos que determinam a causalidade pelo conceito de liberdade (e pela regra prática nele contida) já não estejam situados na natureza, e o sensível não possa determinar o suprassensível no sujeito, isto, pelo contrário, é possível (não com respeito ao conhecimento da natureza, mas sim com respeito às consequências do primeiro na segunda) e se compreende já no conceito de uma causalidade pela liberdade, cuja ação deve operar no mundo segundo as leis formais da última, ainda que a palavra causa, empregada para o suprassensível, signifique apenas o fundamento para determinar a causalidade das coisas da natureza a uma ação conforme com suas próprias leis naturais, porém ao mesmo tempo em concordância também com o princípio formal das leis da razão, e embora não se possa compreender a possibilidade disso, pode-se refutar suficientemente a objeção de uma suposta contradição que daí se originasse *. A ação segundo o conceito de liberdade é o fim último que deve existir (ele ou seu fenômeno no mundo dos sentidos), para o qual se pressupõe a condição de sua possibilidade na natureza (do sujeito como ser sensível, ou seja, como homem). O que a pressupõe *a priori* e deixando de lado o prático, a faculdade de julgar, proporciona facilmente, no conceito de uma idoneidade da natureza, o conceito mediador entre os conceitos naturais e o de liberdade, que permite passar da legalidade teórica

---

* Uma das várias supostas contradições em toda essa distinção entre a causalidade natural e a da liberdade é a formulada na censura de que, quando aludo a obstáculos que a natureza opõe à causalidade segundo leis de liberdade (morais) ou ao seu fomento por essas mesmas leis, concedo uma influência da primeira sobre a última. Porém, com um pouco de boa vontade na interpretação das minhas afirmações, o equívoco desaparece muito facilmente: o obstáculo ou o fomento não está entre a natureza e a liberdade, mas entre a primeira como fenômeno e as ações da última como fenômenos no mundo dos sentidos, e ainda a causalidade da liberdade (da razão pura e prática) o é de uma causa natural (do sujeito considerado como homem e, por isso, como fenômeno) subordinada àquela, contendo o inteligível, concebido como liberdade, o fundamento de sua determinação de um modo que, por outro lado, é inexplicável (como o é igualmente, nesse mesmo caso, o que constitui o substrato suprassensível da natureza).

pura à legalidade prática pura, da legalidade segundo a primeira ao fim último de acordo com a segunda, pois com isso se reconhece a possibilidade do fim último, que só na natureza e de acordo com suas leis pode chegar a ser real.

O entendimento, graças à possibilidade de suas leis *a priori* para a natureza, nos dá uma prova de que esta só é conhecida por nós como fenômeno, com o qual alude ao mesmo tempo a um substrato suprassensível da mesma, mas deixando-o totalmente indeterminado. A faculdade de julgar, graças ao seu princípio *a priori* do juízo da natureza, segundo possíveis leis especiais da mesma, proporciona ao seu substrato suprassensível (o mesmo dentro que fora de nós) uma possibilidade de determinação por meio da faculdade intelectual; em contrapartida, a razão, graças à sua lei prática *a priori*, dá-lhe a determinação, e desse modo a faculdade de julgar torna possível a passagem da jurisdição do conceito de natureza à do conceito de liberdade.

Quanto às faculdades psíquicas em geral, que são consideradas superiores, isto é, dotadas de uma autonomia, para a faculdade de conhecer (o teórico da natureza) é o entendimento que contém os princípios constitutivos *a priori*; para o sentimento de agrado e desagrado, é a faculdade de julgar, independentemente de conceitos e sensações, relativos à determinação da faculdade de desejar e, por isso, suscetíveis de ser diretamente práticos; para a faculdade de desejar, a razão, que, sem mediar nenhuma classe de agrado, provenha de onde provier, é prática e lhe fixa o fim último, que implica ao mesmo tempo a pura complacência intelectual no objeto. O conceito de uma idoneidade da natureza, próprio da faculdade de julgar, pertence ainda aos conceitos naturais, porém apenas a título de princípio regulador da faculdade de conhecer, apesar de o juízo estético sobre certos objetos (da natureza ou da arte), que o provoca, ser um princípio constitutivo com respeito ao sentimento de agrado ou desagrado. O espontâneo no jogo das faculdades de conhecimento, cuja concordância contém o motivo desse agrado, faz com que o conceito ideado seja idôneo para proporcionar a união das jurisdições do conceito de natureza com o de liberdade em seus respectivos efeitos, pois tal união favorece ao mesmo tempo a predisposição do ânimo para o sentimento moral. O quadro seguinte pode facilitar a visão de conjunto das faculdades superiores na sua unidade sistemática*:

Conjunto de faculdades psíquicas	Faculdades de conhecimento	Princípios *a priori*	Aplicação
Faculdades de conhecimento	Entendimento	Legalidade	à natureza
Sentimento de agrado e desagrado	Faculdade de julgar	Idoneidade	à arte
Faculdade de desejar	Razão	Fim último	à liberdade

---

* Fez-se objeção ao fato de que minhas divisões no campo da filosofia pura resultam quase sempre tripartidas; mas isso está na índole da coisa, pois se deve ser feita uma divisão a priori, esta será ou analítica, segundo o princípio de contradição, e então resultará sempre bipartida (quodlibet ens est aut A aut non A), ou sintética, e se nesse caso há de proceder de conceitos a priori (e não, como na matemática, da intuição sensível correspondente a priori ao conceito), a divisão será necessariamente uma tricotomia como resultado do requerido propriamente para a unidade sintética, a saber: 1) a condição, 2) um condicionado, e 3) o conceito resultante da união do condicionado com sua condição.

CRÍTICA DA FACULDADE DE JULGAR
PRIMEIRA PARTE

CRÍTICA DA FACULDADE DE JULGAR ESTÉTICA
SEÇÃO PRIMEIRA

ANALÍTICA DA FACULDADE DE JULGAR ESTÉTICA

Livro primeiro

ANALÍTICA DO BELO

**Primeiro fator
do juízo de gosto*, segundo a qualidade**

§ 1

O juízo de gosto é estético

Para discernir se algo é belo ou não, relacionamos a representação, não pelo entendimento ao objeto com vistas ao conhecimento, mas pela imaginação (talvez unida ao entendimento) ao sujeito e ao sentimento de agrado ou desagrado experimentado por este. Portanto, o juízo de gosto não é um juízo de conhecimento, um juízo lógico, mas sim estético, ou seja, um juízo cujo motivo determinante só pode ser subjetivo. Porém, toda relação das representações, e até mesmo das sensações, pode ser objetiva (e então significa o real de uma representação empírica); o mesmo não ocorre com aquela que se refere ao sentimento de agrado e desagrado mediante a qual

---

* A definição de gosto em que nos baseamos é a seguinte: o gosto é a faculdade de julgar o belo. A análise dos juízos de gosto tem que descobrir o que se requer para chamar de belo um objeto. Investiguei os fatores que observa em sua reflexão essa faculdade de julgar, guiando-me pelas funções lógicas para julgar (pois no juízo de gosto se conserva sempre uma referência ao entendimento). Os da qualidade serão examinados em primeiro lugar porque é o primeiro que leva em conta o juízo estético sobre o belo.

nada se indica do objeto senão que nela o sujeito sente a si mesmo tal como é afetado pela representação.

Examinar com a própria faculdade de conhecimento um edifício regular, que responda a um fim, prescindindo de se o modo de representação é mais claro ou confuso, é totalmente distinto de adquirir consciência dessa representação com base na sensação de prazer. Neste último caso, a representação está relacionada inteiramente ao sujeito e ainda ao seu sentimento vital, com o nome de sentimento de agrado ou desagrado, o qual motiva uma muito especial faculdade de discriminação e juízo que em nada contribui ao conhecimento, a não ser por sustentar a representação dada no sujeito contra o acervo total das representações de que adquire consciência o espírito no sentimento de seu estado. As representações dadas num juízo podem ser empíricas (e, portanto, estéticas); mas o juízo por meio delas formulado é lógico quando somente no juízo elas estão relacionadas ao objeto. E vice-versa, até mesmo se as representações dadas fossem absolutamente racionais, mas num juízo se relacionassem meramente ao sujeito (ao seu sentimento), o juízo seria sempre estético nessas condições.

§ 2

O prazer que dá origem ao juízo de gosto é alheio a todo interesse

Chamamos de interesse o prazer que associamos à representação da existência de um objeto; é por isso que, ao mesmo tempo, esse prazer está relacionado sempre com a faculdade de desejar, seja como motivo determinante dela, seja porque está necessariamente unido a tal motivo determinante. Sendo assim, na questão de se algo é belo, não pretendemos saber se para nós ou para qualquer outro tem, ou sequer pode ter, algum interesse a existência do objeto, pois julgamo-na antes como mera contemplação (intuição ou reflexão). Se alguém me pergunta se acho belo o palácio que vejo diante de mim, posso dizer: não gosto dessas coisas feitas apenas para maravilhar, ou como aquele cacique iroquês: que nada lhe agradava tanto em Paris como os restaurantes; posso também, como bom rousseauniano, censurar a vaidade dos grandes que empregam em coisas tão supérfluas o suor do povo; posso, por último, chegar a convencer-me até mesmo de que, se me encontrasse numa ilha deserta sem esperança de jamais voltar a juntar-me aos homens, e pela simples magia do desejo pudesse obter tão soberbo edifício, nem sequer me daria esse aborrecimento tendo já uma choça que fosse para mim suficientemente cômoda. É possível que tudo isso me seja concedido e aprovado; mas não é disso que se trata agora. Quer-se saber somente se essa mera representação do objeto vem acompanhada em mim de prazer, por indiferente que me possa ser a existência do objeto dessa representação. Vê-se facilmente que, para dizer que um objeto é belo e para demonstrar que tenho gosto, o que importa é o que faço em mim mesmo com essa representação e não a minha eventual dependência da existência do objeto. Ninguém poderá discutir que um juízo de beleza que vem unido a um interesse, por mínimo que seja, resultará parcial e não será um puro juízo de gosto. Para fazer-se juiz em coisas de gosto, é mister não ter a menor preocupação com a existência da coisa, e pelo contrário nos sentirmos perfeitamente indiferentes a esse respeito.

Essa proposição, de primordial importância, não pode ser melhor esclarecida do que se opondo, no juízo de valor, o prazer puro desinteressado* àquele associado ao interesse, sobretudo se temos a segurança de que não pode haver mais classes de interesse do que as que vamos mencionar em seguida.

§ 3

O prazer pelo agradável está associado ao interesse

É agradável o que agrada aos sentidos na sensação. Aqui se nos oferece diretamente a ocasião de censurar a tão corrente confusão do duplo significado da palavra sensação, e de alertar contra ela. Todo prazer (se diz

---

* Um juízo sobre um objeto de prazer pode ser totalmente desinteressado e ser, não obstante, muito interessante, isto é, que não se baseie num interesse, mas que o desperte. Entretanto, os juízos de gosto não motivam em si interesse algum; a única coisa que ocorre é que na vida social resulta interessante ter gosto pela razão que logo indicaremos.

ou pensa) é por si mesmo sensação (de um agrado). Portanto, tudo o que agrada, precisamente pelo fato de agradar, é agradável (ou, segundo os distintos graus ou relações com outras sensações agradáveis: gracioso, lindo, divertido, regozijador, etc.); mas, caso se conceda isso, resultam completamente indiferentes por seu efeito sobre o sentimento de agrado as impressões dos sentidos que determinam a inclinação, ou os princípios da razão que determinam a vontade, ou as meras formas reflexionadas da intuição que determinam a faculdade de julgar, pois para esse efeito seria necessário que encontrássemos prazer em sentir nosso estado, e como ao fim e ao cabo toda atividade de nossas faculdades tem que orientar-se para o prático e confluir para ele como se fosse seu objetivo, não se lhes pode atribuir outra estimativa das coisas e de seu valor senão aquela que consiste no prazer que prometem. De que modo o alcancem, é coisa que em definitivo não importa, e como nesse caso a única coisa que pode implicar uma diferença é a escolha dos meios, os homens poderiam acusar-se mutuamente de loucura e necedade, mas não de baixeza ou maldade, visto que todos, vendo cada qual as coisas à sua maneira, perseguem um fim que para cada um deles é o prazer.

Quando se qualifica de sensação uma determinação do sentimento de agrado ou desagrado, essa expressão tem um significado totalmente distinto de quando chamamos de sensação a representação de uma coisa (por meio dos sentidos, na qualidade de receptividade pertencente à faculdade de conhecer), pois no último caso a representação está relacionada ao objeto, e apenas ao sujeito no primeiro, de modo que neste não serve para nenhum conhecimento, nem sequer para o que permite ao sujeito conhecer a si mesmo.

Porém, na explicação precedente aludimos com a palavra sensação a uma representação objetiva dos sentidos, e para não corrermos sempre o perigo de sermos incorretamente interpretados, designaremos com a denominação bem usual de sentimento aquilo que sempre tem que permanecer meramente subjetivo e de modo algum pode dar lugar à representação de um objeto. A cor verde dos prados corresponde à sensação objetiva, como percepção de um objeto dos sentidos; mas seu prazer, à sensação subjetiva, que não provoca a representação de nenhum objeto, ou seja, ao sentimento, mediante o qual se considera o objeto como objeto do prazer (que não é um conhecimento do objeto).

Que meu juízo de um objeto declarando-o agradável expressa um interesse por esse objeto fica claro pelo fato de que mediante a sensação se desperta um desejo por tal objeto e, portanto, o prazer pressupõe não só o mero juízo sobre ele, mas também a relação de sua existência ao meu estado na medida em que este é afetado por tal objeto. É por isso que do agradável se diz não apenas que agrada, mas que satisfaz. Não é que lhe dedique um mero aplauso, mas sim que dessa maneira nasce uma inclinação em direção a ele, e para o agradável de modo mais intenso nem sequer se necessita um juízo sobre a qualidade do objeto, pois quem em toda ocasião persegue somente o gozo (pois tal é a palavra que designa o íntimo da satisfação), costuma abster-se de julgar.

§ 4

O prazer pelo bom está associado ao interesse

Bom é o que agrada mediante a razão, pelo mero conceito. Mas há coisas que chamamos de boas para algo (úteis), que nos satisfazem apenas como meio, e coisas que chamamos de boas em si, que satisfazem por si mesmas. Em ambas está sempre contido o conceito de um fim e, portanto, a relação da razão com a vontade (pelo menos, possível), e, por conseguinte, um prazer pela existência de um objeto ou de um ato, quer dizer, alguma classe de interesse.

Para achar algo bom, necessito saber sempre de que classe de coisa é o objeto, isto é, ter um conceito dele. Em contrapartida, não necessito disso para encontrar beleza em algo. As flores, os desenhos livres, os traços entrelaçados sem propósito, com o nome de ramagem, nada significam, não dependem de nenhum conceito determinado e, no entanto, agradam. O prazer pelo belo tem que depender da reflexão sobre um objeto, reflexão que conduza a algum conceito (indeterminado), distinguindo-se assim do agradável, que se baseia inteiramente na sensação.

É bem verdade que o agradável parece coincidir com o bom em muitos casos. Assim se dirá geralmente: todo prazer (sobretudo duradouro) é bom em si, o que significa mais ou menos: o agradável duradouro e o bom são o mesmo. Mas logo pode-se notar que isso não é mais que uma troca capciosa de palavras, já que de modo algum são intercambiáveis os conceitos que propriamente correspondem a essas expressões. O agradável que, como tal, representa só o objeto com relação ao sentido, necessita antes de mais nada, para que como objeto da vontade possa ser qualificado de bom, ser colocado sob princípios da razão por meio do conceito de um fim. Porém, se o que deleita é qualificado ao mesmo tempo de bom, resulta então uma relação totalmente distinta ao prazer, como se depreende do fato de que no bom se apresenta sempre a questão de se é bom direta ou indiretamente (bom em si ou meramente útil); em contrapartida, no agradável não se apresenta essa questão, pois a palavra significa algo que deleita diretamente. (O mesmo ocorre, igualmente, com o que qualifico de belo.)

Ainda na linguagem mais corrente faz-se uma distinção entre o agradável e o bom. Uma comida cujo sabor se realça com especiarias e outras adições é qualificada sem vacilar de agradável, ainda que ao mesmo tempo se admita que não é boa, porque apesar de deleitar diretamente aos sentidos, desagrada indiretamente, isto é, julgada por meio da razão, que se atém às consequências. Essa distinção pode ser observada ainda no juízo da saúde, a qual é diretamente agradável (pelo menos negativamente, ou seja, como consequência de toda dor corporal) para todos os que gozam dela; porém, para se dizer que é boa, é necessário que a razão a julgue com relações a fins, a saber, considerando-a como estado que nos capacita para todas as nossas ocupações. Considerando a felicidade, por último, todos crêem poder qualificar de verdadeiro bem, e inclusive de bem supremo, a maior quantidade de satisfações na vida. Mas também contra isso se rebela a razão. Satisfação é gozo, e se só se perseguisse este, resultaria insano ser escrupuloso quanto aos meios que nos o proporcionassem, tanto se pudéssemos obtê-lo passivamente, graças à liberalidade da natureza, quanto ativamente, graças à nossa própria atividade. A razão nunca concordará que tenha um valor em si a existência de um homem que viva apenas para desfrutar (por mais atarefado que esteja a esse respeito), mesmo se agindo assim resultasse, como meio, a melhor ajuda para outros que tampouco perseguissem mais que o desfrutar, precisamente porque por simpatia sentiria como próprio todo gozo. Apenas pelo que faz sem pensar no gozo, com inteira liberdade e independentemente do que possa proporcionar-lhe passivamente a natureza, atribui um valor absoluto à sua existência como existência de uma pessoa, e a felicidade, mesmo com toda a plenitude de seus deleites, está muito longe de ser um bem absoluto*.

Porém, apesar de toda essa diferença entre o agradável e o bom, ambos coincidem, entretanto, em que sempre estão associados a um interesse pelo seu objeto, não somente o agradável (§ 3) e o indiretamente bom (o útil), que agrada como meio para qualquer outro deleite, mas inclusive o bom, pura e simplesmente e em todo aspecto, quer dizer, o moral, que encerra em si o supremo interesse, pois o bom é objeto da vontade (ou seja, de uma faculdade de desejar determinada pela razão), e dá no mesmo querer algo e sentir prazer em sua existência, isto é, estar interessado nela.

§ 5

Comparação das três classes de prazer especificamente diferentes

O agradável e o bom têm, ambos, uma relação com a faculdade de desejar, e por isso implicam, aquele, um prazer patológico-condicionado (por estímulos) e, este, um prático puro, que se determina não só pela representação do objeto mas ao mesmo tempo pela associação, representada, do sujeito com a existência do objeto. Não apenas o objeto agrada, mas também sua existência. É por isso que o juízo de gosto é meramente contemplativo, quer dizer, um juízo que, indiferente com respeito à existência, confronta somente sua qualidade com o sentimento de agrado e desagrado. Mas essa própria contemplação não se orienta para conceitos, visto que o juízo de gosto não é um juízo de

---

* Uma obrigação de desfrutar constitui um disparate notório, e o mesmo deve-se dizer também de uma suposta obrigação de realizar todos os atos que não tenham outro objetivo senão o gozo, por mais espiritual que se queira concebê-lo (ou adorná-lo), e ainda que fosse um gozo físico, o chamado gozo celestial.

conhecimento (nem teórico nem prático), e, consequentemente, não se baseia em conceitos nem é feito em vista deles.

O agradável, o belo e o bom indicam, pois, três diferentes relações das representações com o sentimento de agrado e desagrado, que nos serve de critério para distinguir entre si objetos ou modos de representação. E tampouco são iguais as expressões adequadas a cada um deles para designar a complacência que provoca. É agradável para alguém aquilo que o deleita; belo, aquilo que simplesmente o agrada; bom, aquilo que aprecia, aprova, isto é, aquilo a que atribui um valor objetivo. A agradabilidade sentem-na também os animais irracionais; a beleza só o homem, ser animal porém racional, embora não meramente como tal (por exemplo, os espíritos), mas sim como animal ao mesmo tempo; em contrapartida, o bom é para todo ser racional em geral. Essa proposição só encontrará sua perfeita justificativa e explicação mais adiante. Pode-se dizer que, de todas essas três classes de prazer, apenas e exclusivamente o gosto pelo belo é um prazer livre e desinteressado, pois não há interesse algum capaz de arrancar-nos o aplauso, nem o dos sentidos nem o da razão. É por isso que do prazer se pode dizer que nos três casos mencionados se relaciona à inclinação, ao favor ou ao respeito. Pois bem, o favor é o único prazer livre. Um objeto da inclinação e um imposto ao nosso desejo por uma lei da razão não nos deixam liberdade alguma para converter nada em objeto de agrado. Todo interesse pressupõe necessidade ou provoca uma, e como motivo determinante do aplauso já não permite que seja livre o juízo sobre o objeto.

Quanto ao interesse da inclinação, no caso do agradável, todos dizem que a fome é o melhor cozinheiro, e que aquele que tem apetite sadio gosta de tudo com a única condição de que seja comestível, de modo que semelhante prazer revela que não há escolha nesse gosto. Apenas quando a necessidade está satisfeita pode-se distinguir quem entre muitos tem gosto ou não. Há, igualmente, boa conduta sem virtude, cortesia sem benevolência, decência sem honradez, etc. De fato, quando fala a lei moral, objetivamente deixa de haver escolha acerca do que se deve fazer; e dar mostra de gosto em sua conduta (ou no juízo da de outros) é muito distinto de manifestar seu modo de pensar moral, pois este contém um mandato e provoca uma necessidade, enquanto, pelo contrário, o gosto moral se limita a entreter-se com os objetos prazerosos sem aderir a nenhum deles.

Definição do belo deduzida do primeiro fator:

Gosto é a faculdade de julgar um objeto ou modo de representação por um agrado ou desagrado alheio a todo interesse. O objeto de semelhante agrado é qualificado de belo.

Segundo fator
do juízo de gosto: o relativo à sua quantidade

§ 6

O belo é o que, sem conceitos, se representa como objeto
de um prazer universal

Esta definição do belo pode ser deduzida de sua definição anterior como objeto de um prazer alheio a todo interesse, visto que quem tem consciência de que o prazer que algo lhe proporciona é alheio a todo interesse não pode senão julgar que isso contém necessariamente um motivo de prazer para todos. De fato, como não se funda em nenhuma inclinação do sujeito (nem em nenhum outro interesse reflexivo), mas como aquele que julga se sente completamente livre com relação ao prazer que encontra no objeto, não pode descobrir como motivo de seu prazer nenhuma condição privada à qual apenas seu sujeito adira, e, consequentemente, tem que considerá-lo fundado no que ele pode pressupor também em qualquer outra pessoa; por conseguinte, deve crer que há motivo para atribuir a todas um prazer semelhante. Assim, falará do belo como se a beleza fosse uma qualidade do objeto, e como se seu juízo fosse lógico (como se proporcionasse, por meio de conceitos do objeto, um conhecimento deste), apesar de ser apenas estético e não conter mais que uma referência da representação do objeto ao sujeito; precisamente porque tem com o lógico a semelhança de que nessa circunstância pode-se pressupor que seja válido para todos.

Mas essa universalidade não pode resultar de conceitos, pois a partir destes não se passa ao sentimento de agrado e desagrado (salvo em leis práticas puras, que, entretanto, encerram um interesse que não está associado ao puro juízo de gosto). Por conseguinte, o juízo de gosto, junto com a consciência de achar-se apartado de todo interesse, tem que implicar uma pretensão de ter validade para todos, embora não uma universalidade baseada em objetos, quer dizer: que necessita ter associada a ele uma pretensão à universalidade subjetiva.

§ 7

Comparação do belo com o agradável e bom considerando esta última observação

Com relação ao agradável, todos concordam que se limita exclusivamente à sua pessoa o juízo fundado num sentimento privado em virtude do qual dizem de um objeto que este os agrada. Por isso, quando alguém diz: "o vinho das Canárias é agradável", aceita de bom grado que outro corrija sua expressão e lhe recorde que o que deveria dizer é "me é agradável"; e isso não apenas no gosto da língua, paladar e garganta, mas também no que possa ser agradável aos olhos e ouvidos de cada um. Para um, a cor violeta é suave e delicada; para outro, morta e apagada. Um prefere o som dos instrumentos de sopro; outro, dos de cordas. Discutir nesse ponto com a intenção de censurar como indevido o juízo de outro, distinto do nosso, como se entre ambos houvesse uma oposição lógica, seria desatino; portanto, com relação ao agradável, vale o princípio de que cada qual tem seu próprio gosto (dos sentidos).

Muito distinto é o que ocorre com o belo. De fato, ocorre precisamente o contrário, pois seria ridículo que aquele que se representasse algo com base em seu gosto quisesse se justificar dizendo: "este objeto (o edifício que vemos, o traje que aquele usa, o concerto que ouvimos, a poesia submetida ao nosso juízo) é belo para mim", pois não tem que chamar de belo o que não reúne outra condição senão a de lhe agradar. Muitas coisas podem ter para ele atrativo e deleite, isso ninguém discutirá, mas se pretender que algo é belo, atribui aos demais o mesmo prazer; não julga apenas para si, mas sim para todos os demais, e fala da beleza como se fosse uma qualidade das coisas. Consequentemente, diz: a coisa é bela, e não espera que os demais concordem com seu juízo de prazer pela circunstância eventual de que em várias ocasiões tenham concordado com o seu, mas exige deles tal concordância, e se julgarem de outro modo censurar-lhes-á negando-lhes o gosto que ele crê que deveriam ter. Nessas condições não se pode dizer que cada qual tem seu gosto especial, porque isso equivaleria a dizer que o gosto não existe, isto é, que não há um juízo estético que possa aspirar licitamente ao assentimento de todos.

E, entretanto, também com relação ao agradável ocorre o caso de que em seu juízo possa produzir-se uma unanimidade entre pessoas, de modo que com esse motivo se atribua gosto a umas pessoas e se negue a outras, e isso não no significado do sentido orgânico, mas sim como capacidade de julgar com relação ao propriamente agradável. Assim se diz que tem gosto quem sabe oferecer a seus hóspedes deleites (gozos para os sentidos) que agradam a todos eles; mas em tal caso se toma o geral de um modo meramente relativo, e há apenas regras gerais (como o são todas as empíricas), porém não universais, pois as últimas reservam para si o juízo de gosto sobre o belo, ou, pelo menos, este aspira a elas. O juízo do agradável se refere à sociabilidade, na medida em que esta se apoia em regras empíricas. E embora também os juízos relativos ao bom aspirem com razão a ser válidos para todos, o bom se representa apenas mediante um conceito como objeto de um prazer geral, coisa que não ocorre com o agradável nem com o belo.

§ 8

Num juízo de gosto, a universalidade do prazer se representa unicamente como subjetiva

Esta determinação especial da universalidade de um juízo estético, que se encontra num juízo de gosto, é notável, se não para o lógico, pelo menos para o filósofo transcendental, de quem exige não pouco esforço para descobrir sua origem, mas, ao contrário disso, deixa clara uma qualidade de nossa faculdade de conhecer que, de outro modo, se não fosse por meio desta análise, ficaria ignorada.

Antes de mais nada, é necessário convencer-se totalmente de que mediante o juízo de gosto (sobre o belo) exigimos de todos que encontrem prazer num objeto, apesar de que esse juízo não se funda num conceito (pois então o juízo seria sobre o bom); e de que essa pretensão à validade universal é tão essencial para um juízo mediante o qual declaramos belo algo, que sem pensar nela a ninguém ocorreria empregar esta expressão, pelo contrário, incluiria no agradável tudo aquilo de que gosta sem conceito, com relação ao qual todos se atêm a seu próprio capricho, sem pretender, por oposição ao que ocorre com o juízo de gosto sobre o belo, que os demais coincidam com seu juízo de gosto. Posso qualificar o primeiro de gosto dos sentidos e o segundo de gosto da reflexão, na medida em que o primeiro formula meros juízos privados enquanto o segundo formula juízos de suposta validade universal (públicos), embora ambos sejam juízos estéticos (não práticos) sobre um objeto, ou seja, que só observam a relação de sua representação com o sentimento de agrado e desagrado. Sendo assim, como do gosto dos sentidos não apenas a experiência ensina que seu juízo (de agrado ou desagrado sobre algo) não tem validade universal, mas que também todos estão convencidos por si mesmos de que não podem reclamar precisamente essa coincidência dos demais (apesar de que com verdadeira frequência se dê também nesses juízos uma unanimidade bastante geral), resulta estranho que o gosto de reflexão, cujas pretensões à validade geral de seu juízo (sobre o belo) para todos são rechaçadas com bastante frequência, como a experiência demonstra, possa encontrar, não obstante, a possibilidade (que converte igualmente em realidade) de representar-se juízos que possam exigir de modo geral este assentimento que para cada um de seus juízos de gosto atribui de fato a todas as demais pessoas, sem que por isso os que julgam discutam a respeito da possibilidade dessa pretensão, pelo contrário, apenas em casos especiais não conseguem chegar a um acordo quanto à devida aplicação dessa faculdade.

Pois bem, nesse caso é necessário observar, antes de mais nada, que uma universalidade que não se baseie em conceitos do objeto (ainda que fossem apenas empíricos), não é lógica senão estética, quer dizer, que não contém uma quantidade objetiva do juízo, mas apenas uma subjetiva, para a qual emprego também a expressão validade comum, para indicar com ela que a validade se refere à relação de uma representação, não com a faculdade de conhecer, mas sim com o sentimento de agrado e desagrado de cada sujeito. (Pode-se utilizar também a mesma expressão para a quantidade lógica do juízo, acrescentando apenas: validade universal objetiva, diferente da meramente subjetiva, que em todos os casos é estética.)

Sendo assim, um juízo de validade universal objetiva é sempre também subjetivo, isto é, se o juízo vale para todo o conteúdo de um conceito dado, vale também para todos aqueles que se representem um objeto por meio desse conceito. Em contrapartida, de uma validade universal subjetiva, ou seja, da estética, que não se apoia em nenhum conceito, não se pode deduzir a lógica, porque essa classe de juízos não enfoca o objeto. Precisamente por essa razão, a universalidade estética que se atribui a um juízo tem que ser de tipo especial, porque não associa o predicado da beleza ao conceito do objeto em toda sua esfera lógica, e, contudo, o torna extensivo a toda a esfera dos que julgam.

Com respeito à quantidade lógica, todos os juízos de gosto são juízos individuais, já que, ante a necessidade de subordinar diretamente meu juízo ao meu sentimento de agrado e desagrado, e não por conceitos, não podem ter aqueles a quantidade de juízos objetivos de validade comum; entretanto, quando a representação individual do objeto do juízo de gosto segundo as condições que determinam este último se transforma, por comparação, num conceito, pode originar-se dele um juízo lógico universal. Por exemplo: mediante um juízo de gosto declaro bela a rosa que contemplo; pelo contrário, o juízo que resulta da comparação de outros vários singulares: "as rosas em geral são belas", se formulará daqui em diante não como meramente estético, mas como juízo lógico fundado num estético. Sendo assim, o juízo "a rosa é agradável" (no uso) é um juízo estético e individual, mas não de gosto senão do sentido. De fato, distingue-se do primeiro em que o juízo de gosto implica uma qualidade estética de universalidade, quer dizer, de validade para todos, qualidade que não se encontra no juízo sobre o agradável. Porém, os juízos sobre o bom, ainda que definam o prazer que se encontra num objeto, têm universalidade lógica e não meramente estética, pois são válidos para o objeto, como conhecimento dele, e, em consequência, o são para todos os homens.

Quando os objetos são julgados apenas por conceitos, perde-se toda representação da beleza. Portanto, tampouco pode haver regras em virtude das quais alguém pudesse ser obrigado a reconhecer como bela uma coisa. Não transigimos ao submeter a razões ou princípios nosso juízo acerca de se um traje, uma casa ou uma flor são belos. Quer-se submeter o objeto aos próprios olhos, como se seu prazer dependesse da sensação, apesar de que, quando depois qualificamos de belo o objeto, cremos contar com o assentimento geral e pretendemos que todos se associem ao nosso juízo, quando, pelo contrário, toda sensação pessoal apenas é decisiva para quem a sente e para seu prazer.

Isso nos mostra que no juízo de gosto não fazemos senão postular esse voto universal com respeito ao prazer, sem mediação de conceitos; e, por conseguinte, a possibilidade de um juízo estético que ao mesmo tempo possa ser considerado válido para todos. O juízo de gosto em si não postula o assentimento de todos (coisa que só pode fazer um juízo universal lógico, porque pode invocar fundamentos), mas se limita a exigir de todos esse assentimento como caso da regra, cuja confirmação espera, não de conceitos, mas sim da conformidade das demais pessoas. O voto universal é, pois, apenas uma ideia (cujo fundamento não vamos investigar agora). Pode parecer duvidoso que quem crê formular um juízo de gosto julgue efetivamente segundo essa ideia; mas que se refere a ela e que, portanto, acredita formular um juízo de gosto, fica claro ao servir-se do termo beleza. Para seu foro interno pode adquirir a certeza disso mediante a mera consciência do que distingue o agradável e o bom de todos seus demais prazeres, e isso é tudo o que pode oferecer-lhe perspectivas de obter o assentimento de todos os demais, aspiração que, nessas condições, pode sustentar justificadamente desde que não as infrinja muito frequentemente, pois então seu juízo de gosto seria errôneo.

§ 9

*Investigação da questão de se no juízo de gosto o sentimento
de agrado precede ao juízo do objeto ou este àquele*

A solução deste problema proporciona a chave para a crítica do gosto, e merece, consequentemente, que se lhe dedique toda a atenção.

Se o agrado pelo objeto dado fosse o primeiro, e no juízo de gosto da representação do objeto se reconhecesse apenas a comunicabilidade universal desse agrado, semelhante modo de proceder estaria em contradição consigo mesmo, pois esse agrado não seria outro que o mero deleite da sensação dos sentidos e, consequentemente, por sua natureza, só poderia ter validade pessoal, porque dependeria diretamente da representação mediante a qual é dado o objeto.

Portanto, a comunicabilidade universal do estado de espírito próprio da representação dada é o que, como condição subjetiva do juízo de gosto, deve servir de base para este e dar lugar ao agrado que proporciona o objeto. Porém, universalmente, apenas se pode comunicar o conhecimento e a representação, na medida em que esta pertence ao conhecimento, pois só assim será objetiva, e só assim tem um ponto de referência universal que torna obrigatória a coincidência da faculdade de representação de todos. Sendo assim, caso se queira imaginar que o motivo decisivo do juízo sobre essa comunicabilidade universal da representação é meramente subjetivo, ou seja, sem um conceito do objeto, esse motivo não poderá ser outro que o estado de ânimo que encontramos na relação recíproca das faculdades de representação, sempre que estas transmitam ao conhecimento uma representação dada.

As faculdades de conhecimento postas em jogo por essa representação movimentam-se com liberdade neste caso, porque nenhum conceito determinado adscreve-as a uma regra especial de conhecimento. Por conseguinte, nessa representação, o estado de ânimo deve ser o de um sentimento do livre jogo das faculdades de representação numa representação dada para um conhecimento. Isto posto, para que chegue a converter-se em conhecimento uma representação por meio da qual se dá um objeto, se requer a imaginação, que combina o diverso da intuição, e o entendimento, para a unidade do conceito que une as representações. Esse estado de um livre jogo das faculdades de conhecimento numa representação mediante a qual se dá um objeto deve poder comunicar-se universalmente, porque o conhecimento, como determinação do objeto, com o qual devem coincidir umas representações dadas (qualquer que seja o sujeito), é o único modo de representação válido para todos.

Como, num juízo de gosto, a comunicabilidade universal subjetiva do modo de representação deve ocorrer sem pressupor um conceito determinado, não pode ser outra coisa que o estado de ânimo no livre jogo da imaginação e o entendimento (na medida em que coincidam entre si como se requer para chegar a um conhecimento), pois temos consciência de que essa relação subjetiva própria de todo conhecimento há de resultar igualmente válida para todos os homens e, em consequência, precisa ser universalmente comunicável, como o é, apesar de que todo conhecimento determinado sempre se apoie naquela relação como condição subjetiva.

Sendo assim, esse juízo meramente subjetivo (estético) do objeto, ou da representação pela qual é dado, precede o prazer que se toma nele, e é o fundamento desse prazer pela harmonia das faculdades cognoscitivas; mas naquela universalidade das condições subjetivas para julgar os objetos se funda unicamente esta validade universal subjetiva que associamos à representação do objeto que qualificamos de belo.

Pela tendência natural do homem à sociabilidade (empírica e psicológica) pode-se explicar facilmente que implique agrado o poder comunicar seu estado de ânimo, ainda que seja apenas com respeito às faculdades de conhecimento. Porém, isso não basta para o nosso propósito. Quando qualificamos algo de belo, o juízo de gosto atribui necessariamente aos demais o agrado que experimentamos, como se este fosse uma qualidade do objeto determinada nele por meio de conceitos, pois, em definitivo, nada é em si a beleza sem referi-la ao sentimento do sujeito. Porém, a elucidação dessa questão deve ser diferida até depois de haver contestado outra: a de se e como são possíveis os juízos estéticos *a priori*.

Por enquanto, continuaremos tratando uma questão de menor importância: de que modo adquirimos consciência de uma recíproca coincidência subjetiva das faculdades de conhecimento no juízo de gosto: se esteticamente, por meio do mero sentido interno e sensação, ou intelectualmente, por meio da consciência de nossa atividade deliberada com que colocamos em jogo essas faculdades.

Se a representação dada que provoca o juízo de gosto fosse um conceito que no juízo do objeto associasse entendimento e imaginação para um conhecimento desse objeto, a consciência dessa relação seria intelectual (como no esquematismo objetivo da faculdade de julgar, de que trata a crítica), mas então tampouco se formularia o juízo com relação ao agrado e desagrado e não seria um juízo de gosto. Sendo assim, o juízo de gosto determina o objeto, prescindindo de conceitos, com respeito ao prazer e ao predicado de beleza. Portanto, aquela unidade subjetiva da relação não pode tornar-se cognoscível senão mediante a sensação. O estímulo de ambas as faculdades (imaginação e entendimento) para uma atividade determinada, concordante graças à ocasião da representação dada, ou seja, para o tipo de atividade próprio de todo conhecimento, é a sensação, cuja comunicabilidade geral postula o juízo de gosto. Uma relação objetiva pode apenas ser concebida, mas sendo subjetiva por suas condições, pode ser sentida também por seu efeito sobre o espírito; e de uma relação que não se apoia em nenhum conceito (como a das faculdades de representação com uma faculdade propriamente cognitiva), não é possível ter consciência se não é por meio da sensação do efeito, consistente no jogo facilitado de ambas as faculdades espirituais (imaginação e entendimento) estimuladas por mútua coincidência. Uma representação que embora isolada e sem comparação com outras tem, entretanto, uma coincidência com as condições da universalidade, como incumbe ao entendimento propriamente dito, põe as faculdades de conhecimento na disposição proporcionada que exigimos para todo conhecimento e que, consequentemente, consideramos válida também para todo aquele que está destinado a julgar pelo sentido e pelo entendimento combinados (para todo homem).

Definição do belo deduzida do segundo fator:

Belo é o que, sem conceito, agrada universalmente.

Terceiro fator
dos juízos de gosto: segundo a relação dos fins que neles estão presentes

§ 10

Da finalidade em geral

Caso se queira definir o que é um fim considerando suas determinações transcendentais (sem pressupor nada empírico como seria o sentimento de agrado): fim é o objeto de um fundamento real de sua possibilidade; e a causalidade de um conceito com relação a seu objeto é a finalidade (*forma finalis*). Quando, pois, não é meramente o conhecimento de um objeto, mas o objeto mesmo (sua forma ou existência) que para esse efeito é pensado unicamente como possível mediante um conceito deste, então se pensa num fim. A representação do efeito é nesse caso o fundamento determinante de sua causa e é anterior a esta. A consciência da causalidade de uma representação com vistas ao estado do sujeito, para mantê-lo nele, pode indicar em geral nesse caso o que se qualifica de agrado; desagrado, pelo contrário, é a representação que contém o motivo para determinar a troca do estado das representações pelo seu oposto (para desviá-las ou suprimi-las).

A faculdade de desejar, enquanto apenas determinável por conceitos, quer dizer, de agir de acordo com a representação de um fim, seria a vontade. Mas chamamos também conforme a um fim o objeto, estado de ânimo ou ação cuja possibilidade não pressupõe necessariamente a representação de um fim, fundando-se para isso na mera circunstância de que só podemos compreender e explicar sua possibilidade pressupondo que tenha como fundamento uma causalidade por fins, isto é, uma vontade que as houvesse disposto desse modo de acordo com a representação de determinada regra. Portanto, pode ser que uma forma seja conforme a um fim e que não haja tal fim, no sentido de que não atribuímos a uma vontade as causas dessa forma, embora somente possamos tornar concebível para nós a explicação de sua possibilidade deduzindo-a de uma vontade. Sendo assim, nem sempre é necessário compreender mediante a razão (segundo sua possibilidade) o que observamos, e, consequentemente, podemos pelo menos observar uma finalidade quanto à forma, mesmo sem lhe dar por fundamento fim algum (como matéria do *nexus finalis*), e notá-lo em objetos embora não seja mais que por reflexão.

§ 11

O juízo de gosto não tem por fundamento nada mais que a forma da finalidade de um objeto (ou do modo de representação desse objeto)

Todo fim, considerado como motivo do prazer, implica sempre um interesse como motivo determinante do juízo sobre o objeto do agrado. Por conseguinte, não se pode dar por fundamento ao juízo de gosto um fim subjetivo. Porém, tampouco pode o juízo de gosto determinar uma representação de um fim objetivo, quer dizer, da possibilidade do objeto mesmo segundo princípios da adscrição ao fim, e, assim, nenhum conceito do bom; porque é um juízo estético e não um juízo de conhecimento, não se referindo, pois, a nenhum conceito da qualidade e possibilidade interna ou externa do objeto por tal ou qual causa, senão apenas à relação recíproca das faculdades de representação enquanto determinadas por uma representação.

Sendo assim, essa relação na determinação de um objeto como belo está unida ao sentimento de um agrado, o qual, ao mesmo tempo, é declarado válido para todos pelo juízo de gosto, de acordo com o qual seu motivo determinante tampouco pode estar contido num deleite concomitante à representação como na representação da perfeição do objeto ou no conceito do bom. Portanto, o prazer que, sem conceito, julgamos universalmente comunicável e, com ele, o motivo determinante do juízo de gosto, somente podem atribuir-se à finalidade subjetiva na representação de um objeto, sem fim algum (nem objetivo nem subjetivo) e, por conseguinte, à mera forma da finalidade na representação mediante a qual se apresenta a nós um objeto, sempre que tenhamos consciência dela.

§ 12

O juízo de gosto se baseia em fundamentos a priori

Estabelecer *a priori* a união do sentimento de um agrado ou desagrado com qualquer representação (sensação ou conceito) como causa sua é simplesmente impossível, pois isso seria uma relação causal que (entre objetos da experiência) nunca se pode conhecer senão *a posteriori* e por meio da experiência mesma. É bem verdade que na crítica da razão prática deduzimos realmente *a priori* de conceitos morais universais o sentimento de respeito (como modificação especial e peculiar desse sentimento que não consegue identificar-se bem com o agrado ou desagrado que nos produzem objetos empíricos); mas nesse caso pudemos ultrapassar também os limites da experiência e invocar uma causalidade baseada numa qualidade suprassensível do sujeito, a saber: a liberdade. Porém, mesmo nesse caso, não deduzimos propriamente esse sentimento da ideia do moral como causa, mas fizemos provir desta somente a determinação da vontade. Entretanto, o estado de ânimo de uma vontade de algum modo determinada já é por si mesmo um sentimento de agrado e idêntico a ele, pelo qual não resulta efeito seu: este último somente se deveria supor no caso em que o conceito do moral precedesse, como bem, à determinação da vontade pela lei, pois então seria vã toda tentativa de deduzir desse conceito o agrado unido a ele, como se fosse mero conhecimento.

Pois bem, é muito semelhante o que ocorre com o agrado no juízo estético, com a única diferença de que neste o agrado é meramente contemplativo e sem provocar um interesse quanto ao objeto, enquanto no juízo moral é prático. A consciência da finalidade meramente formal no jogo das faculdades de conhecimento do sujeito, numa representação mediante a qual nos é dado um objeto, é o próprio agrado, porque contém um motivo determinante da atividade do sujeito com vistas ao estímulo de suas próprias faculdades de conhecimento, e, com isso, uma causalidade interna (que é finalista) com vistas ao conhecimento propriamente dito, mas sem limitar-se a um conhecimento determinado, como também, consequentemente, uma mera forma da finalidade subjetiva de uma representação num juízo estético. Tampouco é de modo algum prático este agrado, nem como procedente do motivo patológico do deleite, nem como procedente do motivo intelectual do bom representado; mas tem em si uma causalidade, a saber: conservar o estado da representação mesma e a ocupação das faculdades de conhecimento sem outra intenção. Detemo-nos na contemplação do belo porque essa contemplação aumenta e se reproduz por si mesma, e esse deter-se é análogo (apesar de não idêntico) àquele em que um atrativo na representação do objeto desperta repetidamente a atenção, mas mantendo-se passivo o espírito.

§ 13

O juízo de gosto puro é alheio a estímulos e emoções

Todo interesse corrompe o juízo de gosto e lhe tira sua imparcialidade, sobretudo quando, diferentemente do que ocorre com o interesse da razão, não concede à finalidade preferência ante o sentimento de agrado, mas funda-a neste, como ocorre sempre no juízo estético sobre algo que nos deleita ou aflige. É por isso que os juízos afetados desse modo não têm perspectivas de provocar um prazer de validade universal, ou têm-nas tanto menores, se entre os motivos determinantes do gosto se encontram sensações da classe indicada. O gosto continuará sendo sempre bárbaro enquanto para o prazer sejam necessários os ingredientes do estímulo e da emoção, e mais ainda se forem elevados a medida de seu aplauso.

E, entretanto, não só é frequente que os estímulos sejam considerados beleza (que na realidade apenas se relacionaria à forma) como contribuição ao prazer universal estético, porém se chega a apresentá-los como belezas em si, com o que se confunde a matéria do prazer com a forma, erro que, como muitos outros que no fundo encerram sempre algo de verdade, pode ser eliminado deslindando-se cuidadosamente esses conceitos.

Um juízo de gosto em que não tenham influência alguma estímulos nem emoções (que, entretanto, cabe incorporar licitamente ao prazer que provoca o belo), um juízo, pois, que não tenha outro motivo determinante que a finalidade da forma, é um juízo de gosto puro.

§ 14

Explicação por meio de exemplos

Os juízos estéticos, assim como os teóricos (lógicos), podem dividir-se em empíricos e puros. Os primeiros são os que predicam de um objeto, ou de seu modo de representação, se é agradável ou não; os segundos, se é belo ou não. Aqueles são juízos do sentido (juízos estéticos materiais), estes (enquanto formais) são os únicos juízos de gosto genuínos.

Portanto, um juízo de gosto só será puro quando ao seu motivo determinante não esteja mesclado nenhum prazer meramente empírico. O último ocorre sempre que estímulos ou emoções adulteram o juízo chamado a declarar bela uma coisa.

Isto nos coloca novamente diante de várias objeções que chegam ao extremo não só de considerar o estímulo como ingrediente necessário da beleza, mas inclusive como suficiente por si só para ser qualificado de belo. Uma simples cor, por exemplo: o verde da relva, uma mera nota (diferente do som ou do ruído), como a de um violino, são coisas que a maioria tem por belas em si, apesar de que no fundo ambas parecem ter apenas a matéria das representações, a saber: a mera sensação, e por isso unicamente merecem ser qualificadas de agradáveis. Observe-se ao mesmo tempo que, entretanto, as sensações da cor, assim como as da nota, apenas sendo puras se consideram com direito a ser tidas por belas, condição que se refere à forma, e que é também a única parte dessas representações que se pode comunicar universalmente com certeza: porque a qualidade das sensações mesmas não pode ser considerada unânime em todos os sujeitos, e dificilmente todos os indivíduos julgarão do mesmo modo uma cor como mais agradável que outras, ou a nota de um instrumento musical preferível à de outros.

Supondo, com Euler, que as cores sejam pulsações *(pulsus)* do éter que se sucedem a intervalos iguais, como o são as notas do ar que vibra no som, e, o mais importante, que o espírito não só mediante o sentido percebe seu efeito no estímulo do órgão, mas também mediante a reflexão o jogo regular das impressões (e, com isso, a forma na união de distintas representações), de que não tenho a menor dúvida, a cor e o som não seriam meras sensações mas determinação formal da unidade de uma multiplicidade delas, e então caberia enumerá-las já por si sós entre as belezas.

Porém, o puro num modo de sensação simples significa que sua uniformidade não é destruída nem alterada por nenhuma sensação exterior, e pertence unicamente à forma, porque nela pode-se prescindir da qualidade daquele modo de sensação (se representa uma cor e qual, ou uma nota e qual). É por isso que todas as cores simples, sendo puras, são tidas como belas, privilégio que não gozam as mescladas, precisamente porque não sendo simples não oferecem um critério para julgar se cabe qualificá-las de puras ou impuras.

Pelo que faz à beleza atribuída ao objeto em virtude de sua forma, se crê poder acrescer essa beleza por meio de estímulos, o que é um erro muito comum e que prejudica ao gosto sólido, impoluto e autêntico, apesar de ser certo que à beleza se possam incorporar outros atrativos para interessar mormente ao espírito, além da mera complacência, por meio da representação do objeto, servindo assim de estímulo ao gosto e a seu cultivo, sobretudo quando o gosto não está maduro nem exercitado; mas com isso se prejudica realmente o juízo de gosto quando esses incentivos atraem sobre si a atenção como motivos do juízo da beleza, pois estão tão distantes de contribuir para a beleza do objeto que apenas com muitas precauções podem ser aceitos a título de complementos externos, e desde que não turvem aquela forma bela, quando o gosto ainda é débil e pouco exercitado.

Na pintura, escultura e mesmo em todas as artes plásticas, arquitetura, jardinagem, que sejam belas artes, o desenho é o essencial, e nele, a base de toda edificação do gosto é, não o que agrada à sensação, mas simplesmente o que agrada por sua forma. As cores, que iluminam os contornos, devem ser consideradas incentivos, e embora possam animar o objeto em si para a sensação, nem por isso o tornam digno de contemplação e belo, pelo contrário, no mais das vezes têm um campo muito circunscrito pelas exigências da forma bela, a qual, mesmo nos casos em que tais incentivos são lícitos, é a única coisa que lhes confere nobreza.

Toda forma dos objetos dos sentidos (tanto dos sentidos externos como, indiretamente, também do sentido interno) é figura ou jogo, e, neste último caso, jogo das figuras (no espaço: a mímica e a dança) ou mero jogo das sensações (no tempo). Pode-se acrescentar o incentivo das cores ou dos sons agradáveis dos instrumentos, mas o desenho na primeira e a composição no segundo é o que constitui propriamente o objeto do juízo de gosto puro; e o fato de que a pureza tanto das cores como das notas, ou mesmo sua variedade e contraste, pareça contribuir para a beleza não quer dizer que, sendo agradáveis por si, tenham de incrementar do mesmo modo o prazer pela forma, mas apenas que tornam esta última mais exata, determinada e completamente patente, e, ademais, graças ao seu incentivo, animam a representação porque despertam e mantêm a atenção dirigida ao objeto.

Mesmo os chamados adornos ("parerga"), isto é, aquilo que não pertence à representação cabal do objeto como elemento intrínseco integrante, mas apenas como complemento extrínseco, incrementando o prazer do gosto, o conseguem unicamente graças à sua forma, como as molduras dos quadros, a roupagem das estátuas ou o peristilo de um edifício suntuoso. Em contrapartida, se o adorno não tem em si bela forma, se, como uma moldura de ouro, apenas se emprega para procurar com seu atrativo um aplauso para o quadro, se chama simplesmente adereço e repugna à autêntica beleza.

A emoção, uma sensação que não proporciona outro deleite que o mais intenso transbordamento de energia vital provocado por um obstáculo momentâneo, é totalmente alheia à beleza. Entretanto, o sublime (unido ao sentimento de emoção) requer outra índole de juízo que não a que serve de fundamento ao gosto. Por conseguinte, um juízo de gosto puro não tem como motivo determinante, como matéria do juízo estético, nem os incentivos nem a emoção, numa palavra: nenhuma sensação.

§ 15

O juízo de gosto é totalmente independente do conceito de perfeição

A finalidade objetiva só pode ser conhecida relacionando o diverso a um fim determinado, ou seja, unicamente mediante um conceito. Somente disso já se depreende que o belo, cujo juízo tem por fundamento uma finalidade meramente formal, isto é, uma finalidade sem fim, é totalmente independente da representação do bom, porque isso pressupõe uma finalidade objetiva, ou seja, a referência do objeto a um fim determinado.

A finalidade objetiva é a externa, ou seja, a utilidade, ou a interna, ou seja, a perfeição do objeto. Dos dois capítulos anteriores se depreende suficientemente que o prazer provocado por um objeto, pelo qual qualificamos este de belo, não pode basear-se na representação de sua utilidade, pois, caso contrário, não seria um prazer direto pelo objeto, condição essencial do juízo sobre a beleza. Em contrapartida, uma finalidade interna objetiva, quer dizer, a perfeição, se aproxima já muito do predicado da beleza, e isso induziu alguns filósofos famosos a considerá-la idêntica à beleza, embora com a nota restritiva de ser uma perfeição concebida confusamente. Por conseguinte, numa crítica do gosto, é de suma importância decidir se também a beleza pode dissolver-se no conceito de perfeição.

Para julgar a finalidade objetiva, necessitamos sempre do conceito de um fim e (caso aquela finalidade não seja externa [utilidade], mas sim interna) o conceito de um fim interno, que contenha o fundamento da possibilidade interna do objeto. Isto posto, assim como fim propriamente dito é aquele cujo conceito pode ser considerado como fundamento da possibilidade do próprio objeto, assim, para representar-se uma finalidade objetiva numa coisa, será necessário antes ter o conceito desta, do que há de ser uma coisa em si, e a conciliação do diverso da coisa nesse conceito (o qual dá a regra para que se lhe una essa coisa) é a perfeição qualitativa de uma coisa. Desta deve-se distinguir totalmente a quantitativa, como qualidade de uma coisa completa em sua espécie, e como mero conceito de magnitude (de totalidade); nela se dá por determinado de antemão o que há de ser a coisa em si, perguntando-se apenas se a coisa reúne todos os requisitos exigidos. O formal na representação de uma coisa, ou seja, a coincidência do diverso com o uno (deixando sem determinar o que seja este), não dá a conhecer por si a menor finalidade objetiva, visto que, como se prescinde desse uno como fim (do que a coisa deva ser), não resta mais que a finalidade subjetiva das representações no espírito daquele que contempla, que sem dúvida indica certa finalidade do estado de representação do sujeito, e uma complacência deste nele, para captar na imaginação uma forma dada, mas não uma perfeição de qualquer objeto, que neste caso não se concebe por nenhum conceito de fim. Assim, por exemplo, quando no meio do bosque me encontro com um prado rodeado de árvores em forma de círculo, essa mera forma não pode me proporcionar o menor conceito de perfeição se não imagino para isso algum fim, por exemplo: que está destinado a bailes campestres. Seria franca contradição imaginar uma finalidade objetiva formal porém sem fim, quer dizer, a mera forma de uma perfeição (sem nenhuma matéria ou conceito daquilo com que concorda, nem que fosse a ideia de uma legalidade em geral).

Sendo assim, o juízo de gosto é um juízo estético, ou seja, um juízo apoiado em fundamentos subjetivos, e cujo motivo determinante não pode ser um conceito; portanto, nem sequer o de um fim determinado. Consequentemente, a beleza, como finalidade subjetiva formal, de modo algum alude a uma perfeição do objeto como finalismo formal suposto, embora objetivo; entre os conceitos do belo e do bom, não haveria diferença alguma se não se distinguissem entre si mais que pela forma lógica, de modo que o primeiro fosse só um conceito confuso e o segundo um claro da perfeição; porque então não haveria entre ambos nenhuma diferença específica, e um juízo de gosto seria igualmente um juízo de conhecimento, como o juízo mediante o qual se declara algo bom; assim como, por exemplo, o homem comum que diz que o engano é injusto e funda seu juízo em princípios racionais confusos, enquanto o filósofo funda-o em princípios também racionais, porém claros, sem que haja outra diferença entre uns e outros princípios. Mas já indiquei que um juízo estético é único em sua espécie e que em nenhum caso proporciona um conhecimento (ainda que confuso) de seu objeto, função, esta última, própria do juízo lógico, mas que, pelo contrário, aquele relaciona simplesmente ao sujeito a representação com que um objeto é dado e não deixa clara qualidade alguma do objeto, a não ser apenas a forma final na determinação das faculdades de representação que se ocupam do objeto. Esse juízo se chama precisamente estético também porque seu motivo determinante não é um conceito, mas sim o sentimento (do sentido interno) daquela concordância no jogo das forças espirituais, à condição unicamente que esta seja notada. Pelo contrário, caso se quisesse chamar de estéticos os conceitos confusos e o juízo objetivo neles fundado, ter-se-ia um entendimento que julga pelo sentido, ou um sentido que representa por conceitos seus objetos, ambas coisas contraditórias. A faculdade dos conceitos, sejam estes obscuros ou claros, é o entendimento, e embora para o juízo de gosto como juízo estético se necessite também (como para todos os juízos) o entendimento, este não se faz necessário então como faculdade do conhecimento de um objeto, mas como faculdade da determinação do juízo e de sua representação (sem conceito) que a relaciona ao sujeito e ao seu sentimento interno, e isso sempre que esse juízo seja possível de acordo com uma regra geral.

§ 16

*Não é puro o juízo de gosto que declara belo o objeto
que responde a um conceito determinado*

Existem distintas classes de beleza: a livre *(pulchritudo vaga)* e a meramente aderente *(pulchritudo adhaerens)*. A primeira não pressupõe conceito algum do que seja o objeto; a segunda o pressupõe e, ademais, pressupõe a perfeição do objeto sob esse conceito. As espécies da primeira se chamam belezas de tal ou qual coisa (existentes em si); a segunda, enquanto anexa a um conceito (beleza condicional), se atribui aos objetos que se encontram sob o conceito de um fim especial.

As flores são belezas naturais livres. Não é fácil que ninguém, a não ser um botânico, saiba que coisa em si é uma flor, e mesmo aquele, que a considera órgão de reprodução da planta, não leva em conta para nada esse fim natural quando julga por meio do gosto. Portanto, esse juízo não se funda em nenhuma classe de perfeição, em nenhuma finalidade interna, à qual se refira a composição do diverso. Muitos pássaros (o papagaio, o beija-flor, a ave do paraíso) e grande quantidade de testáceos marinhos são belezas em si, que não pertencem a nenhum objeto determinado por conceitos com vistas ao seu fim, mas que agradam livremente e por si mesmas. Assim, as gregas, as folhagens de debruns ou de papéis de parede, etc., nada significam por si sós, não representam nenhum objeto sob um conceito determinado, e são belezas livres. Na mesma espécie pode-se incluir o que em música se chama fantasias (sem tema), e até mesmo toda a música sem texto.

No juízo de uma beleza livre (pela mera forma), é puro o juízo de gosto. Não se pressupõe nenhum conceito de qualquer fim, em virtude do qual o diverso tivesse que servir ao objeto dado e que, consequentemente, representasse esse objeto; mediante o qual se pudesse ao menos limitar a liberdade da fantasia que entra em jogo, por assim dizer, na observação da figura.

Mas a beleza de um homem (e, dentro da mesma espécie, de um varão, mulher ou criança), a de um cavalo, de um edifício (igreja, palácio, arsenal, quinta), pressupõe um conceito do fim a que está destinado, do que a coisa deve ser, e, por isso, um conceito de sua perfeição, sendo, por conseguinte, beleza aderente. Pois bem, assim como a união do agradável (da sensação) com a beleza que propriamente se refere apenas à forma turvava a pureza do juízo de gosto, também turva-a a união da beleza com o bom (em virtude da qual o diverso é bom para a coisa mesma, segundo seu fim).

Na contemplação de um edifício se encontrariam muitas coisas que agradariam se tal edifício não estivesse destinado a igreja; poder-se-ia embelezar uma figura com espirais e linhas suaves, mas regulares, como fazem os neozelandeses com sua tatuagem, se não fosse a figura humana, e esta poderia ter traços muito mais delicados e feições mais suaves e agradáveis se não se quisesse representar um varão ou guerreiro.

Sendo assim, o prazer pelo diverso numa coisa com relação ao fim interno que determina sua possibilidade é um prazer fundado num conceito; o prazer que proporciona a beleza é tal que não pressupõe nenhum conceito, pelo contrário, está diretamente unido à representação mediante a qual o objeto é dado (não mediante a qual é pensado). Pois bem, se o juízo de gosto formulado sobre esse objeto depende, como juízo de razão, do fim que há no conceito, sofrendo a conseguinte limitação, aquele juízo deixa de ser juízo de gosto puro e livre.

E ainda que nesta união do prazer estético com o intelectual o gosto obtenha a vantagem de sua fixação, e mesmo sem ser universal resulte assim suscetível de subordinação a regras com respeito a determinados objetos, não são, essas, regras do gosto, mas apenas da combinação do gosto com a razão, ou seja, do bom com o belo, em virtude das quais se utiliza o belo como instrumento dos propósitos relativos ao bom, com a intenção de que aquela disposição do espírito que conserva a si mesma e é validade subjetiva universal se subordine àquele modo de pensar que apenas mediante laboriosa determinação pode ser conservado, mas que é de validade universal. Entretanto, a perfeição não ganha propriamente com a beleza, nem esta com a perfeição, pelo contrário, como ao comparar, por meio de um conceito, um objeto que nos é dado (tendo presente o que este deve ser) com a representação mediante a qual nos é dado, não podemos evitar que ao mesmo tempo unamos essa representação com a sensação do sujeito, a capacidade total da faculdade de representação resulta favorecida quando ambos estados de espírito coincidem.

Um juízo de gosto relativo a um objeto de fim interno determinado só será puro quando aquele que julga não tiver conceito algum deste fim ou o desconsidere ao julgar. Mas então, aquele que assim fizesse, ainda que houvesse formulado um juízo de gosto adequado ao julgar o objeto como beleza livre, seria censurado por outro que considera a beleza do objeto unicamente como qualidade aderente a este (porque indica o fim do objeto), acusando-lhe de gosto falso, embora ambos julgassem corretamente a seu modo: um atendo-se ao que tem ante os sentidos, e o outro ao que tem no pensamento. Essa distinção pode servir para evitar muitas disputas sobre a beleza entre juízes do gosto, pois lhes ensina que um deles se atém à beleza livre e o outro à aderente, que o primeiro formula um juízo de gosto puro e o segundo um aplicado.

§ 17

Do ideal de beleza

Não pode haver nenhuma regra de gosto objetiva que determine por conceitos o que seja belo, visto que todo juízo dessa fonte é estético, isto é, que seu motivo determinante e o sentimento do sujeito e não um conceito do objeto. Tarefa inútil seria procurar um princípio de gosto que mediante determinados conceitos nos desse o critério geral do belo, pois o procurado seria impossível e contraditório em si mesmo. A comunicabilidade geral da sensação (de prazer ou desgosto), e ainda a que se produz sem conceito, e a unanimidade, na medida do possível, de todos os tempos e povos acerca desse sentimento na representação de certos objetos, é o critério empírico (apesar de muito débil e apenas suficiente para a presunção) a que nos atemos para considerar um gosto certificado deste modo por exemplos, procede de um fundo, comum a todos os homens e profundamente recôndito, de unanimidade no juízo das formas em que lhes são dados os objetos.

É por isso que alguns produtos do gosto são considerados exemplares, porém não no sentido de que se possa adquirir gosto imitando outros, visto que o gosto tem que ser uma faculdade peculiar do sujeito; aquele que imita um modelo revela com isso, caso acerte, que tem habilidade, e gosto unicamente no caso de que saiba julgar por si mesmo esse modelo[7]. Mas disso se deduz que o modelo supremo, o protótipo do gosto, será uma mera ideia que cada qual deve tirar de si mesmo, para julgar, de acordo com ela, tudo quanto seja objeto do gosto, exemplo do juízo pelo gosto e ainda o gosto de cada qual. Ideia significa propriamente um conceito de razão, e ideal a representação de um ser individual enquanto adequado a uma ideia. É por isso que

---

[7] Os modelos do gosto no setor das artes elocutórias devem estar compostos numa língua morta e culta; primeiro, para impedir a transformação inevitável nas línguas vivas em que expressões nobres se transformam em vulgares, as usuais envelhecem e os neologismos gozam apenas de efêmera circulação; segundo, para que se tenha uma gramática não subordinada às mudanças caprichosas da moda, ao contrário, que mantenha suas regras invariáveis.

aquele protótipo do gosto, que evidentemente repousa na indeterminada ideia da razão de um máximo, mas que não pode ser representado por conceitos senão apenas em exposição individual, deveria ser denominado o ideal do belo, e nós, quando não o possuímos diretamente, esforçamo-nos por obtê-lo em nós. No entanto, será apenas um ideal da imaginação, precisamente porque não se baseia em conceitos senão na exposição; mas a faculdade da exposição é a imaginação. Como chegamos a esse ideal da beleza? *A priori* ou empiricamente? Ou, o que dá no mesmo: que espécie do belo é suscetível de ideal?

Bom será observar, em primeiro lugar, que a beleza para a qual se deve procurar um ideal tem que ser uma beleza não vaga, mas sim determinada por um conceito de finalidade objetiva, não devendo pertencer, por conseguinte, a nenhum objeto de um juízo de gosto completamente puro, senão de um em parte intelectualizado. O que equivale a dizer que, qualquer que seja a índole dos motivos de juízos em que tenha lugar um ideal, ela tem que ter por fundamento alguma ideia de razão por conceitos determinados, ideia que fixe *a priori* o fim em que se apoia a possibilidade intrínseca do objeto. Não se pode conceber um ideal de flores belas, de uma mobília bela, de uma perspectiva bela, como tampouco cabe imaginar o ideal de uma beleza dependente de determinados fins, por exemplo, de uma bela casa, de uma árvore bela, de um jardim belo, etc., por presumir-se que esses fins não estão suficientemente fixados e determinados por seu conceito, sendo, por conseguinte, sua finalidade quase tão livre como no caso da beleza vaga. Apenas o que tem em si mesmo o fim de sua existência, o homem, que por meio da razão pode determinar para si próprio seus fins, ou, no caso em que haja de tirá-los da percepção exterior, possa juntá-los a fins essenciais e universais e então julgar também esteticamente a concordância com aqueles: esse homem é, pois, entre todos os objetos do mundo, o único capaz de um ideal da beleza, tal como a humanidade em sua pessoa, enquanto inteligência, é capaz do ideal da perfeição.

Porém para isso são necessárias duas partes: em primeiro lugar, a ideia normal estética, intuição individual (da imaginação) que representa a medida justa de seu juízo, por sê-lo de uma coisa pertencente a uma espécie animal particular; em segundo lugar, a ideia de razão, que faz dos fins da humanidade, enquanto não suscetíveis de serem representados pelos sentidos, o princípio do juízo de uma figura graças à qual se manifestam aqueles como seu efeito no fenômeno. A ideia normal precisa tirar da experiência seus elementos para a figura de um animal de uma espécie particular; mas a máxima finalidade na construção da figura, a idônea para servir de medida exata universal para o juízo estético de todo indivíduo dessa espécie, a imagem que deliberadamente se pôs como base da técnica da natureza, e à qual se acomoda unicamente a espécie em conjunto, porém nenhum de seus indivíduos separadamente, se encontra, entretanto, unicamente na ideia do que julga, mas essa ideia, com suas proporções, tem que ser exposta inteiramente *in concreto* numa imagem modelo. Para tornar compreensível de algum modo como isso ocorre (pois quem pode arrancar totalmente da natureza o seu segredo?), vamos experimentar uma explicação psicológica.

É de se supor que, de modo totalmente incompreensível para nós, a imaginação sabe não apenas fazer reviver em ocasiões os signos de conceitos, mesmo muito antigos, mas também reproduzir a imagem e a figura do objeto com base num número indizível de objetos de distintas espécies ou de uma mesma espécie; e ainda, quando o espírito estabelece comparações, coloca realmente, segundo toda presunção, uma imagem sobre outra, embora não tenha disso perfeita consciência, e então, da congruência de várias imagens da mesma espécie, sabe tirar uma intermediária que sirva de medida comum a todas. Alguém que tenha visto mil pessoas adultas, e queira julgar comparativamente seu tamanho normal, faz (a meu juízo) com que a imaginação sobreponha um grande número de imagens (quiçá todas aquelas mil), e, se neste caso me seja permitido recorrer por analogia à exposição ótica, no espaço em que coincidam a maioria e dentro do contorno em que o local esteja iluminado com a cor mais intensa, ali se manifestará o tamanho médio, igualmente afastado, tanto pela altura como pela largura, dos limites extremos das estaturas maiores e menores, e essa será a estatura de um homem belo. (Isso poderia ser obtido igualmente por um procedimento mecânico medindo todos os mil, somando separadamente suas alturas e suas larguras [e espessuras], e dividindo então cada soma por mil. Mas a imaginação faz o mesmo mediante um efeito dinâmico procedente da reiterada captação dessas figuras no órgão do sentido interno.) Sendo assim, se de modo semelhante se procura para esse homem médio a cabeça média, para esta o nariz médio, etc., essa figura será a base da ideal normal do homem belo no país em que se tenha levado a cabo a comparação; é por isso que, nessas condições empíricas, um negro tenha necessariamente da beleza da figura uma ideia normal distinta da de um branco, e o chinês outra que o europeu. E o mesmo ocorreria com o modelo de um cavalo ou de um cachorro belos (segundo a raça). Essa ideia normal não se deduz de proporções tiradas da experiência como regras determinadas, mas apenas graças a ela se consegue formular as regras do juízo. É a imagem que oscila entre todas as percepções isoladas de cada indivíduo, diferentes de vários modos, imagem tomada pela natureza como protótipo de suas criações na mesma espécie, mas que parece não haver alcançado totalmente em nenhum indivíduo. De modo algum é todo o protótipo da beleza nessa espécie, mas apenas a forma que constitui a condição indispensável de toda beleza e, assim, somente a correção na exposição da espécie. É o cânon, como se denominava o famoso Doríforo de Policleto (do mesmo modo pôde-se empregar também em sua espécie a vaca de Mirón). Precisamente por isso não pode conter nada específico, pois de outro modo não seria a ideia normal para a espécie. Sua exposição tampouco agrada como beleza, mas somente porque não contradiz nenhuma das condições únicas em que pode parecer bela uma coisa dessa espécie. A exposição é meramente acadêmica[8].

[8] Julgar-se-á que, na maioria das vezes, nada diz um rosto perfeitamente regular que um pintor convidaria a posar para ele, e isso se deve a que ele não contém nada característico, ou seja, que expressa antes a ideia da espécie que o específico de uma pessoa. O que desse modo resulta exageradamente característico, quer dizer, que atenta até contra a ideia normal (contra a finalidade da espécie), se chama caricatura. A experiência ensina também que esses rostos absolutamente regulares costumam revelar em seu interior uma pessoa meramente medíocre, o que cabe presumir (caso se possa supor que a natureza expressa no exterior as proporções do interior) pela razão seguinte: porque quando nenhuma das inclinações do espírito ultrapassa aquela proporção que se exige para ser uma pessoa simplesmente impecável, não se pode esperar nada do qualificado de gênio, em que a natureza parece afastar-se de suas proporções habituais entre as forças do espírito para dar vantagem a uma delas.

Contudo, da ideia normal do belo há que distinguir ainda o ideal do belo, que, pelas razões já indicadas, só se pode esperar da figura humana. Nesta, o ideal consiste na expressão do moral, sem o qual o objeto não agradaria universalmente e, assim, positivamente (não apenas negativamente numa exposição acadêmica). E ainda que a expressão visível das ideias morais que dominam internamente o homem só possa ser tirada da experiência – para tornar-se como que visível na manifestação corporal (como efeito do interno) a união daquelas com tudo quanto nossa razão associa ao moral-bom na ideia da suma finalidade: a bondade espiritual, a fortaleza, a pureza, a serenidade, etc.–, são necessárias ideias puras da razão e grande capacidade de imaginação em quem pretenda somente julgá-las, e muito mais em quem queira expô-las. A exatidão de semelhante ideal de beleza se demonstra ao não permitir que nenhum atrativo sensível se mescle com o prazer por seu objeto, o que não é óbice para que sinta grande interesse por ele, e isso demonstra então que nunca pode ser puramente estético o juízo formulado com esse critério, e que não é mero juízo de gosto o que se formula observando um ideal de beleza.

Esse terceiro fator nos leva à seguinte definição da beleza:

Beleza é a forma da finalidade de um objeto, quando é percebida nele sem a representação de um fim[9].

---

[9] Contra essa definição poder-se-ia invocar o exemplo de que haja coisas nas quais se vê uma forma final sem reconhecer nelas um fim, como ocorre com os instrumentos de pedra, tão frequentemente encontrados em antigos túmulos funerários, que são providos de um orifício como que destinado a um cabo, e embora em sua forma revelem claramente uma finalidade para a qual não se conhece um fim, nem por isso são classificados de belos.

Mas o fato de serem considerados obras de arte, é suficiente para obrigar a conceder que sua figura se refere a algum desígnio e a um fim determinado. É por isso que tampouco se encontra nenhum prazer direto em sua contemplação. Pelo contrário, uma flor, por exemplo: uma tulipa, será qualificada de bela porque em sua contemplação se encontra certa finalidade, que segundo nosso modo de julgar não se refere a fim algum.

Quarto fator
do juízo de gosto, segundo a modalidade do prazer pelos objetos

§ 18

O que pode ser a modalidade de um juízo de gosto

De toda representação posso dizer que pelo menos é possível que (como conhecimento) esteja associada a um agrado. Do que qualifico de agradável, digo que realmente provoca agrado em mim. Porém, do belo se pensa que tem uma relação necessária com o prazer. Sendo assim, essa necessidade é de índole especial: não é uma necessidade objetiva teórica em que *a priori* se possa saber que todos sentirão prazer perante o objeto que eu qualifico de belo, nem tampouco uma necessidade prática em que, mediante conceitos de uma vontade racional pura, que serve de regra a seres racionais que agem livremente, esse prazer é consequência necessária de uma lei objetiva e não significa outra coisa a não ser que em todo caso (sem outro desígnio) se deve agir de determinado modo. Ao contrário, como necessidade concebida num juízo estético, só pode ser qualificada de exemplar, ou seja, de necessidade do consentimento de todos para um juízo, considerado como exemplo de uma regra universal que não se pode exprimir. Como um juízo estético não é um juízo objetivo nem de conhecimento, essa necessidade não pode ser deduzida de conceitos determinados, e, com isso, não é apodítica. Muito menos ainda pode ser deduzida da universalidade da experiência (de uma unanimidade geral dos juízos sobre a beleza de certo objeto), pois, além de que a experiência dificilmente poderia nos proporcionar muitos exemplos suficientes para isso, em juízos empíricos não se pode fundar nenhum conceito de necessidade desses juízos.

§ 19

*A necessidade subjetiva que atribuímos ao juízo de gosto
é condicionada*

O juízo de gosto exige o assentimento de todos, e quem declara algo belo pretende que todos *devem* dar seu aplauso ao objeto presente e declará-lo igualmente belo. Este *deve ser* do juízo estético, mesmo com todos os dados requeridos para julgar, se formulará, pois, de modo meramente condicionado. Busca-se o assentimento de todos os demais porque para isso tem-se um motivo comum a todos, assentimento com o qual também caberia contar contanto que se tivesse somente a segurança de que o caso haveria de subsumir-se corretamente sob aquele fundamento como regra do aplauso.

§ 20

*A condição da necessidade, invocada por um juízo de gosto,
é a ideia de um sentido comum*

Se (como os juízos de conhecimento) os juízos de gosto tivessem um princípio objetivo determinado, quem os formulasse de acordo com este teria direito de reclamar para seu juízo uma necessidade absoluta. Ao pronunciar-se sem nenhum princípio, como os do mero gosto do sentido, a ninguém se lhe ocorreria que pudesse aspirar à menor necessidade. Consequentemente, deve haver um princípio subjetivo que mediante o sentimento e não por conceitos, mas com validade geral, determine o que agrada ou desagrada. Porém, esse princípio só poderia ser considerado como um sentido comum, essencialmente distinto do entendimento comum, às vezes qualificado também de sentido comum *(sensus communis)*, visto que este não julga pelo sentimento, mas sempre por conceitos, ainda que de ordinário como princípios representados apenas obscuramente.

É, pois, apenas na hipótese de que haja um sentido comum (pelo qual não entendemos, no entanto, nenhum sentido externo, mas sim o efeito do livre jogo de nossas faculdades cognoscitivas), apenas na hipótese de um tal sentido comum, sustento, pode-se formular o juízo do gosto.

§ 21

Se há razão para pressupor um sentido comum

Os conhecimentos e os juízos, juntamente com a convicção anexa a eles, devem poder ser comunicados universalmente, pois de outro modo não lhes corresponderia uma coincidência com o objeto, e seriam todos eles um mero jogo subjetivo das faculdades da representação, exatamente como pretende o ceticismo. Porém, para que os conhecimentos possam ser comunicados, é preciso também que se possa comunicar universalmente o estado de espírito, quer dizer, a disposição das faculdades de conhecimento com respeito a um conhecimento qualquer, e obviamente a proporção que se requer para uma representação (mediante a qual nos é dado um objeto) para que esta se converta em conhecimento, visto que, sem essa proporção, condição subjetiva do conhecer, não se poderia obter como resultado o conhecimento. E assim ocorre realmente sempre que por meio dos sentidos um objeto dado leva a imaginação a combinar o diverso, e esta por sua vez põe em jogo o entendimento para que imprima unidade em conceitos ao diverso. Mas essa disposição das faculdades de conhecimento tem proporção distinta segundo a distinção entre os objetos dados. E, contudo, é necessário haver uma em que esta proporção interna para o estímulo (de uma faculdade por outra) seja a mais aceitável para as duas faculdades do espírito com vistas a obter um conhecimento qualquer (de objetos dados), e essa disposição não pode ser determinada a não ser pelo sentimento (não por conceitos). Sendo assim, como essa disposição mesma deve poder comunicar-se universalmente e, consequentemente, também seu sentimento (numa representação dada), e como a comunicabilidade universal de um sentimento pressupõe um sentido comum: este poderá admitir-se com fundamento, sem que para isso seja preciso apoiar-se em observações psicológicas, mas em toda lógica e em todo princípio não cético do conhecimento terá que ser pressuposto como condição necessária da comunicabilidade universal de nosso conhecimento.

§ 22

A necessidade do assentimento universal implícito num juízo de gosto é uma necessidade subjetiva, representada como objetiva partindo da hipótese de um sentido comum

Em todos os juízos em que declaramos belo algo, não admitimos que outro seja de opinião diferente, apesar de nosso juízo não se fundar em conceitos, mas somente no nosso sentimento, considerado assim não como sentimento pessoal, mas comum. Sendo assim, para esse efeito, esse sentido comum não pode estar fundado na experiência, pois pretende justificar juízos que contêm um deve ser; não diz que todos *concordarão*, mas que todos *devem concordar* com nosso juízo. Portanto, o sentido comum, de cujo juízo apresento como mostra meu juízo de gosto, atribuindo-lhe por essa razão validade exemplar, é uma mera norma ideal que, ao ser aceita, poderia converter licitamente em regra para todos um juízo que com aquela coincidisse e o prazer por um objeto expressado nesse juízo: porque, embora sendo apenas subjetivo, esse princípio, aceito como subjetivo-universal (como ideia necessária para todos) por causa da unanimidade dos vários que julgam, poderia exigir assentimento universal como se fosse objetivo; a única coisa que se requereria é a segurança de haver realizado corretamente a subsunção.

E na realidade pressupomos essa norma indeterminada de um sentido comum, como o demonstra nossa pretensão de formular juízos de gosto. Seria necessário decidir se realmente há tal sentido comum como princípio constitutivo da possibilidade da experiência, ou se um princípio de razão, mais elevado ainda, impõe-nos, como princípio regulador, que antes de mais nada obtenhamos de nós um sentido comum para fins superiores; se, portanto, o gosto é uma faculdade inerente e natural ou somente a ideia de uma faculdade artificial, que é necessário adquirir, de modo que um juízo de gosto, com sua suposição de um assentimento universal, seria de fato uma mera exigência da razão para que se destacasse essa unanimidade do modo de sentir, e o dever ser, ou seja, a necessidade objetiva da confluência do sentimento de todos com o de cada um, significasse apenas a possibilidade de alcançar a unanimidade neste ponto, e o juízo de gosto constituísse somente um exemplo da aplicação desse princípio; mas todas essas são questões que não queremos nem podemos investigar agora, pois nosso propósito é apenas desagregar a faculdade do gosto em seus elementos para voltar a uni-los, finalmente, na ideia de um sentido comum.

Definição do belo deduzida do quarto fator:

Belo é o que, sem conceito, se reconhece como objeto de um prazer necessário.

COMENTÁRIO GERAL À SEÇÃO PRIMEIRA DA ANALÍTICA

Examinando os resultados das análises que acabamos de fazer, descobre-se que tudo gira ao redor do conceito do gosto: que este é uma faculdade de julgar um objeto com relação à livre legalidade da imaginação. Sendo assim, se no juízo de gosto for necessário examinar a imaginação em sua liberdade, há que supô-la primordialmente não reprodutiva, em sua subordinação às leis da associação, mas sim como produtiva e autônoma (como autora de formas voluntárias de possíveis intuições), e embora na apreensão de um objeto dado dos sentidos se encontre subordinada a uma determinada forma desse objeto e, a esse respeito, careça de liberdade de ação (diferentemente do que ocorre na fantasia poética), isso não impede conceber que o objeto lhe ofereça precisamente uma forma que contenha uma combinação do diverso, tal como a esboçaria a imaginação, de acordo com as leis do entendimento, caso lhe fosse deixada inteira liberdade. Contudo, é uma contradição dizer que a imaginação é livre e ao mesmo tempo por si mesma conforme a uma lei, ou seja, que encerra em si uma autonomia. Só o entendimento produz a lei. E quando a imaginação se vê obrigada a proceder em conformidade com uma lei determinada, seu produto, pela forma, será determinado por conceitos como deve ser; mas então, como vimos já anteriormente, o que provoca nosso prazer não é o belo, mas o bom (a perfeição, em todo caso a meramente formal), e o juízo não é um juízo de gosto. Portanto, só com a livre legalidade do entendimento (chamada também finalidade sem fim) e com a peculiaridade de um juízo de gosto, poderão coexistir uma legalidade sem lei e uma coincidência subjetiva da imaginação com o entendimento, sem que haja uma coincidência objetiva na qual a representação seja relacionada a um conceito determinado de um objeto.

Pois bem, os críticos do gosto costumam mencionar como exemplos mais simples e indiscutíveis do belo figuras geométricas regulares: um círculo, um quadrado, um cubo, etc., o que não impede que sejam qualificadas de regulares, precisamente porque não se concebe que possam apresentar-se de outro modo que considerando-as como meras exposições de um conceito determinado que prescreve a regra àquela figura (a única regra que a torna possível). De ambas coisas, uma deve ser errônea: ou aquele juízo dos críticos que atribuem beleza a figuras ideais, ou o nosso que considera necessária para a beleza a finalidade sem conceito.

Não é fácil que ninguém creia necessário recorrer a um homem de gosto para encontrar maior prazer numa figura circular do que num contorno emaranhado, ou num quadrado equilátero e equiângulo mais do que num oblíquo, de lados desiguais como se fosse malfeito; para isso não se necessita gosto, senão simplesmente entendimento comum. Quando se percebe um propósito, por exemplo, julgar as dimensões de um lugar, ou tornar compreensível numa distribuição as relações das partes entre si e com o conjunto, são necessárias figuras regulares, e até mesmo da espécie mais simples, e o prazer não repousa diretamente no aspecto da figura mas em sua utilidade para o propósito que se queira. Um cômodo cujas paredes se encontram em ângulos oblíquos, um jardim dessa classe, e ainda toda violação da simetria, tanto na figura dos animais (por exemplo, se têm apenas um olho) como dos edifícios ou canteiros, repugnam por serem contrários ao seu fim, não só praticamente para um uso determinado dessas coisas, mas também para o juízo de qualquer propósito possível; assim não ocorre com o juízo de gosto, que, se for puro, associa diretamente prazer ou desvio à mera contemplação do objeto, sem considerar para nada o uso ou fim.

A regularidade que conduz ao conceito de um objeto é, sem dúvida, condição indispensável *(conditio sine qua non)* para captar o objeto numa representação única e determinar o diverso em sua forma. Essa determinação é um fim com relação ao conhecimento, e caso se considere este, também está sempre associada ao prazer (anexo à obtenção de todo propósito, ainda que não seja mais que problemático). Mas em tal caso temos apenas a aprovação da solução que resolve um problema e não uma ocupação livre, e sem responder a um fim determinado, das forças do espírito, no que qualificamos de belo, em que o entendimento se põe ao serviço da imaginação e não esta ao daquele.

Numa coisa possível só em virtude de uma intenção, como um edifício e até mesmo um animal, a regularidade que consiste na simetria deve expressar a unidade da apercepção, unidade anexa ao conceito de fim e pertencente ao conhecimento. Mas quando só se quer sustentar um livre jogo das faculdades de representação (ainda que sob a condição de que não se atente para o entendimento), em jardins, decoração de interiores, toda classe de objetos artísticos, etc., a regularidade que revela coação tem que ser evitada na medida do possível; é por isso que o gosto inglês em matéria de jardins, ou o barroco nos móveis, dá à imaginação uma liberdade quase próxima do grotesco, e esse afastamento de toda coação das regras oferece precisamente ao gosto a oportunidade de mostrar sua máxima perfeição em projetos de fantasia.

Todo o regular-rígido (muito próximo à regularidade matemática) tem como elemento contrário ao gosto a circunstância de que não permite que se detenha muito tempo em sua contemplação, sob pena de provocar o tédio, a menos que se busque deliberadamente o conhecimento ou um fim prático determinado. Pelo contrário, aquilo com que a imaginação pode se entreter espontaneamente e em conformidade com um fim resulta sempre novo para nós e sua visão não cansa nunca. Em sua descrição de Sumatra, Marsden nos faz observar que naquela ilha as belezas naturais rodeiam por toda parte ao espectador até o ponto em que deixam de ser um atrativo; em contrapartida, lhe encantava encontrar em meio a um bosque uma plantação de pimenta, com suas avenidas paralelas formadas pelas varas em que trepam essas plantas, e por isso conclui-se que a beleza silvestre, ao parecer irregular, só por variar agrada quem está cansado de ver a regular. Porém, teria-lhe bastado fazer o teste de passar um dia em sua plantação de pimenta, para dar-se conta de que, quando mediante a regularidade o espírito submerge na disposição de ordem que ele exige por todas as partes, o objeto deixa de diverti-lo e, pelo contrário, causa um penoso dano à imaginação; em contrapartida, a natureza daquelas regiões, pródiga em variedades até a saciedade e não submetida à coação de regras artificiais, poderia ter oferecido sustento constante a seu gosto. O canto mesmo dos pássaros, que não saberíamos submeter a regras musicais, parece conter maior liberdade, e portanto maior alimento para o gosto, que um canto humano executado com todas as regras da arte musical, porque este último acaba por irritar quando se repete com demasiada frequência e duração. De todo modo, é de se presumir que neste caso experimentamos uma confusão entre a simpatia que nos inspira a alegria de um pequeno animalzinho agradável com a beleza de seu canto que, imitado com toda exatidão pelo homem (como às vezes ocorre com o trinado do rouxinol), produz aos nossos ouvidos uma impressão totalmente insossa.

Há que se distinguir ainda os objetos belos das belas perspectivas de objetos (que frequentemente não se podem reconhecer mais claramente por causa de sua distância). Nestas últimas, parece que o gosto se fixa não tanto no que neste campo apreende a imaginação como na ocasião que nisso encontra de fantasiar, isto é, nas fantasias próprias em que se compraz o espírito que, contudo, se mantém desperto constantemente graças à variedade que se oferece à visão. É o que ocorre também com o espetáculo das figuras variáveis do fogo de uma chaminé ou de um riacho rumoroso, pois nenhuma das duas coisas é beleza, porém têm em si um estímulo para a imaginação porque sustentam seu livre jogo.

Livro segundo

ANALÍTICA DO SUBLIME

§ 23

Passagem da faculdade de julgar o belo à de julgar o sublime

O belo coincide com o sublime na medida em que ambos agradam por si mesmos, e, ademais, na medida em que ambos pressupõem não um juízo que se defina pelos sentidos nem logicamente, senão um juízo de reflexão; consequentemente, o prazer não reside numa sensação como a do agradável, nem num conceito determinado como o do prazer pelo bom, ao contrário, está relacionado a conceitos, mesmo sem determinar quais, e portanto o prazer está associado à mera exposição ou à faculdade desta, de modo que, numa intuição dada, a faculdade da exposição ou da imaginação se considera concordante com a faculdade dos conceitos do entendimento ou da razão, resultando assim favorável a esta última. É por isso também que as duas classes de juízos são individuais e, contudo, se apresentam como tendo validade geral para todo sujeito, apesar de não aspirarem senão ao sentimento de agrado e não a um conhecimento.

Entretanto, saltam aos olhos diferenças notáveis entre ambos. O belo da natureza refere-se à forma do objeto, que consiste na limitação; o sublime, em contrapartida, pode encontrar-se também num objeto informe, na medida em que se representa nele ou por meio dele o ilimitado, ainda que concebido, além disso, como totalidade, de modo que o belo parece ser tomado como representação de um conceito indeterminado de entendimento e o sublime como de conceito análogo, porém de razão. Por conseguinte, no belo, o prazer se associa à qualidade, e no sublime à quantidade. Este último é também muito distinto do primeiro por sua índole, visto que o belo implica diretamente um fomento da vida, sendo assim conciliável com os atrativos e com uma imaginação que brinca, enquanto o sentimento do sublime é um agrado que só se produz indiretamente, a saber: pelo sentimento de um impedimento momentâneo das energias vitais e do transbordamento mais intenso delas resultante; portanto, não parece que nessa emoção haja brincadeira, senão seriedade, na atividade da imaginação, e como o espírito não experimenta apenas atração, mas também desvio, em incessante alternância, o prazer que proporciona o sublime não contém tanto agrado positivo quanto admiração e respeito, quer dizer, merece ser qualificado de agrado negativo.

Mas a diferença intrínseca e mais importante entre o sublime e o belo é a seguinte: que se, como convém, examinamos primeiramente o sublime da natureza (o sublime da arte se circunscreve sempre às condições da coincidência com a natureza), a beleza natural (a independente) encerra uma finalidade em sua forma, graças à qual o objeto parece ser predeterminado para nossa faculdade de julgar, constituindo assim em si um objeto de prazer, pelo contrário, o que sem raciocinar, pela mera apreensão, provoca em nós o sentimento do sublime, pode parecer inapropriado para nossa faculdade de representação como se violentasse a imaginação, e, não obstante, é considerado tanto mais sublime.

Disso se depreende imediatamente quão imprópria é a expressão com que qualificamos de sublime qualquer objeto da natureza, apesar de que com toda razão possamos qualificar de belos muitos deles; pois como cabe designar com uma expressão de aplauso o que se concebe em si como contrário a um fim? Já não podemos dizer que o objeto é idôneo para a representação de algo sublime que se possa encontrar no espírito, pois o propriamente sublime não pode estar contido em nenhuma forma sensível, pois refere-se apenas a ideias da razão, as quais, ainda que nenhuma delas seja suscetível de exposição apropriada, são despertadas e trazidas ao espírito precisamente por essa inadequação que se pode expor sensivelmente. Assim, o vasto oceano agitado pela tempestade não pode ser qualificado de sublime. O espetáculo é horroroso e é necessário que o espírito se encontre ocupado já por ideias de índole diversa para que essa contemplação lhe inspire um sentimento sublime em si ao estimular o espírito a abandonar o sensível para ocupar-se com ideias que contenham finalidade mais elevada.

A beleza natural independente nos revela uma técnica da natureza, que a torna representável para nós como sistema de leis cujo princípio não encontramos em toda nossa faculdade de entendimento: é o princípio de uma conformidade aos fins relativa ao uso da faculdade de julgar com respeito aos fenômenos, de modo que estes tenham que ser julgados não somente como pertencentes ao mecanismo não final da natureza, mas também à analogia com a arte. E ainda que realmente não amplie nosso conhecimento dos objetos da natureza, amplia nosso conceito da natureza, no sentido de que esta, de mero mecanismo, passa a seu conceito como arte, circunstância que convida a profundas investigações sobre a possibilidade de semelhante forma. Mas no que costumamos qualificar de sublime não há absolutamente nada que conduza a princípios objetivos particulares e às formas naturais a eles adequadas, ao contrário, a natureza suscita, na maioria das vezes, as ideias do sublime quando é contemplada em seu caos e na desordem e no ímpeto destruidor mais selvagens e irregulares contanto que se possa ver grandiosidade e potência. Disso deduzimos que o conceito do sublime na natureza está muito longe de ser tão importante e cheio de consequências como o é nela o do belo, e que esse conceito não salienta o menor finalismo na natureza mesma, mas apenas no possível uso de seus aspectos para fazer com que sintamos em nós mesmos um finalismo totalmente independente da natureza. Para o belo da natureza temos que buscar um motivo fora de nós, enquanto para o sublime só temos que buscá-lo em nós e no modo de pensar que ponha sublimidade na representação da natureza; observação prévia muito necessária que separa totalmente de uma finalidade da natureza as ideias do sublime e converte a teoria do sublime em mero anexo ao juízo estético da finalidade da natureza, porque assim não se representa nenhuma forma especial nesta, mas apenas se desenvolve um uso conforme ao fim que a imaginação faz de sua representação.

§ 24

Da divisão de uma investigação do sentimento do sublime

Quanto à divisão dos fatores do juízo estético dos objetos com relação ao sentimento do sublime, a analítica poderá desenvolver-se seguindo o mesmo princípio que na análise dos juízos de gosto, visto que, a título de juízo da capacidade de julgar reflexionante estética, o prazer pelo sublime, assim como o que proporciona o belo, precisa ser de validade universal quanto à quantidade, desprovido de interesse quanto à qualidade, tornar representável a finalidade subjetiva quanto à relação, e torná-la representável como necessária, quanto à modalidade. Por conseguinte, o método não se afastará do da seção anterior; em todo caso, haverá que se considerar que, no estudo do juízo estético, na medida em que se refere à forma do objeto, partíamos da investigação da qualidade, enquanto no estudo do sublime, tendo em conta a carência de forma que se pode atribuir-lhe, partiremos da quantidade como primeiro fator do juízo estético sobre o sublime; o capítulo precedente nos explica a razão de proceder assim.

Entretanto, a análise do sublime requer uma divisão que não necessitava a do belo, a saber: a divisão do sublime em matemático e dinâmico.

De fato, como o sentimento do sublime implica, como caráter seu, um movimento do espírito, unido ao juízo do objeto, por oposição ao gosto pelo belo, que pressupõe e conserva o espírito em serena contemplação, embora esse movimento deva ser julgado conforme um fim subjetivo (porque o sublime agrada), esse movimento terá de ser transmitido pela imaginação, ou à faculdade cognoscitiva, ou à apetitiva, e em qualquer uma de ambas as relações a finalidade da representação dada só será julgada com respeito a essas faculdades (sem fim ou interesse), visto que então a primeira relação será atribuída ao objeto como disposição matemática da imaginação e a segunda como disposição dinâmica, e, consequentemente, o objeto será representado como sublime numa das duas classes assim consideradas.

A. DO SUBLIME MATEMÁTICO

§ 25

Definição nominal do sublime

Denominamos sublime o absolutamente grande. Porém, ser grande e ser uma magnitude são conceitos totalmente distintos *(magnitudo* e *quantitas)*. Da mesma forma, dizer simplesmente *(simpliciter)* que algo é grande é também totalmente diferente de dizer que é absolutamente grande *(absolute, non comparative magnum)*. O último é o grande além de toda comparação. Sendo assim, o que quer dizer a expressão de que algo é grande, pequeno ou médio? Não é um conceito de razão puro o que desse modo se indica, e menos ainda uma intuição sensível; nem tampouco um conceito de razão porque não implica nenhum princípio de conhecimento. Tem que ser, pois, um conceito da faculdade de julgar, ou decorrer dele e ter como base uma finalidade subjetiva da representação com relação à faculdade de julgar. Da coisa mesma, sem compará-la com outras, cabe deduzir que é uma magnitude *(quantum)*, como quando a pluralidade de homogêneos faz, de todos, um. Mas para determinar quão grande é, se requer sempre outra coisa, que seja também magnitude, para que lhe sirva de medida. E como no juízo da magnitude não se observa somente a pluralidade (número), mas também a magnitude da unidade (de medida), e esta requer, por sua vez, outra coisa como medida com a que possa ser comparada, vemos que toda determinação de magnitude dos fenômenos não pode proporcionar de modo definitivo um conceito absoluto de uma magnitude, mas ser sempre e unicamente um conceito comparativo.

Pois bem, quando digo simplesmente que algo é grande, parece que não tenho a menor ideia de estar fazendo uma comparação, pelo menos com uma medida objetiva, porque dessa maneira não se determina quão grande é o objeto. Porém, ainda que seja meramente subjetiva a medida da comparação, nem por isso o juízo aspira menos a uma determinação[10] universal. Juízos como "o homem é belo" e "o homem é grande" não se limitam ao sujeito que formula o juízo, porém, como se fossem juízos teóricos, reclamam o assentimento de todos.

Entretanto, como num juízo por meio do qual se declara que algo é simplesmente grande não se quer dizer meramente que o objeto tem uma magnitude, mas que esta lhe é atribuída de preferência a outros muitos da mesma classe, embora sem indicar concretamente essa preferência, toma-se como base desse juízo algum modo de medida que se pressupõe possa ser aceito como sendo o mesmo para todos os que julgam, mas que não cabe utilizar para um juízo lógico (matematicamente determinado), senão apenas estético, da magnitude, porque é uma medida puramente subjetiva que se toma como base do juízo reflexionante sobre a magnitude. De resto, pode ser uma medida empírica, como a magnitude média dos homens que conhecemos, ou de animais de uma classe determinada, árvores, casas, montanhas, etc., ou uma medida dada *a priori* que, por culpa do sujeito que julga, se circunscreve *in concreto* às condições subjetivas da representação; por exemplo, no prático: a magnitude de certa virtude ou da liberdade pública e da justiça de um país; ou, no teórico: a magnitude da exatidão ou inexatidão de uma observação ou medição feita, e outras desse estilo.

O notável neste caso é que, embora não tenhamos interesse algum no objeto, isto é, ainda que nos seja indiferente sua existência, sua simples magnitude, mesmo considerada informe, pode implicar um prazer universalmente comunicável, contendo, portanto, a consciência de uma finalidade subjetiva no uso de nossas faculdades de conhecimento; mas não um prazer no objeto como ocorre com o belo (pois pode ser informe), em que a faculdade de julgar reflexionante se encontre disposta em conformidade com um fim com relação ao conhecimento em geral, ao contrário, o prazer reside na ampliação da imaginação em si mesma.

Se (com a restrição anteriormente indicada) dizemos simplesmente de um objeto que é grande, este juízo não é determinante-matemático, mas

---

[10] A julgar pela frase seguinte, deve-se considerar acertada a retificação, proposta por Rosenkranz e Hartenstein, de "determinação" (= Bestimmung) por "assentimento" (= Beistimmung).

mero juízo de reflexão sobre a representação do objeto, representação subjetivamente conforme a um fim para certo uso de nossas faculdades de conhecimento na estimativa de magnitudes, e então associamos sempre a essa representação uma espécie de respeito, e, em contrapartida, um desdém pelo que qualificamos simplesmente de pequeno. De resto, o juízo das coisas como grandes ou pequenas se aplica a tudo, até a todas suas qualidades; por isso qualificamos de grande ou pequena a própria beleza, devendo-se buscar a razão disso no fato de que, seja o que for o que por disposição da faculdade de julgar expomos na intuição (e, portanto, representamos esteticamente), tudo isso será fenômeno, e, consequentemente, também um *quantum*.

Entretanto, quando qualificamos algo não meramente de grande, mas de absolutamente grande, em todos os respeitos (além de toda comparação), ou seja, de sublime, logo se percebe que não concordamos que para isso se busque alguma medida apropriada fora disso, pelo contrário, consideramos que somente nisso se deve buscar tal medida. É uma magnitude que só é igual a si mesma. Daí se deduz que o sublime não deve ser procurado nas coisas da natureza, senão unicamente em nossas ideias, devendo-se reservar para a dedução a tarefa de decidir em quais delas ele se encontra.

A definição anterior pode ser formulada também do seguinte modo: sublime é aquilo comparado com o qual resulta pequeno todo o resto. Vê-se facilmente com isso que nada pode haver na natureza, por maior que possamos julgá-lo, que, considerado em outra relação, não possa ser rebaixado até o infinitamente pequeno, e vice-versa, nada tão pequeno que, para nossa imaginação, não possa elevar-se ao tamanho de um mundo se tomamos como termo de comparação medidas menores. O telescópio nos tem proporcionado abundante material para fazer a primeira observação e para a segunda o microscópio. Portanto, nada que possa ser objeto dos sentidos poderá ser qualificado de sublime caso o examinemos com esse critério. E precisamente porque em nossa imaginação há uma tendência a avançar até o infinito e em nossa razão uma pretensão à totalidade absoluta como se fosse uma ideia real, essa mesma inadequação, com relação a essa ideia, de nossa faculdade de estimar as magnitudes das coisas do mundo sensível, é o que desperta em nós o sentimento de uma faculdade suprassensível, e o absolutamente grande não é o objeto dos sentidos, mas sim o uso que, com vistas a esse sentimento, faz naturalmente de certos objetos a faculdade de julgar, comparado com o qual são pequenos todos os demais usos. Consequentemente, o que se deve qualificar de sublime não é o objeto, mas sim o estado de ânimo provocado por certa representação que dá ocupação à faculdade de julgar reflexionante.

Portanto, às fórmulas anteriores de definição do sublime podemos incorporar a seguinte: sublime é o que, por ser só capaz de concebê-lo, revela uma faculdade do espírito que vai além de toda medida dos sentidos.

§ 26

Da estimativa de magnitudes das coisas naturais exigida para a ideia do sublime

A estimativa de magnitudes por meio de conceitos numéricos (ou de seus signos na álgebra) é matemática, enquanto a da mera intuição (a olho) é estética. Sendo assim, conceitos determinados acerca de quão grande é algo, só podemos obtê-los mediante números (em todo caso aproximações mediante séries de números progredindo até o infinito), cuja unidade é a medida; e a esse respeito, toda estimativa lógica de magnitudes é matemática. Contudo, como a magnitude da medida tem que ser considerada conhecida, se esta por sua vez só devesse ser calculada mediante números cuja unidade tivesse que ser outra medida, e, portanto, matematicamente, jamais poderíamos ter uma primeira medida ou medida fundamental e, consequentemente, não poderíamos ter um conceito determinado de uma magnitude dada. Por conseguinte, a estimativa da magnitude da medida fundamental só pode consistir em captá-la diretamente numa intuição, para que a imaginação a utilize para a exposição dos conceitos numéricos, quer dizer: que toda estimativa de magnitudes dos objetos da natureza é, em última instância, estética (ou seja, determinada subjetivamente, não objetivamente).

Sendo assim, para o cálculo matemático de magnitudes não há um máximo (pois a capacidade dos números chega ao infinito), enquanto para a estimativa estética de magnitudes há em todo caso um máximo, e dele digo que quando é considerado medida absoluta, além da qual não é possível (para o sujeito que julga) outra subjetiva maior, implica a ideia do sublime e produz aquela emoção que não pode provocar nenhum cálculo matemático por números (a não ser que este se faça mantendo viva na imaginação aquela medida fundamental estética), porque o último jamais exporá senão a magnitude relativa que se obtém por comparação com outra de classe idêntica, enquanto o primeiro expõe a magnitude absoluta sempre que o espírito possa captá-la numa intuição.

A assimilação clara de um *quantum* na imaginação para poder utilizá-lo como medida ou unidade de cálculo de magnitudes comporta dois atos dessa faculdade: a apreensão e a compreensão (*aprehensio* e *comprehensio aesthetica*). A apreensão não oferece dificuldades, pois com ela pode-se ir até o infinito; porém a compreensão se torna cada vez mais difícil à medida que avança a apreensão, e logo chega ao seu máximo: a medida fundamental estética máxima de estimativa de magnitudes. De fato, quando a apreensão avançou até que as primeiras representações parciais da intuição sensível comecem a apagar-se na imaginação enquanto esta continua a apreender outras mais, perde tanto por um lado como ganha pelo outro, e na compreensão há um máximo que não pode ultrapassar.

Assim se explica o que em suas notícias do Egito faz observar Sabary, que não se deve contemplar as pirâmides muito de perto nem muito de longe caso se queira experimentar toda a emoção de sua grandiosidade, visto que, se se faz o último, as partes que hão de ser apreendidas (as pedras sobrepostas) só se representam de modo obscuro, e sua representação não tem efeito algum sobre o juízo estético do sujeito; em contrapartida, se se faz o primeiro, a visão necessita de algum tempo para completar a apreensão desde a superfície básica até a cúspide, e ao chegar a esta se extinguem sempre em parte as primeiras representações antes que a imaginação tenha apreendido as últimas, de modo que a compreensão nunca é completa. Isso mesmo pode bastar também para explicar o estupor ou espécie de perplexidade que, segundo se conta, se apodera do espectador que pela primeira vez penetra na basílica de São Pedro em Roma, pois, nesse caso, o sentimento da inadaptabilidade de sua imaginação às ideias de um todo, para expô-las, é o ponto em que a imaginação alcança seu máximo, e em seu esforço para ampliá-lo volta a cair em si mesma, embora com isso se submerja num prazer emocionante.

No momento não vou mencionar nada do fundamento desse prazer, que está associado a uma representação da qual menos cabia esperá-lo: a que nos faz notar a inadequação, e assim também a não conformidade subjetiva aos fins, da representação para a faculdade de julgar na estimativa de magnitudes; limitar-me-ei a fazer observar que se o juízo estético há de ser puro (não misturado a outro teleológico como juízo de razão), constituindo um exemplo inteiramente adaptado à crítica da faculdade de julgar estética, o sublime não deve mostrar-se nos produtos da arte (por exemplo: edifícios, colunas, etc.), em que um fim humano determina tanto a forma como o tamanho, nem em coisas naturais cujo conceito já implique um fim determinado (por exemplo: animais de destinação natural conhecida), mas sim na natureza silvestre (e mesmo nessa somente quando não implique um incentivo ou emoção procedentes de perigo real), apenas na medida em que contém grandiosidade. De fato, nessa classe de representação a natureza nada contém que seja imenso (nem magnífico nem horrível); a grandiosidade que se apreende pode ter aumentado o quanto se queira, contanto somente que possa ser compreendida num conjunto pela imaginação. Um objeto é imenso quando por sua grandiosidade anula o fim que constitui seu conceito; em contrapartida, chama-se de enorme a mera exposição de um conceito, quase demasiado grande beirando o relativamente imenso para qualquer exposição; porque o fim da representação de um conceito se dificulta com o fato de que a intuição do objeto seja quase demasiado grande para nossa faculdade de apreensão. Contudo, um juízo puro sobre o sublime não deve ter como motivo determinante nenhum fim do objeto, caso se queira que seja estético e não esteja amalgamado com algum juízo de entendimento ou de razão.

Posto que aquilo que sem interesse deve agradar a faculdade de julgar reflexionante necessita envolver em sua representação uma finalidade subjetiva, e, assim, de validade geral, apesar de que neste caso o juízo não tem por fundamento nenhuma finalidade da forma do objeto (como no belo), cabe perguntar: qual é essa finalidade subjetiva e o que a prescreve como norma para que sirva de fundamento de um prazer de validade geral na mera apreciação de magnitudes, e até mesmo naquela que foi levada até o inadequado de nossa faculdade da imaginação na exposição do conceito de uma magnitude?

Na combinação exigida para a representação de magnitudes, a imaginação avança por si mesma até o infinito, sem que nada se oponha a ela; mas o entendimento a guia mediante conceitos numéricos, e para isso ela deve dar o esquema, e nesse proceder, como pertencente à estimativa lógica de magnitudes, tem, sim, algo objetivamente final segundo o conceito de um fim (como o é toda medição), mas nada final ou prazeroso para a faculdade de julgar estética. Nessa finalidade deliberada tampouco há algo que obrigue a sustentar a magnitude da medida, e portanto da compreensão do múltiplo de uma intuição, até o limite da faculdade da imaginação e tão longe quanto esta possa alcançar em exposições. De fato, tão longe se chega na estimativa de magnitudes pelo entendimento (aritmética) caso a compreensão das unidades alcance o número 10 (na década) ou caso apenas alcance o 4 (na tétrade); porém, a obtenção ulterior de magnitudes na combinação ou na apreensão se o *quantum* é dado na intuição, se realiza apenas de modo progressivo (não cumulativamente) de acordo com um princípio de progressão aceito. Nessa estimativa matemática de magnitudes, o entendimento permanece igualmente servido e satisfeito se a imaginação eleger como unidade uma magnitude que possa abarcar num momento, por exemplo: um pé ou uma vara, como se escolher uma milha alemã ou ainda um diâmetro terrestre, que cabe apreender, embora não compreender, numa intuição da imaginação (não pela *comprehensio aesthetica*, embora sim mediante a *comprehensio logica* num conceito numérico). Em ambos os casos, a estimativa lógica de magnitudes avança sem obstáculos até o infinito.

Sendo assim, o espírito ouve em si a voz da razão, que reclama totalidade para todas as magnitudes dadas, mesmo para aquelas que embora sem poder ser apreendidas jamais por inteiro, se julgam (na representação sensível) como totalmente dadas, requerendo, com isso, compreensão numa intuição e exposição para todos aqueles membros de uma série numérica em progressão crescente e até o infinito (espaço e tempo transcorrido) dessa exigência, não exclui, ao contrário, torna inevitável, que o infinito seja concebido (no juízo da razão comum) como totalmente dado (segundo sua totalidade).

Porém, o infinito é absolutamente (não só comparativamente) grande. Comparado com ele, todo o resto (da mesma classe de magnitudes) é pequeno. Contudo, e isto é o mais importante, o simples fato de poder sequer pensá-lo como um todo revela uma faculdade do espírito além de toda medida dos sentidos. De fato, para isso se necessitaria uma compreensão que proporcionasse como unidade uma medida relacionada ao infinito de modo determinado e formulado em números, o que é impossível. Em contrapartida, para poder ao menos pensar sem contradição o infinito dado, requer-se no espírito humano uma faculdade ela mesma suprassensível, pois apenas mediante essa faculdade e sua ideia de um número (que por sua vez não admite intuição alguma, embora seja considerado substrato da intuição do mundo, como mero fenômeno) se compreende totalmente sob um conceito o infinito do mundo sensível na estimativa de magnitudes puramente intelectual, apesar de que na estimativa matemática por meio de conceitos numéricos jamais possa ser pensado de modo total. Até mesmo uma faculdade de poder pensar como dado (no substrato inteligível) o infinito da intuição suprassensível ultrapassa toda medida da sensibilidade, e é grande além de toda comparação até com a faculdade da estimativa matemática; sem dúvida, não no aspecto teórico com vistas à faculdade de conhecer, mas sim como ampliação do espírito que se sente capaz de ultrapassar os limites da sensibilidade em outro aspecto (o prático).

A natureza é, pois, sublime naqueles seus fenômenos cuja intuição implica a ideia de sua infinidade, o que não pode suceder mais que em virtude do inadequado até mesmo do máximo esforço de nossa imaginação na estimativa da magnitude de um objeto. Isto posto, para a estimativa de magnitudes matemáticas, a imaginação pode alcançar todo objeto para dar, para aquela, uma medida suficiente, porque os conceitos numéricos do entendimento podem, através da progressão, tornar adequada qualquer medida para qualquer magnitude dada. Portanto, tem que ser a estimativa de magnitudes estética a que faça sentir o esforço à compreensão e ultrapassar a faculdade da imaginação para compreender num conjunto da intuição a apreensão progressiva, o que torna perceptível, ao mesmo tempo, que essa faculdade, ilimitada em sua progressão, é inadequada para captar e empregar para a estimativa de magnitudes uma medida fundamental idônea para a estimativa de magnitudes com o mínimo dispêndio de entendimento. Sendo assim, a medida fundamental propriamente invariável da natureza é o todo absoluto desta, que nela, como fenômeno, é infinitude compreendida, e como semelhante medida fundamental é um conceito que se contradiz a si mesmo (devido à impossibilidade da totalidade absoluta de um progresso sem fim), aquela magnitude de um objeto natural em que em vão emprega a imaginação toda sua capacidade de compreensão, deve levar necessariamente ao conceito da natureza baseada num substrato suprassensível (ao mesmo tempo fundamento dela e de nossa capacidade de pensar), substrato que é grande além de toda medida dos sentidos, e por isso não permite nem julgar sublime o objeto nem o estado de ânimo em sua estimativa.

Por conseguinte, embora a faculdade de julgar estética relacione, no juízo do belo, a imaginação em seu livre jogo ao entendimento, para coincidir com os conceitos deste em geral (sem determiná-los), por outro lado, no juízo de uma coisa como sublime, aquela faculdade se refere à razão, para coincidir subjetivamente com suas ideias (sem determinar quais), quer dizer, dando lugar a um estado de espírito conforme e compatível com ela, graças ao qual resulte a influência de determinadas ideias (práticas) no sentimento.

Com isso se vê também que o verdadeiramente sublime deve ser buscado somente no espírito de quem julga, e não no objeto natural cujo juízo provoca nele esse estado de ânimo. Quem qualificaria de sublimes massas ainda informes de montanhas, em feroz desordem amontoadas umas sobre as outras, com suas pirâmides de gelo, ou o sombrio mar tempestuoso? Mas o espírito se sente realçado em seu próprio juízo quando, na contemplação dessas coisas sem considerar sua forma, se entrega à imaginação e a uma razão unida a ela, embora totalmente sem fim determinado e limitando-se a ampliá-la, e descobre então que todo o poder da imaginação é, contudo, inadequado às suas ideias.

Exemplos do sublime matemático da natureza na mera intuição nos proporcionam todos os casos em que para a imaginação se nos dá como medida, não tanto um conceito numérico maior, quanto uma grande unidade (para abreviar as séries numéricas). Uma árvore que estimamos pela altura de um homem pode servir em todo caso de medida para uma montanha, e ainda que esta tivesse uma milha de altura, poderia servir de unidade para o número que expressasse o diâmetro terrestre e torná-lo intuível para nós; o diâmetro terrestre, para o sistema planetário conhecido por nós; este, para a Via Láctea; e a incomensurável quantidade de tais vias lácteas conhecidas com a denominação de nebulosas, que se supõe, por sua vez, formar entre si um sistema semelhante, não nos permite esperar limites neste caso. Pois bem, no juízo estético de tão incomensurável conjunto, o sublime reside nem tanto na magnitude do número quanto no fato de que, em nosso avanço, chegamos a unidades cada vez maiores; para isso contribui a classificação sistemática do edifício do mundo, que nos faz representar sempre como pequeno, sucessivamente, tudo o que é grande na natureza, e como propriamente insignificante nossa imaginação em toda sua limitação, e com ela a natureza, se, perante as ideias da razão, há de oferecer-lhes uma exposição adequada.

§ 27

Da qualidade do prazer no juízo do sublime

Respeito é o sentimento do inadequado de nossa faculdade para a consecução de uma ideia que é lei para nós. Sendo assim, a ideia da compreensão, em intuição de um todo, de qualquer fenômeno que possa nos ser dado, é uma dessas ideias, que nos é imposta por uma lei da razão e que não conhece outra medida determinada, válida e invariável para todos, além do todo-absoluto. Mas nossa imaginação, mesmo no ponto culminante do seu esforço, revela seus limites e sua inadequação ante a compreensão, por ela reclamada, de um objeto dado num todo da intuição (e, consequentemente, para a exposição da ideia da razão); porém, mostra ao mesmo tempo que sua destinação é obter sua adequação a ela como a uma lei. Portanto, o sentimento do sublime da natureza é respeito para com nossa própria destinação, que mediante certa ocultação (confundindo um respeito para com um objeto ao invés do que corresponde à ideia da humanidade em nosso sujeito) demonstramos num objeto da natureza, que torna patente para nós, por assim dizer, a superioridade da destinação racional de nossas faculdades de conhecimento comparadas com o ponto culminante a que possa chegar a sensibilidade.

O sentimento do sublime é, pois, um sentimento de desagrado provocado pelo inadequado da imaginação, na estimativa estética, de magnitudes à estimativa pela razão, concomitante a um sentimento de agrado provocado pela coincidência precisamente desse juízo do inadequado do mais alto da faculdade sensível com as ideias de razão, enquanto a aspiração a estas é lei para nós. De fato, é lei (de razão) para nós e pertence a nossa destinação que consideremos pequeno, em comparação com ideias da razão, tudo quanto a natureza, como objeto dos sentidos, contém de grande para nós, e o suscitado em nós pelo sentimento dessa destinação suprassensível coincide com aquela lei. Pois bem, o máximo esforço da imaginação na exposição da unidade para a estimativa de magnitudes reside numa referência a algo absolutamente grande e, consequentemente, também numa referência à lei da razão, para aceitá-la como medida suprema única das magnitudes. Por conseguinte, a percepção interna do inadequado de toda medida sensível para a estimativa de magnitudes pela razão é uma coincidência com as leis desta última, e um desagrado despertado em nós pelo sentimento de nossa destinação suprassensível, segundo a qual é conforme a um fim, e, por isso, um agrado, que julgamos inadequada às leis do entendimento toda medida da sensibilidade.

Na representação do sublime da natureza, o espírito se sente movido, por oposição ao juízo estético sobre o belo desta, no qual é contemplação quieta. Esse movimento (sobretudo em seu início) pode ser comparado a uma comoção, isto é, a uma rápida alternância de repulsão e atração do mesmo objeto. O transcendente para a imaginação (para o qual se encontra impelida na apreensão da intuição) é como um abismo no qual ela mesma teme perder-se; em contrapartida, para a ideia racional do suprassensível, não é exagerado, mas sim conforme à lei, levar a cabo esse esforço da imaginação, e portanto atraente, por sua vez, exatamente na mesma medida em que repugnava à mera sensibilidade. Porém, quanto ao juízo mesmo, nesse caso continua sendo unicamente estético, porque, embora não tenha por fundamento um determinado conceito do objeto, representa unicamente como harmônico, mesmo através de seu contraste, o jogo das faculdades do espírito (imaginação e razão), pois assim como no juízo do belo a imaginação e o entendimento, que julgam o belo, dão lugar, por seu acordo, à finalidade das forças do espírito, assim também o produzem, mas neste caso por seu desacordo, a imaginação e a razão: é um sentimento de que temos pura razão independente, ou então uma faculdade de estimar magnitudes, cuja excelência não se pode fazer patente a não ser com base na insuficiência daquela faculdade ela mesma ilimitada na exposição das magnitudes (de objetos sensíveis).

A medição de um espaço (como apreensão) é ao mesmo tempo sua descrição e, por isso, movimento objetivo na imaginação e progresso; a compreensão da pluralidade na unidade, não da ideia, mas da intuição e, portanto, do sucessivamente apreendido num momento, é, ao contrário, uma regressão, que suprime de novo a condição de tempo na progressão e torna patente a simultaneidade. É, por conseguinte (posto que a sucessão temporal é uma condição do sentido interno e de uma intuição), um movimento subjetivo da imaginação, com a qual força o sentido interno de modo tanto mais notável quanto maior é o *quantum* compreendido pela imaginação numa intuição. Portanto, o esforço para captar numa única intuição uma medida para magnitudes que requer um tempo notável para sua apreensão é um tipo de representação que, subjetivamente considerado, repugna ao fim, embora se requeira objetivamente para a estimativa de magnitudes e seja, consequentemente, conforme ao fim, e então a mesma violência que pela imaginação se faz ao sujeito é julgada conforme ao fim para toda a determinação do espírito.

A qualidade do sentimento do sublime reside em ser um sentimento de desagrado sobre a capacidade de julgar esteticamente um objeto, apesar do qual se representa como conforme a um fim; o que é possível graças ao fato de que a própria incapacidade descobre a consciência de uma capacidade ilimitada do mesmo sujeito, e somente através da primeira pode o espírito julgar esteticamente a última.

Na estimativa lógica de magnitudes, a impossibilidade de chegar à totalidade absoluta mediante a progressão da medição das coisas do mundo dos sentidos no tempo e no espaço era reconhecida como objetiva, isto é, como impossibilidade de conceber o infinito como totalmente dado, e não como meramente subjetivo, ou seja, como incapacidade de captá-lo; visto que, como medida, não se considera para nada o grau de compreensão numa intuição, senão que tudo depende de um conceito numérico. Por outro lado, numa estimativa de magnitudes estética, o conceito numérico tem que ser descartado ou modificado e, para isso, a compreensão da imaginação para a unidade da medida (evitando, por conseguinte, os conceitos de uma lei da produção sucessiva de conceitos de magnitudes) é a única coisa conforme a um fim. Sendo assim, quando, numa intuição, uma magnitude chega quase ao extremo de nossa capacidade de compreensão, embora a imaginação seja convidada por magnitudes numéricas (para as quais temos consciência de que nossa capacidade é ilimitada) à compreensão estética numa unidade maior, então nos sentimos no espírito como confinados esteticamente dentro de limites; entretanto, o desagrado se representa como conforme a um fim com relação à necessária ampliação da imaginação para que concorde com o que é ilimitado em nossa faculdade de razão, a saber: a ideia do todo absoluto, e, por isso, a inconformidade a um fim da faculdade da imaginação para as ideias de razão e para despertá-las. Porém, precisamente por isso, o juízo estético, embora subjetivamente conforme a um fim, se converte para a razão em fonte de ideias, ou seja, de uma compreensão intelectual tal que para ela é pequena toda compreensão estética, e o objeto é percebido com um agrado apenas possível por meio de um desagrado.

B. DO DINAMICAMENTE SUBLIME DA NATUREZA

§ 28

Da natureza como potência

Potência é uma capacidade superior a grandes obstáculos, a qual recebe o nome de poder quando supera também a resistência do que já tem potência. No juízo estético, a natureza, considerada como potência que carece de poder sobre nós, é dinamicamente sublime.

Para que possamos julgar dinamicamente a natureza como sublime, é necessário que seja representada como inspirando temor (o que não quer dizer que, vice-versa, se julgue sublime em nosso juízo estético todo objeto que inspire temor). De fato, no juízo estético (sem conceito), a superioridade frente aos obstáculos só pode ser julgada pela magnitude da resistência. Sendo assim, aquilo a que procuramos resistir é um mal, e objeto de temor se não julgamos que nossas faculdades podem fazer-lhe frente. Consequentemente, para a faculdade de julgar estética, a natureza será tida unicamente como potência e, assim, como dinamicamente sublime, na medida em que seja considerada como objeto de temor.

Porém, cabe que um objeto seja considerado temível sem que por isso seja temido, como ocorre quando nos limitamos a pensar o caso em que nos propuséssemos resistir a ele e consideramos que então nossa resistência nem remotamente bastaria. Assim o virtuoso considera Deus temível, sem que por isso o tema, porque entre os casos que hão de preocupá-lo não consta o de querer resistir a ele e a seus mandamentos. Entretanto, em qualquer caso do qual pense que não é impossível em si, o considera temível.

Aquele que teme não pode julgar do sublime da natureza, como tampouco pode julgar do belo aquele que se encontra predisposto por inclinações ou desejos. Aquele foge da presença de um objeto que lhe inspira terror, e é impossível encontrar prazer num terror levado a sério. É por isso que a cessação de um inconveniente é a satisfação; mas quando esta provém de haver se livrado de um perigo, implica o propósito de não voltar a expor-se a ele, e nem sequer é possível voltar a pensar com gosto nessa sensação e muito menos que se busque espontaneamente a ocasião de voltar a senti-la.

As rochas erguidas que como uma ameaça vemos acima de nós, as nuvens tempestuosas que se acumulam no céu, aproximando-se com raios e trovões, os vulcões com todo seu temível poder destrutivo, os furacões com a devastação que deixam atrás de si, o ilimitado oceano em cólera, a elevada catarata de um rio poderoso e outros objetos do mesmo estilo reduzem a uma pequenez insignificante, comparada com sua potência, nossa capacidade de resistir. O que não impede que seu aspecto resulte tanto mais atrativo para nós quanto mais temíveis sejam, desde que possamos contemplá-los em segurança, e costumamos chamá-los de sublimes porque exaltam as forças da alma além de sua medida média comum, permitindo-nos descobrir em nós uma capacidade de resistência de índole totalmente distinta, que nos dá valor para podermos enfrentar a aparente onipotência da natureza.

De fato, assim como no incomensurável da natureza na insuficiência de nossa capacidade para tomar uma medida proporcional à estimativa de magnitudes estéticas da jurisdição daquela, encontrávamos nossa própria limitação, embora também ao mesmo tempo em nossa faculdade de razão outra medida não sensível, que tem sob si aquela infinidade como unidade, resultando pequeno, em comparação com essa medida, tudo o que é da natureza, e, portanto, encontrávamos uma superioridade de nosso espírito sobre a natureza mesma no que tem de incomensurável: assim também o que em potência tem de irresistível, nos dá a nós, considerados como seres naturais, o conhecimento de nossa impotência física, porém nos revela ao mesmo tempo uma capacidade de julgar-nos independentes da natureza e uma superioridade sobre esta, baseando-se nisso uma conservação de nós mesmos de índole totalmente distinta daquela que é atacada e posta em perigo pela natureza alheia a nós, e assim a humanidade de nossa pessoa não sofre humilhação apesar de que o homem deva sucumbir necessariamente àquele poder. Desse modo, em nosso juízo estético julgamos sublime a natureza, não na medida em que inspira temor, mas sim porque desperta em nós nossa capacidade (que não é natureza) de considerar pequeno o que nos preocupa (bens, saúde e vida), e, consequentemente, que sua potência (à qual estamos subordinados em todo caso com respeito a essas coisas) não é, entretanto, para nós e para nossa personalidade um poder perante o qual tivéssemos que nos curvar se estivessem em jogo nossos princípios supremos e sua manutenção ou abandono. Por conseguinte, nesse caso chamamos de sublime a natureza simplesmente porque eleva a fantasia à exposição daqueles casos em que o espírito pode tornar sensível para si a própria sublimidade de sua destinação, mesmo acima da natureza.

Nada perde essa estimativa própria pela circunstância de que precisamos estar em segurança para sentir esse prazer apaixonante, e, portanto, o fato de que o perigo não seja levado a sério não significa que tampouco o seja (como poderia parecer) o sublime de nossa capacidade espiritual, visto que nesse caso o prazer refere-se unicamente à destinação, que com tal motivo descobrimos, de nossa capacidade cujo germe se encontra em nossa natureza, embora seja nossa incumbência e obrigação desenvolvê-la e exercitá-la. E nisso reside a verdade, por mais que o homem tenha consciência de sua real impotência presente quando estende sua reflexão até esse ponto.

Esse princípio parece excessivamente rebuscado e pretensioso, e portanto exagerado, para um juízo estético; mas a observação do homem demonstra o contrário e que pode servir de base aos juízos mais usuais, ainda que nem sempre se tenha consciência disso. De fato, o que é que, mesmo para o selvagem, é o objeto da máxima admiração? Um homem que não se assusta, que não teme e, portanto, não se esquiva do perigo, mas sim procede a um só tempo com energia e com toda a reflexão. Mesmo no estado de civilização mais avançado, esse respeito preferencial é reservado ao guerreiro, com a única condição de que ao mesmo tempo este ostente todas as virtudes da paz: suavidade, compaixão e até o devido cuidado com sua própria pessoa, precisamente porque nelas se reconhece que seu espírito não se deixa vencer pelo perigo. Consequentemente, apesar de todas as discussões acerca de se merece maior respeito o político ou o militar, o juízo estético decide-se a favor do último. A mesma guerra, caso seja conduzida com ordem e com o sagrado respeito aos direitos civis, tem em si algo de sublime e ao mesmo tempo torna a mentalidade de um povo que desse modo a conduz tanto mais sublime quanto maiores forem os perigos a que esteve exposto, tendo sabido manter-se valente no meio deles; pelo contrário, uma paz prolongada costuma fazer dominar o mero espírito mercantil, e com ele o egoísmo, a covardia e a ociosidade, e rebaixar a mentalidade de uma nação.

Contra essa dissolução do conceito do sublime para associá-lo ao de potência parece manifestar-se o fato de que na tempestade, na tormenta, nos terremotos, etc., costumamos representar-nos Deus encolerizado, porém ao mesmo tempo revelando-se também em sua sublimidade, e pareceria loucura e a uma só vez sacrilégio a ilusão de que nosso espírito seria superior aos efeitos e ainda, ao que parece, aos desígnios de semelhante potência. Nesse caso, o estado de ânimo que se concilia à manifestação de tal objeto e que de ordinário costuma estar associado à sua ideia em semelhantes acontecimentos naturais não parece ser um sentimento de sublimidade de nossa própria natureza, mas, pelo contrário, de submissão, abatimento e total impotência. Em religião, o prosternar-se, a adoração submissa, com gestos e atitudes de contrição e temor, parecem ser a única postura conveniente na presença da divindade, motivo pelo qual foram adotados e continuam a ser observados pela maior parte dos povos. Entretanto, essa disposição de ânimo está muito longe de estar associada por si mesma e necessariamente à ideia da sublimidade de uma religião e de seu objeto. O homem que teme realmente, porque encontra em si motivo para isso ao advertir-se de que com seus reprováveis sentimentos pecou contra uma potência de vontade irresistível e ao mesmo tempo justa, não se encontra em estado de ânimo para admirar a grandeza divina, para o que se requer uma disposição para a contemplação serena e um juízo inteiramente livre. Somente quando tem consciência de estar sinceramente animado por sentimentos gratos a Deus, aqueles efeitos da potência contribuem para despertar nele a ideia da sublimidade desse ser, na medida em que descobre em si mesmo uma sublimidade de sentimento adequada à vontade desse ser, conseguindo assim sobrepor-se ao temor diante desses efeitos da natureza, que não considera como explosões da cólera divina. A mesma humildade, como juízo severo das faltas próprias, que de outro modo, com a consciência de estar animado por boas intenções, resultariam facilmente dissimuláveis considerando-se a fragilidade da natureza humana, é um estado de ânimo sublime de submeter-se voluntariamente à dor de reprovar-se a si mesmo com a ideia de assim ir apagando paulatinamente as causas de ter que fazê-lo. Somente desse modo se distingue intrinsecamente a religião da superstição, pois a última não inspira ao ânimo veneração pelo sublime, mas apenas medo e temor ante o ser prepotente a cuja vontade se vê submetido o homem atemorizado, sem que por isso o torne objeto de elevada estima, e disso não pode originar uma religião de boa conduta na vida, mas apenas louvaminha e adulação.

Por conseguinte, o sublime não está em nenhuma coisa da natureza, mas apenas em nosso espírito, na medida em que somos capazes de adquirir consciência de sermos superiores à natureza em nós e, com isso, também à natureza fora de nós (na medida em que exerce influência sobre nós). Tudo quanto suscita em nós esse sentimento, contando entre isso a potência da natureza que provoca nossas forças, se chama então (ainda que impropriamente) sublime, e somente pressupondo em nós essa ideia, e com relação a ela, seremos capazes de chegar à ideia da sublimidade daquele ser que não só provoca em nós íntimo respeito por sua potência que demonstra na natureza, mas também, e ainda mais, pela capacidade existente em nós de julgar aquela potência sem temor e nossa destinação como superior a ela.

§ 29

Da modalidade do juízo sobre o sublime da natureza

Há inumeráveis coisas da natureza bela sobre as quais podemos exigir de todos unanimidade de juízo com o nosso e até esperar que assim seja sem equivocar-nos singularmente; em contrapartida, não podemos prometer-nos que nosso juízo sobre o sublime da natureza seja tão facilmente admitido pelos demais, visto que, para poder formular um juízo sobre esta excelência dos objetos da natureza, parece que se requer um cultivo muito maior não só da faculdade de julgar estética, mas também das faculdades de conhecimento em que esta se baseia.

Para que o espírito possa sentir o sublime, se requer que tenha receptividade para as ideias, pois precisamente o inadequado da natureza a estas, e, portanto, unicamente sua pressuposição e a do esforço da imaginação, para tratar a natureza como um esquema para as ideias, é o que faz com que a sensibilidade se sinta atemorizada e, ao mesmo tempo, cativada: porque isso é uma violência que a razão exerce sobre a imaginação com o único objetivo de ampliá-la de acordo com sua verdadeira jurisdição (o prático) e fazê-la contemplar o infinito, que para a imaginação é um abismo. Na realidade, sem prévio desenvolvimento de ideias morais, o que preparados pela cultura qualificamos de sublime produziria um efeito meramente aterrador ao rude, que nas demonstrações de poder da natureza no que tem de destruidor e na ingente medida de sua potência, comparada à qual nada é a sua, veria apenas as misérias, perigos e calamidades em que se veria envolto o homem nelas aprisionado. Assim (como menciona Saussure) o bom camponês de Sabóia, tão compreensivo para outras coisas, qualificava de loucos sem vacilar a todos os entusiastas do alpinismo. Quem sabe? Talvez não lhe faltasse razão se os que a tais perigos se lançavam o fizessem, como ocorre com a maioria dos viajantes, por capricho, ou para então poder fazer um relato patético de sua aventura; não ocorria assim com o mencionado, cujo propósito era instruir os homens, e esse distinto personagem experimentou uma sensação de exaltação espiritual, que, além disso, soube comunicar aos leitores de suas viagens.

Porém, a circunstância de que o juízo sobre o sublime da natureza necessita ser cultivado (mais que o juízo sobre o belo), não significa precisamente que seja apenas um produto da cultura, que só convencionalmente tenha sido introduzido na sociedade, pelo contrário, tem suas bases na natureza humana: naquilo que, ao mesmo tempo que o entendimento são, a todos pode ser atribuído e de todos ser exigido por todos, ou seja, na propensão ao sentimento para as ideias (práticas), quer dizer, na moral.

Nisso se funda, pois, a necessidade de que o juízo dos demais sobre o sublime coincida com o nosso, necessidade que simultaneamente consideramos implícita neste, visto que, assim como imputamos falta de gosto a quem é indiferente no juízo de um objeto natural que nós achamos belo, assim dizemos que carece de sentimento quem permanece impassível diante do que nós julgamos que é sublime. As duas coisas exigimos de todo homem, e pressupomos que as tem caso seja um pouco culto; a única diferença que entre elas estabelecemos é que o primeiro, considerando que nele a faculdade de julgar relaciona unicamente a imaginação ao entendimento como faculdade dos conceitos, exigimo-lo imediatamente de todos, enquanto o segundo, levando-se em conta que nele a imaginação é relacionada à razão como faculdade das ideias, exigimo-lo apenas sob um pressuposto subjetivo (embora crendo-nos autorizados a poder exigi-lo de todos): o do sentimento moral do homem, com o qual atribuímos também necessidade a esse juízo estético.

Nessa modalidade dos juízos estéticos, a da pretendida necessidade, temos um fator capital para a crítica da faculdade de julgar, visto que nos permite conhecer neles um princípio *a priori* e os emancipa da psicologia empírica, na qual de outro modo permaneceriam sepultados sob os sentimentos de prazer e dor (com a mera qualificação, que nada diz, de ser um sentimento mais delicado), para colocá-los, e por meio deles a faculdade de julgar, na classe dos que têm por fundamento princípios *a priori* e, nessa qualidade, passá-los à filosofia transcendental.

COMENTÁRIO GERAL SOBRE A EXPOSIÇÃO DOS JUÍZOS REFLEXIONANTES ESTÉTICOS

Em relação ao sentimento de agrado, um objeto se classificará entre o agradável *(iucundum)*, o belo *(pulchrum)*, o sublime ou o bom *(honestum)*.

Como motor dos desejos, o agradável é de uma única classe, de onde quer que venha e por mais especificamente distinta que seja a representação (dos sentidos e da sensação, objetivamente considerada). É por isso que, para julgar sua influência sobre o espírito, importa somente a quantidade dos estímulos (simultânea e sucessivamente) e, poder-se-ia dizer, a massa unicamente da sensação agradável, a qual, consequentemente, só se pode compreender pela quantidade. O agradável não torna culto, mas pertence ao mero gozo. O belo, pelo contrário, exige a representação de certa qualidade do objeto, que também possa fazer-se compreensível e reduzir-se a conceitos (embora no juízo estético não se opere essa redução); o belo torna culto porque ao mesmo tempo ensina a levar em conta a finalidade no sentimento de agrado. O sublime consiste apenas na relação em que o sensível da representação da natureza se julga idôneo para um possível uso suprassensível seu. O absolutamente bom, julgado subjetivamente pelo sentimento que inspira (o objeto do sentimento moral) como a determinabilidade das forças do sujeito pela representação de uma lei absolutamente necessária, se distingue, sobretudo pela modalidade, de uma necessidade fundada em conceitos *a priori*, que contém em si não só a aspiração, mas também a exigência de que todos aplaudam, e na realidade não pertence à faculdade de julgar estética, senão à intelectual pura; tampouco se predica num juízo meramente reflexionante, mas determinante, e não da natureza, e sim da liberdade. Mas a determinabilidade do sujeito por essa ideia, e de um sujeito capaz de sentir em si obstáculos na sensibilidade, e ao mesmo tempo de sentir-se superior a estes vencendo-os como modificação de seu estado, quer dizer, o sentimento moral, se encontra aparentado à capacidade de julgar estética e suas condições formais na medida em que pode servir para que a legalidade da ação procedente de um dever se faça representável ao mesmo tempo como estética, ou seja, como sublime, e também como bela, sem que perca nada de sua pureza, o que não sucede caso se pretenda associá-la naturalmente ao sentimento do agradável.

Tirando as conclusões da precedente exposição das duas classes de juízo estético, resultariam dela as duas breves definições seguintes:

Belo é o que agrada no mero juízo (ou seja, sem o intermédio da sensação sensorial, segundo um conceito do entendimento). Disso se deduz de per si que necessita agradar sem nenhum interesse.

Sublime é o que agrada diretamente por sua resistência contra o interesse dos sentidos.

As duas, como definições de um julgar estético de validade universal, se referem a motivos subjetivos: de um lado, da sensibilidade, na medida em que são idôneos, com relação ao sentimento moral, a favor do entendimento contemplativo, e, por outro, contra ela mesma, mas a favor dos fins da razão prática, embora uns e outros se encontrem unidos no mesmo sujeito. O belo nos prepara para amar algo, até a natureza, sem interesse; o sublime, para estimá-lo altamente, até contra nosso interesse (sensível).

O sublime pode ser descrito dizendo-se que é um objeto (da natureza) cuja representação determina o espírito a pensar o inacessível da natureza como exposição de ideias.

Tomadas ao pé da letra e logicamente, consideradas, as ideias não podem ser expostas; mas quando ampliamos nossa capacidade de representação empírica (matemática ou dinamicamente) para a intuição da natureza, entra em jogo indefectivelmente a razão como faculdade de independência da totalidade absoluta, enfatizando os esforços, embora inúteis, do espírito para tornar adequada às ideias a representação dos sentidos. Esse esforço e o sentimento da inacessibilidade da ideia pela imaginação já é uma exposição da finalidade subjetiva de nosso espírito no uso da imaginação para a destinação suprassensível deste, e nos obriga a pensar subjetivamente a natureza ainda em sua totalidade como exposição de algo suprassensível, sem poder obter objetivamente essa exposição.

De fato, logo nos apercebemos de que no espaço e no tempo falta totalmente à natureza o incondicionado, e, assim, também a magnitude absoluta, exigida, no entanto, pela razão mais comum. Justamente, isso nos faz recordar que só podemos tratar uma natureza como fenômeno, e que mesmo este deve ser considerado forçosamente como mera exposição de uma natureza em si (que a razão tem em ideia). Porém, essa ideia do suprassensível, que já não podemos determinar mais (de modo que a natureza, como exposição sua, não pode ser conhecida, mas somente pensada por nós), nos é suscitada por um objeto para cujo juízo estético a imaginação é levada até seu limite, seja de ampliação (matematicamente), seja de sua potência sobre o espírito (dinamicamente), ao fundar-se no sentimento de uma destinação do objeto, que ultrapassa inteiramente a jurisdição da primeira (para o sentimento moral), com relação à qual é julgada subjetivamente conforme aos fins a representação do objeto.

Na realidade, é indubitável que não cabe conceber um sentimento do sublime da natureza sem associar a ele um estado de espírito análogo ao que se necessita para o moral, e ainda que o agrado direto pelo belo da natureza requeira e cultive certa liberalidade do modo de pensar, quer dizer, emancipando do mero gozo sensual o prazer, com isso se tem antes a representação de estar em jogo a liberdade que a de executar algo com sujeição a uma lei, assunto, este último, que constitui a verdadeira índole da moralidade do homem, em que a razão faz violência à sensibilidade, com a única particularidade de que, no juízo estético sobre o sublime, essa violência é representada como sendo exercida pela imaginação na condição de instrumento da razão.

É por isso também que o prazer pelo sublime da natureza é apenas negativo (por oposição ao prazer pelo belo, que é positivo): é um sentimento de que a imaginação priva a si mesma de liberdade ao ser determinada conforme aos fins por outra lei que a do uso empírico. Com isso adquire uma ampliação e potência maior que a por ela sacrificada, cujo motivo lhe permanece escondido, pois, em vez dele, sente o sacrifício ou a privação e ao mesmo tempo a causa a que está submetida. A estupefação, próxima do espanto, do estremecimento e do horror sagrado, que se apoderam do espectador que contempla massas montanhosas que se elevam até o céu, fundos abismos e as águas que com estrondo se precipitam neles, lugares solitários e sombrios que convidam à reflexão melancólica, etc., não constitui verdadeiro temor porque sabemos que estamos em segurança, senão apenas uma intenção de entregar-se a ele com a imaginação para sentir a potência dessa faculdade, associar o movimento, assim agitado, do espírito, ao seu estado de serenidade, e ser dessa forma superiores à natureza em nós, e com isso também à fora de nós, na medida em que é suscetível de influir em nosso bem-estar. De fato, em virtude das leis da associação, a imaginação faz com que nosso estado de satisfação dependa de condições físicas; porém, essa faculdade, segundo princípios do esquematismo da faculdade de julgar (enquanto submetida, por conseguinte, à liberdade), é instrumento da razão e de suas ideias, e, nessa condição, é uma potência para manter nossa independência contra as influências da natureza, qualificar de pequeno o que segundo a última é grande e, assim, pôr o absolutamente grande unicamente em sua destinação própria (do sujeito). Essa reflexão da faculdade de julgar estética, encaminhada a elevar-se à acomodação com a razão (embora sem um conceito determinado desta), representa o objeto como subjetivamente idôneo, mesmo mediante a inadequação objetiva da imaginação na sua máxima ampliação para a razão (como faculdade de ideias).

Sobretudo nesse caso convém ter muito presente o que já recordamos anteriormente: que na estética transcendental da faculdade de julgar precisam ser tratados somente juízos estéticos puros, não devendo, consequentemente, tomar-se os exemplos daqueles objetos belos ou sublimes da natureza que pressupõem o conceito de um fim, pois do contrário seriam juízos teleológicos ou então baseados em meras impressões de um objeto (prazer ou dor), de modo que, no primeiro caso, não seriam estéticos e, no segundo, a finalidade não seria meramente formal. Por conseguinte, quando qualificamos de sublime o aspecto do céu estrelado, não devemos, para julgá-lo, basear-nos em conceitos de mundos habitados por seres racionais nem considerar que os pontos luminosos de que está cravejado o espaço que se estende sobre nós sejam seus sóis que se movem em órbitas dispostas para eles em grande conformidade com fins, mas simplesmente, como se vê, como ampla abóbada que tudo abarca, e somente sob essa representação temos que postular a sublimidade que um juízo estético puro atribui a esse objeto. O mesmo cabe dizer da visão do oceano, que não devemos pensar enriquecida com toda classe de conhecimentos (não contidos, no entanto, na intuição direta); nem como se fosse vasto reino de seres aquáticos, grande reserva de água para as evaporações que saturam o ar de nuvens para as terras, nem tampouco como elemento que, mesmo separando entre si as partes do mundo, torna possível, contudo, a máxima comunidade entre elas, visto que tudo isso proporciona puros juízos teleológicos; ao contrário, como fazem os poetas, é necessário poder julgar sublime o oceano simplesmente pelo aspecto que tenha para a visão, como claro espelho d'água, limitado apenas pelo céu, quando está em calmaria, ou então como abismo que ameaça tragar tudo, quando está agitado. O mesmo cabe dizer do sublime e do belo da figura humana, para o qual não devemos recorrer, como motivos determinantes do juízo, a conceitos de fins, que nos indiquem a que respondem todas as medidas de seus membros, nem deixar que a coincidência com esses fins influa em nosso juízo estético (pois então já não seria puro), apesar de que, evidentemente, seja igualmente condição necessária do prazer estético que esses juízos não contradigam aqueles fins. A finalidade estética é a legalidade da faculdade de julgar em sua liberdade. O prazer pelo objeto depende da relação em que queiramos colocar a imaginação; mas há de ser ela por si só que mantenha o espírito em livre ocupação, pois do contrário, se o que determina o juízo for outra coisa, uma impressão dos sentidos ou um conceito abstrato, o juízo será, sim, legal, porém não será o juízo de uma faculdade de julgar livre.

Por conseguinte, quando se fala de beleza ou sublimidade intelectuais, essas expressões, em primeiro lugar, não são totalmente exatas, porque existem modos de representação estéticos que nem sequer se dariam em nós caso fôssemos meras inteligências puras (ou sequer em ideia nos atribuíssemos essa qualidade); em segundo lugar, mesmo que ambas, a título de objetos de um prazer intelectual (moral), fossem conciliáveis com o estético na medida em que não se baseiam em nenhum interesse, dificilmente poderiam unir-se a este, já que têm que produzir um interesse que, se a exposição para o prazer há de coincidir no juízo estético, jamais seria neste de outro modo que mediante um interesse dos sentidos, e com isso a finalidade intelectual se enfraqueceria e perderia sua pureza.

O objeto de um prazer intelectual puro e incondicionado é a lei moral em sua potência que exerce em nós sobre todos e cada um dos recursos do espírito que a precedem, e como esteticamente essa potência só se dá a conhecer propriamente por meio de sacrifícios (que constituem uma privação, embora com vistas à liberdade interior, descobrindo, em contrapartida, em nós uma profundidade incomensurável dessa faculdade suprassensível com todas suas consequências que se estendem além dos alcances da nossa visão), o prazer é negativo visto pelo lado estético (em relação à sensibilidade), quer dizer, contrário a esse interesse, mas é positivo e associado ao interesse se considerado pelo lado intelectual. Segue-se disso que o bem (moral) intelectual conforme em si mesmo aos fins, esteticamente julgado, tem que ser representado não tanto como belo quanto como sublime, de modo que despertará antes o sentimento do respeito (que desdenha os atrativos) que o de amor e íntima inclinação, visto que, com esse bem, a natureza humana não coincide espontaneamente senão graças à violência que a razão exerce sobre a sensibilidade. E vice-versa, o que chamamos de sublime na natureza exterior a nós, ou mesmo em nós (por exemplo: certas afeições), se representa somente, fazendo-se assim interessante, como uma potência do espírito de vencer mediante princípios morais certos obstáculos da sensibilidade.

Vou deter-me um momento neste último. A ideia do bom com afeição se chama entusiasmo. Esse estado de ânimo parece ser sublime, de modo que geralmente se presume que sem ele nada grande poderia ser feito.

Sendo assim, toda afeição* é cega, ou na eleição de seu fim, ou em sua execução quando este foi dado pela razão, visto que é o movimento do espírito que incapacita para refletir livremente sobre os princípios e determinar-se por eles. Por conseguinte, de nenhum modo pode merecer o beneplácito da razão. Esteticamente, no entanto, é sublime o entusiasmo, porque é uma exaltação das forças por ideias, que imprime ao espírito sopros de afeto muito mais poderoso e duradouro que o impulso pelas representações dos sentidos. Porém (coisa que parece estranha), mesmo a impassibilidade *(apatheia, phlegma in significatu bono)* de um espírito que se atém energicamente a seus imutáveis princípios é sublime, e ainda de modo muito mais excelente, porque ao mesmo tempo tem a seu favor o beneplácito da razão pura. Semelhante modo de espírito se chama apenas nobre, expressão que então se aplica também a coisas, por exemplo: edifícios, vestidos, maneira de escrever, etc., quando estes provocam nem tanto assombro (afeição na representação da novidade superior ao esperado) quanto admiração (assombro que não cessa nem ao desaparecer a novidade), o que ocorre quando em sua exposição as ideias coincidem indeliberadamente e sem artifício com o prazer estético.

Toda afeição de tipo valoroso (a que aviva a consciência de nossas forças para vencer toda resistência *[animi strenui]*) é esteticamente sublime, por exemplo, a cólera, e até mesmo o desespero (mas o indignado, não o desalentado). Em contrapartida, a afeição de tipo lânguido (a que chega a converter em objeto de desagrado *[animum languidum]* o esforço para resistir), nada de nobre tem em si, mas pode figurar entre o belo de tipo sensível. É por isso que as emoções, que podem chegar até a afeição, são também muito diferentes. Há emoções valorosas e emoções de ternura. As últimas, quando se elevam à afeição, de nada servem; a tendência a elas se chama sentimentalismo. A compunção que não aceita consolo, ou à qual nos entregamos

---

* As afeições se distinguem especificamente das paixões. Aquelas se referem meramente ao sentimento; estas pertencem à faculdade de desejar e são inclinações que dificultam ou impossibilitam toda determinabilidade da vontade por princípios. Aquelas são impetuosas e impremeditadas, estas tenazes e refletidas. Assim, a inimizade, como cólera, é uma afeição, enquanto como ódio (sede de vingança) é uma paixão. Jamais e em nenhuma relação cabe qualificar de sublime a última, já que na afeição a liberdade do espírito se acha obstruída, enquanto na paixão se acha suprimida.

deliberadamente quando é filha de males imaginados, porém sujeitando-nos à ilusão da fantasia como se fossem reais, revela e torna uma alma delicada, mas ao mesmo tempo fraca, que mostra um lado belo, e pode ser qualificada de fantástica, mas não de entusiasta. Os romances, os dramas chorosos, as normas triviais de conduta que jogam com os chamados (embora falsamente) sentimentos nobres, embora na realidade sequem o coração e o tornem insensível ao severo preceito do dever, deixando-o incapaz de apreciar a dignidade da humanidade em nossa pessoa e o direito dos homens (coisa totalmente distinta da sua felicidade) e incapaz em geral de todo princípio firme; até mesmo uma prédica religiosa que recomenda uma louvaminha baixa e rasteira e a adulação, anulando em nós toda confiança em nossa própria capacidade de oferecer resistência ao mal, em vez da firme resolução de lançar mão de todas as forças que ainda nos restam, apesar de toda nossa fragilidade, para vencer nossas inclinações; a falsa modéstia que considera que o desprezo de si mesmo, o arrependimento choroso e hipócrita e um estado de ânimo puramente passivo são os únicos modos de agradar ao ser supremo – tudo isso é incompatível com o que se pode classificar na beleza, e muito mais ainda com o pertencente à sublimidade, do modo de ser do espírito.

Mas tampouco os agitados movimentos do ânimo, ainda que, sob camada de edificação, estejam associados a ideias religiosas, ou, como simplesmente pertencentes à cultura, a ideias que encerram um interesse social, de modo algum podem aspirar à honra de uma exposição sublime, por mais que ponham em tensão a imaginação, se não deixam um estado de ânimo que, mesmo que seja apenas indiretamente, influa na consciência de sua força e decisão para o que implica uma pura idoneidade intelectual (o suprassensível), pois do contrário, todas essas emoções são meros movimentos ("moções") que agradam pelo que têm de saudáveis. A agradável lassidão que sentimos depois de haver sido sacudidos por esse jogo das afeições é um gozo do bem-estar procedente de haver-se restabelecido em nós o equilíbrio das distintas forças vitais, gozo que, em suma, converge com aquele tão aprazível aos voluptuosos do Oriente que se submetem a uma espécie de massagem em todo o corpo com suaves pressões e movimentos de todos seus músculos e articulações, com a única diferença que, no primeiro caso, o princípio do movimento está em grande parte em nós mesmos, enquanto no último se encontra totalmente fora de nós. E assim muitos se sentem edificados por uma prédica em que nada se edifica (nenhum sistema de boas máximas), ou melhorados por uma representação dramática que apenas lhes proporcionou a satisfação de haver felizmente vencido seu aborrecimento. Por conseguinte, o sublime necessita sempre de uma relação com o modo de pensamento, quer dizer, com máximas que proporcionem ao intelectual e às ideias racionais uma preeminência sobre o sensível.

Não há porque temer que o sentimento do sublime se perca por causa de semelhante modo de exposição abstrato, que, comparado ao sensível, resulta inteiramente negativo, pois apesar de a imaginação nada encontrar além do sensível onde possa deter-se, se sente ilimitada precisamente por haver-se emancipado desses entraves; e essa abstração é, pois, uma exposição do infinito, que mesmo não podendo, precisamente por essa razão, ser outra coisa que exposição meramente negativa, expande a alma. Talvez não haja no Livro da Lei judaico nenhuma passagem mais sublime que o mandamento: "Não farás para ti imagem de escultura, nem alguma semelhança do que há em cima nos céus, nem embaixo na terra, nem nas águas debaixo da terra…". Basta este único mandamento para explicar todo o entusiasmo que em seu período de esplendor sentiu o povo judaico por sua religião ao comparar-se a outros povos, ou o orgulho que revela o maometismo. O mesmo cabe dizer também da representação da lei moral e de nossa disposição à moralidade. É uma preocupação inteiramente errônea a de crer que a supressão de tudo quanto apraz aos sentidos não há de provocar então senão um aplauso frio e sem alma, desprovido de força e emoção, pois ocorre precisamente o contrário: quando os sentidos não veem diante de si nada mais, mas subsiste a ideia indelével e notória da moralidade, necessitar-se-ia antes conter o voo de uma imaginação ilimitada para impedir que seu entusiasmo chegue ao ponto de recorrer a imagens e recursos pueris por temor de que essas ideias careçessem de força; por isso os governos permitiram de bom grado que a religião se abasteça copiosamente desses últimos acessórios, tratando assim de tirar do súdito o trabalho, e ao mesmo tempo também a faculdade de estender suas energias espirituais para além dos limites que cabe a ela impor-lhe autoritariamente e graças às quais ele pode ser tratado mais facilmente como meramente passivo.

Em contrapartida, essa representação pura, espiritualmente estimulante e meramente negativa, da moralidade, não implica perigo algum de exaltação, afã insano de querer ver além de todos os limites dos sentidos, ou seja, de querer sonhar em princípios (delirar com a razão), precisamente porque na moralidade a exposição é meramente negativa. De fato, o inescrutável da ideia da liberdade obstrui totalmente a passagem a toda exposição positiva, e a lei moral é em si mesma suficiente em nós e originariamente determinante, de modo que nem sequer permite que busquemos um motivo de determinação fora dela. Como o entusiasmo com a loucura, assim pode-se comparar a exaltação com o delírio, sendo este último o que menos se concilia com o sublime porque é ridículo em seu devaneio. No entusiasmo, como afeição, a imaginação está desenfreada; na exaltação, como paixão cronicamente arraigada, não observa regras; o primeiro é contingência passageira, que às vezes pode apoderar-se do mais são entendimento; a segunda, uma enfermidade que o arruína.

A simplicidade (finalidade sem artifício) vem a ser como o estilo da natureza no sublime, como o é igualmente da moralidade, a qual constitui uma espécie de segunda natureza (suprassensível), da qual conhecemos apenas as leis, sem que por intuição possamos chegar à faculdade suprassensível de saber onde se encontra o fundamento dessa legislação.

Observe-se ainda que, embora o prazer pelo belo, tal como o prazer pelo sublime, não só por sua comunicabilidade universal se distinga notoriamente de todos os demais atos de juízo estético, mas também adquira interesse por essa qualidade em relação à sociedade (na qual é suscetível de comunicar-se), o afastamento de toda sociedade é considerado, no entanto, como algo sublime caso se apoie em ideias que apontam para além de todo interesse sensível. Bastar-se a si mesmo e, com isso, não necessitar companhia, sem por isso ser insociável, quer dizer, fugir da sociedade, é uma coisa que se aproxima do sublime como toda renúncia à satisfação de necessidades; em contrapartida, é em parte feio e em parte desprezível o fugir dos homens por misantropia, por ódio deles, ou por antropofobia (medo dos homens), por considerá-los inimigos. Existe, entretanto, uma misantropia (muito impropriamente qualificada como tal) à qual com os anos se sentem predispostos muitos homens de espírito sadio, bastante filantrópicos no que tange à benevolência, porém por longa e dolorosa experiência muito desenganados de poder encontrar prazer no trato com outros homens; assim o acredita a tendência ao isolamento, o desejo fantástico de poder passar a vida com reduzida família em afastada residência rural, ou também (tratando-se de pessoas jovens) de alcançar a ansiada felicidade numa ilha ignorada do mundo, tendência que tão bem sabem explorar os romancistas ou poetas de aventuras à Robinson Crusoé. A falsidade, a ingratidão, a injustiça, o pueril de muitos fins que temos por importantes e grandes, e em cuja perseguição os homens causam entre si todos os males imagináveis, colocam-se em tanta contradição com a ideia do que poderiam ser se quisessem, e afastam-se tanto do ardente desejo de vê-los melhores, que, para não odiá-los, já que não se pode amá-los, resulta sacrifício bem pequeno a renúncia aos gozos que proporciona a sociedade. Essa tristeza não pelos males que o destino impôs a outros homens (tristeza originada pela simpatia), mas pelos que eles mesmos se causam (baseada esta na antipatia de princípios), é sublime porque se apoia em ideias, por oposição à primeira que não se pode considerar senão como bela. Na descrição de suas excursões alpinas, o tão discreto como profundo Saussure disse de Bonhomme, montanha de Saboia: "reina lá certa tristeza insípida"; isso quer dizer, pois, que conhecia também uma tristeza interessante: a inspirada pela visão de um deserto para o qual de bom grado se retirariam alguns para não voltar mais a ouvir falar do mundo, que, todavia, não deve ser tão ingrato que não ofereça pelo menos uma morada para os homens mesmo que seja tão sumamente penosa. Faço esta observação com o simples propósito de recordar que também a aflição (não a tristeza desalentada) pode figurar entre as afeições vigorosas, sempre que tenha seu fundamento em ideias morais; em contrapartida, quando se funda na simpatia, mesmo sendo amável em razão de tal, só pode incluir-se entre as afeições lânguidas; dessa maneira pretendo voltar a atenção ao estado de ânimo, que somente no primeiro caso é sublime.

Com a exposição transcendental que dos juízos estéticos acabamos de fazer, é possível comparar também agora a fisiológica elaborada por Burke e muitos investigadores sagazes do nosso país, o que nos permitirá ver para onde conduz uma exposição meramente empírica do sublime e do belo. Burke, que merece ser considerado como o mais eminente dos autores que tratam assim esta questão, chega à seguinte conclusão (página 223 de sua obra): "que o sentimento do sublime se apoia no instinto de conservação e no temor, ou seja, numa dor que, ao não chegar a uma verdadeira destruição das partes do corpo, provoca movimentos que, limpando de obstruções perigosas ou dolorosas canais mais delicados ou mais fortes, chegam a suscitar sensações agradáveis, se não prazer, uma espécie de estremecimento agradável, certo sossego mesclado com angústia". O belo, que ele baseia no amor (porém sustentando que este é distinto da concupiscência), ele o atribui (págs. 251-252) a "relaxamento, distensão e embotamento das fibras do corpo, portanto, a um abrandamento, dissolução e lassitude, a um cair-se, agonizar e derreter-se de prazer". E então confirma essa espécie de definição com casos em que a imaginação não apenas combinada com o entendimento, mas também com a sensação sensorial, pode despertar em nós tanto o sentimento do belo como o do sublime. Como observações psicológicas, essas análises dos fenômenos de nosso espírito são sumamente preciosas e proporcionam abundante material para todas as investigações desejáveis em matéria de antropologia empírica. Tampouco cabe negar que todas as representações que se operam em nós, tanto se, do ponto de vista objetivo, forem meramente sensoriais como inteiramente intelectuais, podem associar-se, do ponto de vista subjetivo, a prazer ou dor, por imperceptíveis que sejam um ou outro (porque se referem em conjunto ao sentimento da vida, e nenhum deles, na condição de modificação do sujeito, pode ser indiferente); até o ponto em que, como sustentava Epicuro, o prazer e a dor são sempre em última instância corporais, embora possam começar pela imaginação ou mesmo por representações do entendimento, porque a vida, sem o sentimento do órgão corporal, é apenas consciência de sua existência, mas não sentimento de bem-estar ou mal-estar, quer dizer, de fomento ou impedimento das energias vitais; porque o espírito por si só é todo vida (o princípio mesmo da vida), e os impedimentos ou fomentos devem ser buscados fora dele, porém dentro do mesmo homem e, portanto, na união com seu corpo.

Mas caso se aceite que o prazer por um objeto depende pura e simplesmente de que este agrada por atrativos ou emoções, não haveria que pretender que outro coincidisse com o juízo estético que formulamos, visto que para isso cada qual consulta somente seu sentido pessoal; mas com isso cessa também inteiramente toda censura do gosto, e então o exemplo que outros dão pela coincidência contingente de seus juízos precisaria converter-se em mandamento para que assentíssemos, apesar de se supor que nos oporíamos a esse princípio e invocaria o direito natural a submeter ao sentido próprio de cada um e não ao de outros o juízo baseado no sentimento direto do seu próprio prazer.

Portanto, para que o juízo de gosto não tenha que ser qualificado de egoísta, mas sim de necessariamente pluralista, de acordo sua natureza intrínseca, isto é, por si mesmo, não por causa dos exemplos que outros dão de seu gosto; para que se estime como tal, podendo exigir ao mesmo tempo que todos concordem com ele: se requer que tenha por fundamento algum modo de princípio *a priori* (seja objetivo ou subjetivo), que nunca se poderá divisar espreitando as leis empíricas das mutações do espírito, porque estas só dão a conhecer como se julga, mas não ordenam como se deve julgar de modo que a ordem seja incondicionada, como a pressupõem os juízos de gosto, os quais pretendem que o prazer esteja diretamente unido a uma representação. Por conseguinte, a exposição empírica dos juízos estéticos pode servir sempre de começo que proporcione a matéria para uma investigação superior; mas uma disquisição transcendental dessa faculdade é possível e pertence essencialmente à crítica do gosto, pois se este não tivesse princípios *a priori*, lhe seria impossível reger os juízos dos demais e pronunciar sobre eles sentenças de aprovação ou reprovação sequer com algum assomo de direito.

O restante pertencente à analítica da faculdade de julgar estética está contido primordialmente na

DEDUÇÃO DOS JUÍZOS ESTÉTICOS PUROS

§ 30

A dedução dos juízos estéticos sobre os objetos da natureza não deve ser orientada ao que neles qualificamos de sublime, mas apenas ao belo

A pretensão de um juízo estético de ter validade geral para todo sujeito necessita, como juízo que tem que se apoiar em algum modo de princípio *a priori*, uma dedução (isto é, uma legitimação de sua pretensão) que deve acrescentar-se ainda à sua exposição caso se refira a um prazer ou desgosto pela forma do objeto. Assim são os juízos de gosto sobre o belo da natureza. De fato, a idoneidade tem seu fundamento no objeto e sua figura quando não revela em seguida sua relação por conceitos (para o juízo de conhecimento) com outros objetos, mas apenas se refere à apreensão dessa forma, na medida em que esta se manifesta conforme no espírito, tanto com a faculdade dos conceitos quanto com a da representação destes (que é o mesmo que a apreensão). É por isso que sobre o belo da natureza cabe colocar diversas questões relativas à causa da idoneidade de suas formas, por exemplo: como explicar que a natureza haja difundido tão prodigamente por toda parte a beleza, mesmo no fundo do oceano, onde raras vezes chegará a vista humana (a única para a qual é idônea), e outras desse estilo.

Porém, o sublime da natureza – se sobre ele pronunciamos um juízo estético puro que não esteja amalgamado com conceitos de perfeição como idoneidade objetiva, pois em tal caso seria um juízo teleológico – pode ser considerado totalmente disforme ou carente de forma, mesmo como objeto de um prazer puro, e revelar idoneidade subjetiva na representação dada, e então cabe perguntar se, além do juízo estético desta classe, e além da exposição daquilo nele pensado, pode-se exigir ainda uma dedução de sua pretensão a algum modo de princípio (subjetivo) *a priori*.

A isso pode-se contestar que o sublime da natureza apenas impropriamente se qualifica como tal, já que propriamente só pode atribuir-se ao modo de pensamento e melhor ainda ao seu fundamento na natureza humana. A apreensão de um objeto, de resto disforme e inidôneo, oferece apenas a ocasião de adquirir consciência desse fundamento (sendo utilizado o objeto, dessa forma, de modo subjetivamente idôneo), mas não é julgado o objeto como tal em si e por sua forma (a título de *species finalis accepta, non data*). É por isso que nossa exposição dos juízos sobre o sublime da natureza foi ao mesmo tempo sua dedução, visto que, ao analisar neles a reflexão da faculdade de julgar, encontrávamos neles uma relação de idoneidade entre as faculdades de conhecimento, relação que tinha que ser tomada *a priori* como fundamento da faculdade dos fins (vontade) e, por isso, como faculdade *a priori* idônea, de modo que já contém a dedução, quer dizer, a justificativa da pretensão de semelhante juízo de ter validade universal-necessária.

Portanto, só nos resta buscar a dedução dos juízos de gosto, quer dizer, dos juízos sobre a beleza das coisas naturais, com o que teremos cumprido toda a obrigação correspondente à totalidade da faculdade de julgar estética.

§ 31

Do método da dedução dos juízos de gosto

A dedução, isto é, a garantia de que um tipo de juízo é justificado, se impõe unicamente no caso em que o juízo pretende valer como necessário, e também quando aspira a ter universalidade subjetiva, ou seja, a exigir o assentimento de todos, ainda que não seja juízo de conhecimento mas apenas agrado ou desagrado por um objeto dado, quer dizer, adequação a uma idoneidade subjetiva que valha geralmente para todos, mas sem fundar-se em conceitos da coisa, porque é juízo de gosto.

Como no último caso não nos encontramos perante um juízo de conhecimento, nem teórico, que se funde no conceito de uma natureza em geral dado pelo entendimento, nem prático (puro), que tenha como fundamento a ideia da liberdade como dada *a priori* pela razão, e, em consequência, nem há que justificar por sua validade *a priori* um juízo que represente o que seja uma coisa, nem realizar algo para expressá-la, a única coisa que deverá fazer a faculdade de julgar é expor a validade universal de um juízo singular que expressa a idoneidade subjetiva de uma representação empírica da forma de um objeto, para explicar como é possível que algo possa agradar no mero julgar (sem sensação sensível nem conceito), e assim como tem regras o juízo de um objeto com vistas a um conhecimento qualquer, assim também o prazer de qualquer um pode ser declarado regra para todos os demais.

Sendo assim, se baseamos essa validade geral, não num acúmulo de votos nem na consulta a outros acerca de seu modo de sentir, mas sim, como se poderia dizer, numa autonomia do sujeito que julga sobre o sentimento de agrado (pela representação dada), quer dizer, baseando-se em seu próprio gosto, apesar de que não seja deduzido de conceitos, semelhante juízo – como de fato é o juízo de gosto – tem uma peculiaridade dupla e lógica: em primeiro lugar, sua validade universal *a priori*, ainda que não uma universalidade lógica por conceitos, mas a universalidade de um juízo singular; em segundo lugar, uma necessidade (que sempre tem que basear-se em razões *a priori*) que, entretanto, não depende de nenhum fundamento demonstrativo *a priori* graças a cuja representação pudesse impor-se o aplauso exigido de todos pelo juízo de gosto.

A análise dessas características lógicas pelas quais um juízo de gosto se distingue de todos os juízos de conhecimento, se ao princípio fazemos abstração de todo seu conteúdo, isto é, do sentimento de agrado, e comparamos somente a forma estética com a forma dos juízos objetivos prescrita pela lógica, bastará por si só para a dedução dessa faculdade especial. Por conseguinte, vamos expor em primeiro lugar essas qualidades características do gosto, esclarecendo-as com exemplos.

§ 32

Primeira característica do juízo de gosto

O juízo de gosto determina seu objeto com relação ao prazer (como beleza), e aspira ao assentimento de todos, como se fosse objetivo.

Dizer: esta flor é bela, equivale a reconhecer simplesmente sua própria pretensão ao agrado de todos. O agradável de seu odor não lhe conferiria direito algum, pois é certo que deleita a uns, porém enjoa a outros. Pois bem, o que cabe supor disso senão que a beleza deve ser considerada como uma qualidade da flor mesma, que não se rege pelos distintos pareceres e outros tantos sentidos, ao contrário, por ela devem reger-se estes quando pretendem julgar sobre o particular? E, entretanto, não ocorre assim, visto que o juízo de gosto consiste em chamar de bela uma coisa somente por aquela qualidade pela qual se rege segundo nosso modo de percebê-la.

Além disso, de todo juízo chamado a demonstrar o gosto do sujeito se exige que o sujeito julgue por si, sem necessidade de explorar previamente por experiência os juízos dos demais informando-se se aprovam ou desaprovam o objeto, ou seja, que seu juízo se formule não como imitação, porque uma coisa agrada realmente a todos, senão *a priori*. Caberia pensar, todavia, que um juízo *a priori* precisa conter um conceito do objeto para cujo conhecimento contém o princípio, enquanto o juízo de gosto não se baseia em conceitos e em nenhum caso é juízo de conhecimento, mas unicamente juízo estético.

É por isso que um jovem poeta não se deixa dissuadir de que sua poesia é bela nem pelo juízo do público nem sequer pelo de seus amigos, e se os leva em consideração não é porque então haja julgado de outro modo, e sim porque, ainda considerando falso o gosto de todo o público (pelo menos no seu parecer), se convence (mesmo contra seu juízo) a transigir com o extravio geral com o propósito de ganhar o aplauso. Só mais tarde, quando sua faculdade de julgar tenha se aguçado com o uso, se afasta voluntariamente de seu juízo anterior, como também insiste em seus juízos que se baseiam totalmente na razão. Seria heteronomia adotar os juízos alheios como motivos determinantes do próprio.

Poderia parecer que a justa apreciação das obras dos antigos como modelos, que valem a seus autores a qualificação de clássicos, como uma nobreza entre os escritores que com seu exemplo desse leis ao povo, constitui uma apropriação *a priori* das fontes do gosto oposta à autonomia deste em todo assunto; porém, com a mesma razão se poderia dizer que os antigos matemáticos, considerados até hoje como modelos imprescindíveis de suma profundidade e elegância de método sintético, revelam também uma razão imitadora de nossa parte, como se fôssemos incapazes de obter por nós mesmos demonstrações rigorosas com a máxima intuição mediante a construção de conceitos. Não há uso algum de nossas forças, por livre que seja, nem sequer da razão (que precisa tirar *a priori* todos seus juízos da fonte comum), que não incorreria em tateios deficientes se todo sujeito tivesse que começar sempre partindo inteiramente da tosca disposição de seu natural, ao invés de partir dos já realizados por outros que o precederam, o que não significa que os sucessores tenham que converter-se em meros imitadores, mas que o procedimento dos anteriores há de encaminhá-los para que encontrem em si mesmos os princípios e tomem desse modo sua própria rota, amiúde melhor. Mesmo na religião, onde cada qual deve tirar de si mesmo a regra de seu comportamento, pelo qual é o único responsável, sem que possa descarregar em outros, como mestres ou modelos, a culpa de suas transgressões, jamais os preceitos gerais tomados de sacerdotes ou filósofos, e inclusive de si mesmo, poderiam educar tanto como um exemplo de virtude ou santidade que nos oferece a história, sem que suprima a autonomia da virtude procedente da própria e originária ideia da moralidade (*a priori*) e sem convertê-la em mecanismo de imitação. Sucessão com relação a um precedente, e não imitação, é a expressão correta para toda influência que em outros possam ter os produtos de um autor exemplar, o que não significa senão beber da mesma fonte de onde bebeu aquele autor, tomando unicamente desse predecessor o modo de fazê-lo para esse efeito. E de todos os talentos e virtudes é precisamente o gosto, porque seu juízo não é determinável por conceitos ou preceitos, o que mais necessita de exemplos daquilo que mais persistentemente mereceu aplauso no progresso da cultura, conjurando assim o perigo de reincidir prontamente na grosseria e na rudeza dos primeiros ensaios.

§ 33

Segunda característica do juízo de gosto

O juízo de gosto não é de modo algum determinável por argumentos, como se apenas fosse meramente subjetivo.

Em primeiro lugar, aquele que não julga belo um edifício, uma vista ou um poema não dará intimamente seu aplauso diante da coação de centenas de opiniões que o enalteçam. É possível que finja que também o agrada, com o propósito de não passar por desprovido de gosto, e é possível até que comece a duvidar se haverá cultivado o bastante seu gosto mediante o conhecimento de uma quantidade suficiente de objetos de certa classe (como duvida do juízo de sua visão quem de longe crê reconhecer um bosque no que todos os demais tomam por uma cidade); mas compreende perfeitamente que o aplauso dos demais não proporciona nenhuma prova válida para julgar da beleza, e que, seja o que for o que outros hajam visto e observado por ele, e o que muitos hajam visto de um mesmo modo, poderá servir de argumento suficiente para ele, que crê tê-lo visto de outro modo, tratando-se de um juízo teórico e, por isso, lógico, mas jamais poderá servir-lhe de fundamento para um juízo estético o que tenha agradado a outros. O juízo desfavorável dos demais pode despertar em nós justificadas reservas acerca de nosso juízo; porém, jamais poderá convencer-nos de que nosso juízo é incorreto. Por conseguinte, não há nenhum argumento empírico para impor a ninguém o juízo de gosto.

Em segundo lugar, é menos possível ainda que uma demonstração *a priori* determine segundo regras precisas o juízo sobre a beleza. Se alguém me lê uma poesia sua ou me leva a uma representação teatral que ao fim não consiga agradar ao meu gosto, é inútil que para demonstrar a beleza de sua poesia cite Batteux ou Lessing ou outros críticos do gosto ainda mais antigos e mais famosos e todas as regras por eles estabelecidas; é em vão que certas passagens que me desagradam coincidam perfeitamente com as regras da beleza (tal como as dão aqueles autores e são universalmente aceitas), eu taparei os ouvidos, fazendo-me de surdo a razões e raciocínios; suporei que aquelas regras dos críticos são falsas ou, pelo menos, não aplicáveis ao caso, antes que aceitar que meu juízo seja determinado por razões demonstrativas *a priori*, pois há de ser um juízo de gosto e não de entendimento ou de razão.

Parece que esta é uma das causas principais de que se tenha dado a essa faculdade de julgar esteticamente a denominação de gosto, pois por mais que alguém me relatasse todos os ingredientes de um manjar e de cada um deles me fizesse observar que me é agradável e, além disso, enaltecesse com razão o saudável dessa comida, eu continuaria surdo a todas essas razões e provaria o manjar com meu paladar e com minha língua e só através deles (não por princípios gerais) daria meu juízo.

Na realidade, o juízo de gosto se formula sempre totalmente como um juízo singular do objeto. O entendimento pode fazer um juízo universal mediante a comparação do objeto, em relação ao prazer, com o juízo de outros, por exemplo: todas as tulipas são belas; mas então já não é um juízo de gosto, e sim lógico, que converte em predicado das coisas de certa classe a relação de um objeto com o gosto, e somente aquilo que me faz julgar bela, com validade universal, uma tulipa particular dada, isto é, o prazer que ela me causa, é o que constitui o juízo de gosto. Mas sua peculiaridade reside em que, embora tenha apenas validade subjetiva, pretende impor-se a todos os sujeitos de uma forma que só poderia se dar se fosse um juízo objetivo baseado em razões de conhecimento, e como se tivesse de ser aceito forçosamente em virtude de uma demonstração.

§ 34

Não é possível nenhum princípio objetivo do gosto

Por princípio do gosto haveria que se entender um princípio sob cuja condição pudesse subsumir-se o conceito de um objeto, para então, através de conclusão, deduzir que é belo. Porém, isso é absolutamente impossível, já que é necessário que eu sinta agrado diretamente em sua representação, e nenhum argumento pode seduzir-me a encontrar esse agrado. Apesar de que, como diz Hume, todos os críticos possam argumentar de modo mais perfeito que os cozinheiros, seu destino é o mesmo destes: não podem esperar que o fundamento determinante de seu juízo seja a força de suas razões demonstrativas, mas apenas a reflexão do sujeito sobre seu estado próprio (de agrado ou desagrado), com exclusão de todo preceito ou regra.

No entanto, os críticos podem e devem raciocinar sobre aquilo que permite tornar mais corretos e mais amplos nossos juízos de gosto, o que não é a exposição do fundamento determinante dessa classe de juízos estéticos numa fórmula de utilização universal, coisa impossível, mas antes fazer investigações sobre as faculdades de conhecimento e suas intervenções nesses juízos, discutindo em exemplos a idoneidade subjetiva recíproca, da qual já mostramos anteriormente que sua forma numa representação dada é a beleza do objeto desta. Por conseguinte, a crítica mesma do gosto é apenas subjetiva no que tange à representação mediante a qual nos é dado um objeto: é a arte ou ciência de colocar sob regras as mútuas relações do entendimento e da imaginação na representação dada (sem referência a sensação ou conceito precedentes), e, portanto, seu acordo ou desacordo, determinando-os de acordo com as condições dessas regras. É arte quando o mostra apenas em exemplos, e ciência quando da índole dessa faculdade como faculdade de conhecimento em geral deduz a possibilidade de fazer esse juízo. A última, na condição de crítica transcendental, é a única a que podemos dedicar nossa atenção nesta obra, e sua missão será desenvolver e justificar o princípio subjetivo do gosto como princípio *a priori* da faculdade de julgar. Como arte, a crítica trata apenas de aplicar ao juízo dos objetos do gosto as regras fisiológicas (neste caso: psicológicas) e, assim, empíricas, de acordo com as quais procede realmente o gosto (sem meditar sobre sua possibilidade), e critica os produtos das belas artes, diferente da crítica como ciência que critica a faculdade mesma de julgá-los.

§ 35

O princípio do gosto é o princípio subjetivo da própria faculdade de julgar

O juízo de gosto se distingue do lógico em que o último subsume uma representação sob conceitos do objeto, enquanto o primeiro não efetua subsunção alguma sob conceitos, pois de outro modo poderia impor-se por demonstrações o aplauso necessariamente universal. No entanto, se parece com este último juízo na medida em que apresenta uma universalidade e necessidade, ainda que não por conceitos do objeto, ou seja, por conseguinte, meramente subjetiva. Sendo assim, como o conteúdo de um juízo (o correspondente ao conhecimento do objeto) está integrado por seus conceitos e o juízo de gosto não é determinável por conceitos, este se baseia adequadamente na mera condição subjetiva formal de um juízo. A condição subjetiva de todos os juízos é a faculdade mesma de julgar, a qual, empregada com relação a uma representação mediante a qual nos é dado um objeto, requer a coincidência de duas faculdades de representação, a saber: da imaginação (para a intuição e a combinação do diverso que existe nela) e do entendimento (para o conceito como representação da unidade dessa combinação). E como nesse caso o juízo não tem por fundamento nenhum conceito do objeto, esse juízo não pode consistir mais que na subsunção da imaginação mesma (numa representação mediante a qual é dado um objeto) sob as condições de que a razão chegue a passar da intuição a conceitos. Quer dizer, precisamente porque a liberdade da imaginação consiste em esquematizar sem conceito, o juízo de gosto tem que se apoiar numa simples sensação das faculdades que se avivam reciprocamente: da imaginação em sua liberdade e do entendimento com sua legalidade, ou seja, num sentimento que permita julgar o objeto pela idoneidade da representação (mediante a qual é dado um objeto) para fomentar as faculdades de conhecimento em seu jogo livre; e o gosto, a título de faculdade de julgar subjetiva, contém um princípio de subsunção, mas não de intuições sob conceitos e sim da faculdade das intuições ou exposições (isto é, da imaginação) sob a dos conceitos (quer dizer, o entendimento), na medida em que a primeira coincida em sua liberdade com a última em sua legalidade.

Para encontrar esse fundamento de legitimidade mediante uma dedução dos juízos de gosto, só podemos nos guiar pelas características formais dessa classe de juízos, ou seja, atendo-nos unicamente à forma lógica destes.

§ 36

Do problema de uma dedução dos juízos de gosto

À percepção de um objeto pode estar diretamente unido, para um juízo de conhecimento, o conceito de um objeto cujos predicados empíricos estão contidos naquela, originando-se assim um juízo de experiência, que tem como fundamento conceitos *a priori* da unidade sintética do diverso da intuição para pensá-lo como determinação de um objeto, e esses conceitos (as categorias) requerem uma dedução que pôde dar-se também na crítica da razão pura, e mediante a qual pôde obter-se igualmente a solução do problema: como são possíveis os juízos de conhecimento sintéticos *a priori*? Esse problema referia-se, pois, aos princípios *a priori* do entendimento puro e de seus juízos teóricos.

Mas a uma percepção pode associar-se também diretamente um sentimento de agrado (ou desagrado) e prazer, que acompanha a representação de um objeto e lhe serve de predicado, originando-se assim um juízo estético, que não é um juízo de conhecimento. Esse juízo, que não é meramente de sensação, e sim juízo formal de reflexão que atribui esse prazer a todos como necessário, precisa ter como fundamento na condição de princípio *a priori* algo que em todo caso será meramente subjetivo (se algo objetivo for impossível para essa classe de juízos), mas, também como tal, necessita uma dedução para poder compreender que um juízo estético aspire à necessidade. Pois bem, nisso se funda o problema que vamos tratar agora: como são possíveis os juízos de gosto? Portanto, esse problema se refere aos princípios *a priori* da pura faculdade de julgar nos juízos estéticos, quer dizer, naqueles em que não tem que limitar-se a subsumir (como nos teóricos) sob conceitos de entendimento objetivos submetendo-se a uma lei, mas em que ela mesma, subjetivamente, é tanto objeto como lei.

Esse problema pode colocar-se também assim: como é possível um juízo que meramente com base no próprio sentimento de agrado por um objeto, independentemente do conceito deste, julgou que esse agrado era *a priori* inerente à representação desse objeto em todo outro sujeito, quer dizer, sem necessitar aguardar o assentimento alheio?

Que os juízos de gosto sejam sintéticos se observa facilmente porque vão além do conceito e até da intuição do objeto e acrescentam a esta, a título de predicado, algo que nem sequer é conhecimento, a saber: o sentimento de agrado (ou desagrado). E embora o predicado (do próprio agrado unido à representação) seja empírico, esses juízos são *a priori*, ou pretendem passar por tais, de modo que se refere ao assentimento exigido de todos, como já está contido igualmente nas expressões de sua pretensão. Por conseguinte, esse problema da crítica da faculdade de julgar depende do problema geral da filosofia transcendental: como são possíveis os juízos sintéticos *a priori*?

§ 37

O que se afirma propriamente a priori *de um objeto num juízo de gosto?*

Que a representação de um objeto esteja diretamente unida a um agrado é coisa que apenas internamente pode perceber-se, e se não indicasse mais que isso, daria um juízo meramente empírico, visto que *a priori* não posso unir a nenhuma representação um sentimento determinado (de agrado ou desagrado), salvo tendo como fundamento na razão um princípio *a priori* que determine a vontade, pois então o agrado (no sentimento moral) é sua consequência; mas de modo algum pode comparar-se ao agrado do gosto, precisamente porque requer um determinado conceito de uma lei, diferente daquele, que há de estar diretamente associado ao mero ato de julgar, com anterioridade a todo conceito. É por isso também que todos os juízos de gosto são juízos singulares, porque não unem seu predicado do prazer a um conceito mas a uma representação empírica particular dada.

Portanto, o que no espírito se percebe como associado ao mero ato de julgar um objeto não é o agrado, mas a validade universal desse agrado, que num juízo de gosto se representa *a priori* como regra geral da faculdade de julgar, como válida para todos. É um juízo empírico de que percebo e julgo com agrado um objeto. Mas é um juízo *a priori* de que o acho belo, isto é, de que hei de atribuir a todos como necessário esse prazer.

§ 38

Dedução dos juízos de gosto

Caso se conceda que num juízo de gosto puro o prazer pelo objeto está associado ao mero juízo de sua forma, o que no espírito sentimos unido à representação do objeto não é senão a idoneidade subjetiva dessa forma para a faculdade de julgar. Sendo assim, como a faculdade de julgar com respeito às regras formais do juízo, sem matéria alguma (nem sensação sensível nem conceito), pode dirigir-se somente às condições subjetivas do uso da própria faculdade de julgar (que não se ajusta nem à espécie particular do sentido nem a um conceito particular do entendimento) e, por conseguinte, ao subjetivo que se pode pressupor em todos os homens (como requisito necessário para todo conhecimento possível), a coincidência de uma representação com essas condições da faculdade de julgar tem que se supor válida *a priori* para todos. O que equivale a dizer que o agrado ou idoneidade subjetiva da representação para a relação das faculdades de conhecimento no juízo de um objeto sensível qualquer poderá atribuir-se com razão a todos*.

* Para aspirar com razão a um assentimento universal para um juízo da faculdade de julgar estética baseado meramente em fundamentos subjetivos, basta admitir: 1) que em todos os homens são iguais as condições subjetivas dessa faculdade quanto à relação das energias cognitivas nela postas em jogo para um conhecimento qualquer; o qual deve ser certo, pois do contrário não poderiam os homens comunicar-se suas representações nem mesmo o conhecimento; 2) que o juízo somente levou em conta essa relação (por conseguinte, a condição formal da faculdade de julgar) e que é puro, ou seja, que não está amalgamado a conceitos do objeto nem a sensações como razões determinantes. Embora se tenha errado com respeito a este último, o erro consistirá somente em ter aplicado indevidamente a um caso especial uma faculdade que nos confere uma lei; porém, nem por isso se suprime essa faculdade.

COMENTÁRIO

Esta dedução é tão fácil porque não precisa justificar uma realidade objetiva de um conceito, pois a beleza não é um conceito do objeto, nem o juízo de gosto um juízo de conhecimento. Sustenta apenas que estamos autorizados a pressupor em todos os homens em geral as mesmas condições subjetivas da faculdade de julgar que encontramos em nós, com a única condição de que tenhamos subsumido devidamente sob essas condições o objeto dado. Sendo assim, mesmo quando este último ofereça dificuldades inevitáveis, de que não padece a faculdade do juízo lógico (porque nesta se subsume sob conceitos, enquanto na estética sob uma relação, que apenas pode ser sentida, entre a imaginação e o entendimento coincidentes entre si na forma do objeto representada, subsunção, esta última, que pode enganar facilmente), isso não impede que seja lícita a pretensão da faculdade de julgar a contar com um assentimento universal, pretensão que ao fim e ao cabo consiste somente em considerar correto o princípio de julgar validamente para todos com base em razões subjetivas, visto que a dificuldade e a dúvida acerca da correção da subsunção sob aquele princípio tornam tão pouco duvidosa a legitimidade da pretensão a essa validade de um juízo estético qualquer, e, por isso, o princípio mesmo, como a igualmente (embora não tão frequente nem fácil) errônea subsunção da faculdade de julgar lógica sob seu princípio, pode tornar duvidoso este último, que é objetivo. E se a pergunta fosse: como é possível admitir *a priori* a natureza como uma totalidade de objetos do gosto?, o problema se relacionaria com a teleologia porque seria preciso considerar fim da natureza, inerente essencialmente a seu conceito, o estabelecer formas idôneas para nossa faculdade de julgar. Porém, a exatidão dessa hipótese continua sendo ainda muito duvidosa, enquanto a realidade das belezas naturais é notória para a experiência.

§ 39

Da comunicabilidade de uma sensação

Quando relacionamos a sensação, como o real da percepção, com o conhecimento, qualificamo-na de sensação sensorial, e o específico de sua qualidade é suscetível de ser representado como sendo comunicável inteiramente do mesmo modo, supondo que todos os demais têm um sentido igual ao nosso, coisa que de modo algum pode-se pressupor de uma sensação sensorial. Assim, àquele a quem falta o sentido do olfato não lhe poderá ser comunicada essa classe de sensação, e, ainda que não lhe falte, não se pode ter certeza de que tenha de uma flor a mesma sensação precisamente que nós temos. Mais distintos ainda temos que nos representar os homens com respeito ao grato ou ingrato que lhes resulte a sensação de um mesmo objeto dos sentidos, e de modo algum se poderá exigir que todos subscrevam o agrado produzido por objetos assim. Poder-se-ia qualificar de agrado do gozo o agrado dessa classe, porque chega ao espírito por meio do sentido, mantendo-nos passivos.

Pelo contrário, o prazer que proporciona uma ação por sua condição moral não é um agrado do gozo, senão da própria atividade e de sua adequação à ideia da destinação desse prazer. Esse sentimento, chamado moral, requer conceitos e não expõe uma idoneidade livre, mas legal, e tampouco pode ser comunicado universalmente de outro modo que pela razão e mesmo mediante conceitos racionais práticos muito determinados se o agrado há de ser homogêneo em todos os homens.

O prazer pelo sublime da natureza, a título de agrado da contemplação especulativa, também pretende ser universalmente compartilhado, mas pressupõe já outro sentimento, a saber, o de sua destinação suprassensível, que, por obscuro que seja, tem um fundamento moral. Por outro lado, não me é lícito pressupor como absolutamente seguro que outros homens o levem em conta e encontrem um prazer na contemplação da rude grandeza da natureza (prazer que, na verdade, não se pode atribuir ao aspecto desta, que antes infunde terror). Entretanto, considerando que é preciso contar com aquelas disposições morais em toda ocasião pertinente, posso presumir que todos sentem esse prazer, mas só mediante a lei moral, que, por sua vez, se funda em conceitos da razão.

Ao contrário, o prazer pelo belo não é um agrado do gozo nem uma atividade submetida à lei, nem sequer a contemplação especulativa por ideias, mas sim o da mera reflexão. Sem guiar-se por nenhum fim ou princípio, esse agrado acompanha a apreensão comum de um objeto pela imaginação, como faculdade de intuição, em relação com o entendimento, como faculdade de conceitos, mediante uma função da faculdade de julgar, que deve ser exercida também com vistas à experiência mais comum, com a única diferença de que nesse caso está obrigada a fazê-lo para perceber um conceito objetivo empírico, enquanto no primeiro (quando julga esteticamente) para perceber apenas o adequado da representação para a ocupação harmônica (subjetivamente idônea) de ambas as faculdades de conhecimento em sua liberdade, quer dizer, para sentir com agrado o estado da representação. Esse agrado tem que repousar necessariamente em todos nas mesmas condições porque são condições subjetivas da possibilidade de um conhecimento qualquer, e a proporção dessas faculdades de conhecimento exigida para o gosto é a exigível também para o entendimento comum e são que deve atribuir-se a todos. Precisamente por isso, o que julga com gosto (se não se engana em sua consciência e não toma a matéria pela forma, o atrativo pela beleza) pode exigir de todos que sintam a idoneidade subjetiva, ou seja, o prazer que ele experimenta no objeto, e supor que seu sentimento é universalmente comunicável e, por certo, sem mediação de conceitos.

§ 40

Do gosto como uma espécie de sensus communis

Dá-se amiúde a denominação de sentido à faculdade de julgar quando, mais que sua reflexão, é observável o resultado desta, e se fala então de um sentido da verdade, de um sentido da conveniência, da justiça, etc., embora se saiba, ou pelo menos se devesse saber sem dificuldade, que não é um sentido onde esses sentidos possam ter seu lugar e menos ainda que este tenha a menor capacidade para uma formulação de regras gerais, mas sim que nunca poderia produzir-se em nosso pensamento uma representação dessa classe sobre a verdade, a conveniência, a beleza ou a justiça se não pudéssemos elevar-nos a faculdades de conhecimento mais altas passando por cima dos sentidos. O entendimento humano comum, que como meramente são (ainda não cultivado) se considera como o ínfimo que se pode esperar em todo caso de quem aspira a ser qualificado de homem, goza também por isso da humilhante honra de ser qualificado de sentido comum, de modo que com a palavra *comum* (não só em nossa língua, que dá a esse vocábulo uma verdadeira acepção dupla, mas também em muitas outras) se designa o vulgar, o que se encontra em qualquer parte, de modo que possuí-lo não constitui mérito ou excelência.

Mas por *sensus communis* deve-se entender a ideia de um sentido comunitário, quer dizer, de uma faculdade de julgar que em ideia *(a priori)* se atém em sua reflexão ao modo de representação dos demais, com o objeto de ajustar, por assim dizer, à razão humana total seu juízo, subtraindo-se assim à ilusão que, procedente de condições pessoais subjetivas facilmente confundíveis com as objetivas, poderia ter sobre o juízo uma influência perniciosa. É o que sucede quando apoiamos os juízos próprios nos de outros, nem tanto reais quanto antes meramente possíveis, e nos colocamos no lugar de outros fazendo somente abstração das limitações casualmente inerentes a nosso próprio juízo, o qual, por sua vez, se deve a que prescindimos de todo o possível do que no estado de representação é matéria, quer dizer, sensação, para fixar-nos exclusivamente nas características formais de nossa representação ou de nosso estado de representação. Talvez essa operação da reflexão pareça demasiado rebuscada para que possamos atribuí-la à faculdade que qualificamos de sentido comum; mas somente assim o parece quando ela é expressa em fórmulas abstratas; em si nada mais natural que fazer abstração de atrativos e emoções quando o que se busca é um juízo que sirva de regra geral.

As máximas que do entendimento humano comum vamos expor não pertencem propriamente a este capítulo como partes da crítica do gosto, mas podem servir para a ilustração de seus princípios. São as seguintes: 1ª. pensar por si mesmo; 2ª. pensar colocando-se no lugar do outro, e 3ª., pensar estando sempre de acordo consigo mesmo. A primeira é a máxima do modo de pensamento livre de preconceitos, a segunda do ampliado e a terceira do consequente. A primeira é a máxima de uma razão nunca passiva. A tendência a esta última, e portanto à heteronomia da razão, se chama preconceito, e o maior de todos eles é a superstição, ou seja, o imaginar não estar submetido a leis em que se apoia o entendimento com base em sua própria lei essencial. Ilustração[11] se chama ao emancipar-se da superstição, porque embora tal denominação corresponda em geral a todo emancipar-se de preconceitos, a superstição merece ser qualificada de preconceito por excelência *(in sensu eminenti)* porque a cegueira em que nos submerge e que nos exige, mesmo que obrigada, é o que melhor expressa a necessidade de ser guiado por outros, e, portanto, o estado de uma razão passiva. Quanto à segunda máxima do modo de pensamento, já estamos de resto acostumados a qualificar de limitados (o contrário de ampliados) aqueles cujos talentos não se empregam maiormente (sobretudo intensamente); mas nesse caso não se trata de fazer um uso idôneo da faculdade de conhecimento, e sim do modo de pensamento, que, por menor que seja a extensão e o grau que o dom natural do homem alcance, revela, no entanto, um homem de modo de pensamento amplo quando pode superar as condições subjetivas pessoais do juízo, em que tantos outros ficam como aprisionados, e refletir sobre seu próprio juízo partindo de um ponto de vista geral (que só pode determinar colocando-se no ponto de vista de outros). A terceira máxima,

---

[11] Logo se vê que a ilustração é uma coisa fácil em tese mas de lenta e difícil execução em hipótese, porque para o homem que apenas quer ser adequado ao seu fim essencial e não pretende saber o que está além de seu entendimento é totalmente fácil proceder com sua razão, não passivamente, mas dando-se sempre a lei a si mesmo; mas como o afã por esse saber apenas pode ser impedido e nunca deixará de haver outros que com grande convicção prometem que podem satisfazer esse afã de saber, deve ser muito difícil manter-se no meramente negativo (no qual consiste a verdadeira ilustração) do modo de pensamento (sobretudo do público), e ainda o chegar a ele.

ou seja, a do modo de pensamento consequente, é a mais difícil de alcançar, e para consegui-lo é necessário também unir as duas primeiras e praticá-las com uma frequência que chegue a ser habilidade. Pode-se dizer que a primeira dessas máximas é a do entendimento, a segunda a da faculdade de julgar e a terceira a da razão.

Retomo o fio abandonado com esse episódio e digo que, com maior razão que o são entendimento, pode-se qualificar de sentido comum o gosto, e que a faculdade de julgar estética poderia, melhor que a intelectual, levar a denominação de sentido comunitário[12], embora empregando a palavra sentido na acepção de um efeito da mera reflexão sobre o espírito, pois então se entende por sentido o sentimento de agrado. E até se poderia definir o gosto como a capacidade de julgar aquilo que torna universalmente comunicável nosso sentimento provocado por uma dada representação sem mediação de nenhum conceito.

A aptidão dos homens para comunicar seus pensamentos requer também uma relação da imaginação e do entendimento para associar aos conceitos intuições e a estas, por sua vez, conceitos, que confluem num conhecimento; mas então a coincidência de ambas as forças espirituais é legal, sob o império de conceitos determinados. Somente no caso em que a imaginação em sua liberdade desperta o entendimento, e este, sem conceitos, põe a imaginação num jogo regular, se comunica a representação, não como pensamento, e sim como sentimento interno de um estado idôneo do espírito.

O gosto é, pois, a faculdade de julgar *a priori* a comunicabilidade dos sentimentos associados a uma representação dada (sem mediação de um conceito).

Se coubesse admitir que a mera comunicabilidade geral de seu juízo provoca já por si um interesse (coisa que não estamos autorizados a deduzir da condição de uma faculdade de julgar meramente reflexionante), explicar-se-ia de onde vem o fato de que o sentimento dos juízos de gosto possa atribuir-se a todos como uma espécie de dever.

---

[12] Poder-se-ia denominar *sensus communis aestheticus* o gosto e *sensus communis logicus* o entendimento humano comum.

§ 41

Do interesse empírico pelo belo

Já expusemos suficientemente que o juízo de gosto pelo qual declaramos belo algo não deve ter nenhum interesse como razão determinante. Mas disso não se segue que, uma vez dado esse juízo como estético puro, não possa estar associado a ele interesse algum. No entanto, essa associação nunca poderá ser senão indireta, o que quer dizer que, antes de mais nada, o gosto tem que ser representado associado à outra coisa para que, ao prazer da mera reflexão sobre um objeto, possamos unir ainda um agrado por sua existência (no qual consiste todo interesse), visto que nesse caso vale do juízo estético o que se disse do juízo de conhecimento (das coisas em geral): *a posse ad esse non valet consequentia*. Porém, esse outro pode ser algo empírico, uma inclinação própria da natureza humana, ou algo intelectual, como qualidade da vontade de ser determinada *a priori* pela razão; ambas as coisas podem conter um prazer pela existência de um objeto, proporcionando assim o fundamento para um interesse pelo que agradou já por si só e sem atender a qualquer interesse.

Empiricamente, o belo interessa apenas em sociedade, e se admite a tendência à sociedade como natural no homem, e a aptidão para ela e a propensão a ela, quer dizer, a sociabilidade, como requisito do homem como criatura destinada à sociedade, isto é, como qualidade correspondente à humanidade, é impossível que se deixe de considerar também o gosto como uma faculdade de julgar tudo aquilo mediante o qual é possível comunicar até o sentimento próprio a todos os demais, e, portanto, como meio de fomentar aquilo a que por inclinação natural todos tendemos.

Um homem abandonado numa ilha deserta não enfeitaria apenas para si sua cabana nem sua pessoa, nem buscaria flores, nem menos as plantaria, para adornar-se com elas; ao contrário, apenas em sociedade se lhe ocorre ser não só homem mas também, à sua maneira, homem cortês (o princípio da civilização), pois como tal se julga quem deseja e sabe participar seu agrado aos demais, e aquele a quem não satisfaz um objeto se não pode compartilhar com outros o prazer que lhe causa. Também cada qual espera e exige de todos o respeito pela comunicação geral, como se dimanasse de um contrato original ditado pela própria humanidade, e assim coisas que inicialmente são apenas atrativos, por exemplo, cores para pintar-se (o cádmio dos caribes ou o cinábrio dos iroqueses), ou flores, veneras, plumas de belas cores e com o tempo também belas formas (em canoas, vestidos, etc.), que não implicam deleite algum, quer dizer, prazer de gozo, acabam notoriamente por adquirir importância social revestindo-se de grande interesse, até que, por último, a civilização, tendo chegado ao seu ponto culminante, considera-as quase obra principal do gosto refinado, e só considera valiosas as sensações na medida em que sejam suscetíveis de comunicação geral, de modo que, ainda que o agrado que cada qual sente por esse objeto seja insignificante e por si só sem interesse notável, a ideia de sua comunicabilidade universal amplia seu valor quase até o infinito.

Esse interesse indiretamente incorporado ao belo pela inclinação à sociedade, interesse portanto empírico, não tem para nós importância alguma a esse respeito, pois a nós apenas nos importa o que, embora apenas indiretamente, possa ter relação com o juízo de gosto *a priori*. De fato, ainda que nessa forma se descobrisse um interesse associado a ela, o gosto descobriria uma passagem de nossa faculdade de julgar do gozo sensível ao sentimento moral, e não somente que desse modo nos sentíssemos melhor guiados para dar ao gosto ocupação adequada, mas sim que também se representaria um membro intermediário da cadeia de faculdades humanas *a priori*, das quais precisa depender toda legislação. Do interesse empírico pelos objetos do gosto, e até pelo próprio gosto, pode-se dizer perfeitamente que, como este se entrega à inclinação, por mais refinada que seja, se funde de bom grado a todas as inclinações e paixões, que na sociedade alcançam sua máxima variedade e sua fase mais elevada, e o interesse pelo belo, quando nelas se apoia, não pode provocar senão uma transição muito equívoca do agradável ao bom. Mas temos razões para investigar se essa transição não pode ser fomentada talvez mediante o gosto tomando-o em sua pureza.

§ 42

Do interesse intelectual pelo belo

Animados por nobres propósitos, aqueles que se sentiam inclinados a orientar ao fim último da humanidade, a saber, ao moralmente bom, todas as ocupações dos homens, para o qual os move sua íntima disposição natural, consideraram como sintoma de bom caráter moral o fato de sentir qualquer interesse pelo belo; porém, não sem fundamento lhes replicaram outros, invocando a experiência, que sendo os virtuosos do gosto não apenas frequentemente mas até habitualmente vaidosos, obstinados e presos a funestas paixões, porventura eles menos que ninguém possam aspirar à excelência que confere a adesão aos princípios morais, e assim parece não só que o sentimento do belo é especificamente distinto do sentimento moral (como efetivamente o é), mas também que o interesse que pode unir-se a esse sentimento dificilmente resulta conciliável com a moral, e de modo algum com base numa íntima afinidade.

Sendo assim, ainda que eu concorde de bom grado que o interesse pelo belo da arte (incluindo neste também o uso artificial das belezas naturais para o arranjo e, portanto, para a vaidade) não proporciona prova alguma de um modo de pensamento dependente do moralmente bom ou sequer inclinado a ele, sustento, em contrapartida, que tomar um interesse direto pela beleza da natureza (não o mero gosto para julgá-la) constitui sempre indício revelador de uma alma boa, e que, sendo habitual esse interesse, indica pelo menos uma disposição de ânimo favorável ao sentimento moral, caso se associe facilmente à contemplação da natureza. Que se tenha presente a esse respeito que me refiro propriamente às formas belas da natureza, ainda deixando de lado os atrativos que em tão grande quantidade costuma-se associar àquelas, porque o interesse por eles é também direto, sim, porém apenas empírico.

Quem na solidão (e sem ânimo de comunicar a outros suas observações) contempla a bela figura de uma flor silvestre, de um pássaro, inseto, etc., para admirá-la e deleitar-se com ela, sem renunciar de bom grado a deixá-la perder-se na natureza, ainda que com isso cause a si mesmo um prejuízo e, menos ainda, com o propósito de que disso pudesse resultar-lhe algum proveito, toma um interesse direto, e intelectual, pela beleza da natureza; isto é, o que o agrada não é unicamente seu produto por suas formas, mas também sua existência, sem que nisso intervenha estímulo algum dos sentidos e sem que a isso esteja associado fim algum.

Mas nesse caso é curioso que se, com o propósito de enganar esse amante do belo, alguém pusesse na terra flores artificiais (que podem ser fabricadas inteiramente à semelhança das naturais) ou colocasse nos galhos das árvores pássaros talhados artificialmente, e depois viesse ele a descobrir o engano, embora desaparecesse então o interesse direto que antes lhe inspiravam essas belezas, talvez se desenvolvesse nele outro que substituísse o anterior, o interesse da vaidade de decorar com esses objetos sua residência para a visão dos estranhos. O pensamento de que a natureza produziu essa beleza deve acompanhar necessariamente a intuição e a reflexão, e unicamente nesse pensamento se baseia o interesse direto que essa beleza inspira; caso contrário, continua havendo apenas um mero juízo de gosto alheio a todo interesse, ou um juízo associado a um interesse direto, a saber, relacionado à sociedade, e este não revela um indício seguro de um modo de pensamento moralmente bom.

Essa vantagem da beleza natural sobre a artística (mesmo no caso de esta superar aquela pela forma), consistente em ser aquela a única que inspira um interesse direto, coincide com o modo de pensamento depurado e profundo de todos os homens que cultivaram seu sentimento moral. Se um homem dotado de suficiente gosto para julgar com a maior exatidão e delicadeza sobre os produtos da arte bela abandona de bom grado sua mansão, guarnecida daquelas belezas aprazíveis à vaidade ou em todo caso às satisfações sociais, e se volta para o belo da natureza para encontrar uma espécie de voluptuosidade em seu espírito deixando correr seu pensamento por sendas a que ele por si só nunca chegaria totalmente, consideraremos com grande respeito essa sua escolha e pressuporemos nele uma alma bela, a que não poderá aspirar nenhum conhecedor nem amigo da arte por causa do interesse que lhe inspira seu objeto. Qual é, pois, a diferença entre tão distintas estimativas de duas classes de objetos que dificilmente poderiam disputar a preferência no juízo do mero gosto?

Temos a faculdade de julgar simplesmente estética, que sem conceitos nos permite julgar formas, encontrando no mero juízo destas um prazer que ao mesmo tempo atribuímos a todos como regra, sem que esse juízo se baseie em interesse algum nem o provoque. Temos também, por outro lado, uma faculdade de julgar intelectual, que nos permite determinar *a priori* um prazer para meras formas de máximas práticas (na medida em que por si mesmas se qualificam para a legislação geral), prazer que atribuímos a todos como lei, sem que nosso juízo se baseie em nenhuma classe de interesse, ainda que o provoque. O agrado ou desagrado se chama, no primeiro juízo, do gosto; no segundo, do sentimento moral.

Porém, como também interessa à razão que as ideias (para as quais provoca no sentimento moral um interesse direto) tenham também realidade objetiva, quer dizer, que a natureza revele pelo menos um indício ou dê a entender que contém em si algum fundamento para supor uma coincidência legal de seus produtos com nosso prazer desprovido de todo interesse (prazer que *a priori* reconhecemos a todos como lei, mesmo sem poder fundá-lo em provas), toda manifestação da natureza que revele uma coincidência semelhante a essa haverá de inspirar necessariamente um interesse à razão, e, consequentemente, não cabe que o espírito medite sobre a beleza da natureza sem que ao mesmo tempo se sinta interessado por ela. Mas esse interesse é, por seu parentesco, moral, e quem o sente pelo belo da natureza necessita, para senti-lo por este último, ter baseado já previamente seu interesse pelo moralmente bom. Por conseguinte, temos razões para supor pelo menos uma disposição para sentimentos morais bons naquele que se interessa diretamente pelo belo da natureza.

Dir-se-á que essa interpretação dos juízos estéticos por seu parentesco com o sentimento moral tem um aspecto demasiado estudado para que possamos considerá-la verdadeira interpretação da escritura cifrada com que em suas belas formas nos fala em sentido figurado a natureza. Pois bem, em primeiro lugar, esse interesse direto pelo belo da natureza não é realmente comum, mas somente próprio daqueles cujo modo de pensamento se encontra já cultivado para o bom ou resulta sumamente apropriado para esse cultivo; ademais, a analogia entre o juízo de gosto puro, que, sem depender de nenhuma classe de interesse, faz sentir um prazer e o representa ao mesmo tempo *a priori* como apropriado à humanidade, e o juízo moral, que faz o mesmo com base em conceitos, mesmo sem meditação clara, sutil e deliberada, conduz a um interesse igualmente direto tanto pelo objeto do primeiro como pelo do segundo, com a única diferença que aquele é um interesse livre e este um baseado em leis objetivas. A ele se acrescenta ainda a admiração da natureza que em seus belos produtos se mostra como arte, não apenas por acaso mas como se fosse deliberadamente, segundo disposição legal e como idoneidade sem um fim, e não encontrando este em parte exterior alguma, buscamo-lo naturalmente em nós mesmos, e certamente naquilo que constitui o fim último de nossa existência, a saber: a destinação moral (ainda que sua demanda acerca do fundamento da possibilidade de tal idoneidade natural não seja tratada até se chegar à Teleologia).

É fácil explicar também que o prazer pela arte bela no juízo de gosto puro não esteja igualmente unido a um interesse direto como o prazer que se sente pela natureza bela. De fato, aquela arte pode ser uma imitação desta a ponto de confundir-se com ela, e então produz o mesmo efeito que a beleza (tida por) natural, ou então ser uma arte notoriamente dirigida com intenção a nosso prazer, e então o prazer por esse produto se obteria diretamente pelo gosto, mas sem outro interesse, como indireto, pela causa que lhe serve de fundamento, quer dizer, por uma arte que possa interessar por seu fim e nunca em si mesma. Talvez se diga que assim também ocorre quando um objeto da natureza somente interessa por sua beleza na medida em que se incorpora a esta uma ideia moral; mas o que interessa diretamente não é esse objeto, e sim a qualidade em si de sua beleza de se qualificar para semelhante incorporação, que lhe é, pois, inerente.

Os atrativos da natureza bela, que tão amiúde se encontram amalgamados à forma bela, devem-se ou às modificações da luz (no colorido), ou às do som (nos tons), pois elas são as únicas sensações que tornam possível não apenas o sentimento dos sentidos, mas também a reflexão sobre a forma dessas modificações dos sentidos, contendo em si dessa maneira uma espécie de linguagem que nos conduz à natureza e parece ter um sentido superior. Assim, a cor branca do lírio parece dispor o espírito a ideias de inocência, e a série das sete cores, do vermelho ao violeta: 1º à ideia de sublimidade, 2º à de intrepidez, 3º à de franqueza, 4º à de amabilidade, 5º à de modéstia, 6º à de firmeza, e 7º à de ternura. O canto dos pássaros anuncia, com sua existência, a alegria e o contentamento. Pelo menos assim interpretamos a natureza, seja essa ou não sua intenção. Porém, esse interesse que nos inspira a beleza nesse caso necessita absolutamente que a beleza seja da natureza, e desaparece totalmente quando percebemos que estamos em erro e que é apenas arte, até o ponto em que então o gosto não pode encontrar nada belo nele, nem nada atrativo à visão. O que é mais louvado pelos poetas que a arrebatadora beleza do gorjeio do rouxinol num bosque solitário à suave luz da lua de uma serena noite de verão? E, no entanto, sabe-se além disso de um anfitrião brincalhão que, tendo hóspedes desejosos de desfrutar os ares do campo e não dispondo de semelhante cantor, os havia enganado proporcionando-lhes uma imensa alegria escondendo num bosque um travesso rapaz que (com um caniço ou tubo na boca) sabia imitar esse gorjeio de modo muito semelhante ao natural. Porém, uma vez convencidos do engano, ninguém suportará muito tempo esse canto que antes julgara tão atrativo, e o mesmo ocorre com qualquer outro pássaro cantor. É necessário que seja a natureza, ou que por tal a tenhamos, para que o belo como tal nos inspire um interesse direto, e mais ainda, para pretender que o inspire aos demais; e assim é de fato, pois consideramos grosseiro e pouco distinto o modo de pensar daqueles que carecem de sentimento pela natureza bela (pois assim denominamos a capacidade de sentir interesse por sua contemplação) e preferem gozar das sensações dos sentidos comendo ou bebendo.

§ 43

Da arte em geral

1. A arte se distingue da natureza, como o fazer *(facere)* do obrar ou atuar em geral *(agere)*, e o produto ou consequência da primeira, como obra *(opus)*, do da segunda, como efeito *(effectus)*.

Licitamente, só caberia qualificar de arte aquela produzida com liberdade, quer dizer, mediante uma vontade cujos atos têm por fundamento a razão, pois embora se costume denominar obra de arte o produto das abelhas (os favos construídos com regularidade), assim se faz considerando unicamente a analogia desse produto com a obra de arte; mas, na medida em que se observa que as abelhas não fazem um trabalho baseado numa reflexão racional, diz-se em seguida que este é um produto de sua natureza (do instinto) e como arte se atribui apenas a seu criador.

Se explorando uma jazida de turfa se encontra, como ocorreu às vezes, um pedaço de madeira talhada, não se diz que seja produto da natureza, mas da arte; a causa que a produziu pensou num fim, ao qual esse produto deve sua forma. De resto, considera-se perfeitamente arte tudo quanto está disposto de modo que sua representação em sua causa tenha que preceder sua realidade (como ocorre com o mesmo caso das abelhas), mesmo sem ser necessário que o efeito tenha sido pensado pela causa; entretanto, quando se qualifica simplesmente de obra de arte algo, para distingui-lo de um efeito natural, se entende sempre por isso uma obra dos homens.

2. A arte como habilidade do homem se distingue também da ciência (o poder, do saber), como a faculdade prática da teórica, como a técnica da teoria (como a agrimensura da geometria). E então não se chama arte tampouco o que se pode fazer na medida em que já se sabe o que se deve fazer, quando, portanto, se conhece suficientemente o único efeito desejado. Apenas se chama arte aquilo que, mesmo sendo inteiramente conhecido, requer, contudo, que se adquira previamente a habilidade para fazê-lo; nisso consiste a arte. Camper descreve muito exatamente como precisa ser feito o melhor sapato, mas é inegável que ele não teria sabido fazê-lo*.

3. A arte se distingue igualmente do artesanato; a primeira se chama liberal, enquanto o segundo pode ser qualificado também de remunerado. A primeira é considerada como se pudesse apenas na qualidade de jogo, isto é, de ocupação em si agradável, resultar conforme aos fins (bem-sucedida);

---

* A gente da minha terra, quando se lhe apresenta um problema como o do ovo de Colombo, costuma dizer: isso não é arte, é só ciência. Ou seja, sabendo-o, pode-se fazê-lo, e o mesmo diz de todas as supostas artes do prestidigitador; em contrapartida, jamais discutirá que seja arte a do acrobata.

enquanto o segundo, como trabalho, quer dizer, como ocupação em si desagradável (incômoda), e atrativa só por seu efeito (por exemplo: a remuneração), pode, por isso, ter que ser imposto coercitivamente. Um ponto de vista distinto do adotado nesse caso há que ser tomado para decidir se na hierarquia das profissões deve-se considerar artistas os relojoeiros e apenas artesãos os ferreiros; esse critério será a proporção de talentos que necessita ter como base uma ou outra coisa dessas ocupações. Não vamos nos referir ao fato de se entre as sete artes liberais não caberia citar alguma que deva ser classificada entre as ciências e alguma também que tenha que ser comparada ao artesanato; por outro lado, frente a alguns educadores modernos convencidos de que o melhor modo de fomentar uma arte livre é emancipá-la de toda coerção, transformando-a de trabalho em mero jogo, não será inoportuno recordar que em todas as artes liberais se requer alguma sujeição, ou, como se diz, um mecanismo (por exemplo, na arte poética, a correção e riqueza da linguagem, assim como a prosódia e a medida das sílabas), sem o qual o espírito que tem que ser livre na arte, animando unicamente a obra, careceria de corpo e se evaporaria inteiramente.

§ 44

Da arte bela

Não há ciência do belo, mas apenas crítica, nem ciência bela, apenas arte bela. De fato, quanto à primeira, nela haveria que resolver cientificamente, quer dizer, por argumentos, se algo deve ser considerado belo ou não, e se pertencesse à ciência o juízo sobre a beleza deixaria de ser juízo de gosto. Quanto à segunda, pretender que uma ciência como tal tenha que ser bela constituiria um absurdo, pois ao pedir-lhe, como ciência, razões e provas, responderia com primorosas sentenças ("bonmots" = engenhosidades). O que deu lugar à expressão corrente de ciência bela não é sem dúvida mais que o fato de que para as belas artes em toda sua perfeição se requer um grande saber, por exemplo: conhecimento de línguas antigas, ter lido muito os autores considerados clássicos, história, conhecimento das antiguidades, etc., e como essas ciências históricas constituem a necessária preparação e fundamento para as belas artes, e em parte também porque nelas está compreendido o conhecimento dos produtos da arte bela (eloquência e poética), por uma confusão de palavras se veio a classificá-las de ciências belas.

Se a arte apropriada ao conhecimento de um objeto possível se limita a executar os atos exigidos para convertê-lo em real, é arte mecânica; chama-se, em contrapartida, estética, se tem como propósito imediato o sentimento do agrado. A arte estética pode ser, por sua vez, agradável ou bela, conforme seu fim seja que o agrado acompanhe as representações como meras sensações ou como meios de conhecimento.

São artes agradáveis as que têm como única finalidade o gozo; o são todos os atrativos que podem deleitar os comensais que se sentam ao redor de uma mesa: o relato divertido, a habilidade de provocar entre os reunidos uma conversa franca e animada, de imprimir-lhe com troças e risos certo tom de regozijo, de onde se pode, segundo o dito, falar a torto e a direito, sem que caiba a ninguém ser responsável pelo que disse, pois não teve outro propósito senão a diversão do momento nem havia de servir de matéria permanente para ulteriores reflexões e conversas. (Assim pode-se classificar também o modo de arrumar a mesa para o gozo, e ainda, tratando-se de grandes festins, a música que os acompanha, coisa admirável cuja única finalidade reside em manter animado o espírito dos convidados graças a um som agradável, e como ninguém presta a menor atenção na sua composição, favorece a livre conversação dos presentes com seus vizinhos.) Também figuram nessa ordem todos os jogos que não têm outro interesse senão o de ajudar a passar o tempo sem dar-se conta.

Arte bela é, pelo contrário, um modo de representação idôneo por si mesmo e que, mesmo sem finalidade, estimula o cultivo das forças espirituais para a comunicação social.

A comunicabilidade universal de um agrado implica já em seu conceito que esse agrado não pode ser de gozo, proveniente de mera sensação, mas precisa ser da reflexão; e assim, a arte estética, como arte bela, é a que tem como norma a faculdade de julgar especulativa e não a sensação sensorial.

§ 45

A arte bela é arte na medida em que ao mesmo tempo parece ser natureza

Um produto da arte bela precisa dar a consciência de que é arte e não natureza; mas a idoneidade de sua forma tem que se apresentar tão livre de toda sujeição a regras voluntárias como se fosse produto da pura natureza. Nesse sentimento da liberdade no jogo de nossas faculdades de conhecimento, que ao mesmo tempo precisa ser conforme a um fim, se baseia aquele agrado único suscetível de ser comunicado universalmente sem necessidade de apoiar-se em conceitos. Já vimos que a natureza era bela quando ao mesmo tempo tinha o aspecto de arte, e a arte só pode ser denominada bela quando temos consciência de que é arte e, entretanto, apresenta o aspecto de natureza.

Então, tanto com respeito à beleza natural como à artística, podemos dizer de modo geral: belo é o que agrada no mero juízo (não na sensação sensorial nem mediante um conceito). Sendo assim, se isso fosse mera sensação (algo meramente subjetivo) que precisasse estar acompanhada de agrado, esse produto só agradaria no juízo por meio do sentimento dos sentidos. Se a intenção se encaminhasse para a produção de um objeto determinado, esse objeto, se fosse obtido pela arte, agradaria somente por conceitos. E em ambos os casos, a arte não agradaria no mero juízo, quer dizer, como bela, senão como mecânica.

Por conseguinte, a idoneidade do produto da arte bela, ainda que seja deliberada, não deve parecê-lo; ou seja, a arte bela deve ser considerada como natureza ainda que se tenha consciência de que é arte. E um produto da arte aparece como natureza pelo fato de que, mesmo havendo-se alcançado toda a precisão de acordo com as regras unicamente graças às quais o produto pode chegar a ser o que se pretende que seja, isso se é conseguido sem meticulosidade, sem deixar transparecer a forma acadêmica, ou seja, sem o menor vestígio de que o artista tenha levado em conta as regras, que poderiam haver reprimido suas energias espirituais.

§ 46

A arte bela é arte do gênio

Gênio é o talento (dom natural) que dá a regra à arte. E como o talento, como faculdade inata produtiva do artista, pertence à natureza, poder-se-ia dizer que gênio é a disposição natural do espírito (engenho) mediante a qual a natureza dá a regra à arte.

Como quer que se julgue essa definição, ou como meramente arbitrária, ou adequada ou não ao conceito que se costuma associar à palavra gênio (coisa que vamos elucidar no capítulo seguinte), de antemão já se pode demonstrar que segundo o significado que aqui damos à palavra, as belas artes hão de ser consideradas necessariamente como artes do gênio.

De fato, toda arte pressupõe regras que precisam ser previamente estabelecidas para que se represente como possível um produto que se pretende qualificar de artístico. Porém, o conceito de arte bela não admite que o juízo sobre a beleza de seu produto seja derivado de alguma regra que como fundamento de determinação tenha um conceito, ou seja, que se baseie num conceito de modo que seja possível esse produto. Por conseguinte, a arte bela não pode inventar por si mesma a regra em virtude da qual haja de criar seu produto. Pois bem, como sem uma regra prévia não é possível qualificar de arte um produto, por necessidade deve a natureza dar no sujeito (e mediante a disposição das faculdades deste) a regra à arte, o que quer dizer que a arte bela só é possível como produto do gênio.

Disso resulta: 1º que gênio é um talento para produzir aquilo para o qual não cabe dar uma regra determinada, e não uma aptidão para aquilo que se pode aprender mediante alguma regra; por conseguinte, que a originalidade precisa ser sua qualidade primeira. 2º que, como pode haver também um disparate original, é necessário que seus produtos sejam ao mesmo tempo modelos, quer dizer, exemplares, e, consequentemente, que, não devendo sua origem à imitação, tenham que servir a outros nesse sentido, isto é, de cânon ou regra para julgar. 3º que o gênio não pode descrever por si mesmo nem indicar cientificamente como obtém seu produto, senão que ele, como natureza, dá a regra; é por isso que o autor de um produto, que deve a seu gênio, não sabe ele mesmo como se aglutinaram nele as ideias para isso, nem sequer está em seu poder imaginá-las à vontade ou seguindo um plano e comunicá-las a outros em preceitos que os ponham em condições de obter produtos análogos. (É por isso também que há lugar para supor que a palavra gênio proceda de *genius*, o espírito peculiar que desde o nascimento foi dado ao homem para que o protegesse e dirigisse e de cuja inspiração procederam aquelas ideias originais.) 4º que mediante o gênio a natureza dá a regra não à ciência e sim à arte, e isso unicamente enquanto esta última haja de ser arte bela.

§ 47

Esclarecimento e confirmação da definição anterior do gênio

Todos estão de acordo que o gênio é diametralmente oposto ao espírito de imitação. E como aprender não é senão imitar, não se pode considerar gênio nem a mais poderosa capacidade de assimilação, a aptidão, como tal, para aprender. Porém, mesmo quando se pensa ou inventa por si mesmo, sem limitar-se a assimilar o que outros pensaram, e até descobrindo algo para a arte ou a ciência, nem por isso se tem razão lícita para qualificar de gênio tal inteligência (amiúde poderosa – diferentemente daquelas que jamais poderão fazer outra coisa senão aprender e imitar); pois isso também se poderia ter aprendido, figurando, portanto, na senda natural do investigador e refletir segundo regras, sem que seja especificamente distinto daquilo que com aplicação pode-se adquirir por imitação. Assim, tudo quanto em sua obra imortal sobre os princípios da filosofia natural expôs Newton, por maior que fosse a inteligência exigida para encontrá-lo, pode-se muito bem aprender; por outro lado, não é possível aprender a compor poesia com engenho por mais detalhadas que sejam as regras da retórica e por mais excelentes que sejam seus modelos. A causa disso está em que Newton pode apresentar-se, não só a si mesmo mas a qualquer outro, e de modo perfeitamente claro e suscetível de imitação, todo o processo que teve de seguir desde os primeiros elementos da geometria até seus grandes e profundos descobrimentos; em contrapartida, nem um

Homero nem um Wieland podem mostrar como surgiram e se agregaram em suas cabeças suas ideias tão fantásticas e, não obstante, tão cheias de sentido, porque, não o sabendo sequer eles mesmos, mal poderiam ensiná-lo a outros. No científico, pois, o grande descobridor somente pelo grau se distingue do laborioso imitador e estudioso, diferenciando-se, por outro lado, especificamente daquele que a natureza dotou para a arte bela. Entretanto, isso não implica que se rebaixe em absolutamente nada o mérito desses grandes homens a quem tanto deve o gênero humano, se os compararmos com aqueles que a natureza favoreceu em seu talento para a arte bela. A mesma circunstância de que aquele talento está destinado a aperfeiçoar de modo progressivamente crescente os conhecimentos e todas as vantagens deles derivadas, assim como a instruir outros nesses mesmos conhecimentos, lhe confere uma maior preeminência diante daqueles que gozam da honra de serem qualificados de gênios, pois para estes a arte se detém em algum ponto em que se lhe põe um limite que não se pode levar mais além, e é igualmente de se supor que tenha sido alcançado já há muito tempo e que não possa mais estender-se, e além disso essa aptidão tampouco pode ser transmitida, mas é concedida a cada um diretamente pela mão da natureza, extinguindo-se, pois, com ele, até que a natureza volte a dotar igualmente outro, que não necessita mais que um exemplo para fazer produzir de modo semelhante o talento de que tem consciência.

Como o dom natural deve dar a regra à arte (como arte bela), de que classe é, pois, essa regra? Não parece servir de preceito redigido em alguma fórmula, pois de outro modo o juízo sobre o belo seria determinável por conceitos, ao contrário, a regra deve abstrair o fato, quer dizer, o produto em que outros exercitam seu talento, para servir-se daquele modelo não para copiá-lo e sim para imitá-lo. Como isso é possível é coisa difícil de explicar. As ideias do artista suscitam ideias análogas em seu discípulo quando este foi dotado pela natureza de uma proporção análoga de energias espirituais. É por isso que os modelos da arte bela são os únicos meios de transmissão para trazê-la para a posterioridade, coisa que não se pode fazer com base em simples descrições (sobretudo não se pode fazer no setor das artes elocutórias), e mesmo nestas só podem chegar a ser clássicos os modelos das línguas antigas, mortas e na atualidade conservadas apenas como cultas.

Embora a arte mecânica difira muito da bela, por ser a primeira mera arte da aplicação e da aprendizagem, e a segunda do gênio, não existe nenhuma arte bela em que não haja algo mecânico que possa ser compreendido e seguido mediante regras, e, em consequência, algo acadêmico é a condição essencial da arte, visto que nela há que se conceber algo como fim; de outra maneira, seu produto não poderia ser atribuído a nenhuma arte, mas seria mero produto do acaso. Mas para realizar um fim se requerem certas regras das quais não é possível livrar-se. Sendo assim, como a originalidade do talento constitui um dos elementos essenciais (mas não o único) do caráter do gênio, há cabeças-ocas que, para demonstrar que são gênios em flor, não encontram nada melhor que emancipar-se da sujeição acadêmica de toda regra, crendo que se pode evoluir melhor num cavalo selvagem que num domado. O gênio só pode proporcionar material abundante para produtos da arte bela; mas sua elaboração e sua forma requerem um talento exercitado academicamente para poder fazer dele um uso que se sustente perante a faculdade de julgar. E se mesmo em coisas da mais minuciosa investigação racional alguém fala e decide como um gênio, resulta completamente ridículo; não se sabe ao certo se se deve rir mais do charlatão que levanta ao seu redor tanta fumaça que nada pode ser julgado com clareza, embora tanto mais margem cobre a fantasia, ou do público que imagina sinceramente que sua incapacidade de conhecer e compreender claramente aquela obra-prima da inteligência se deve a que lhe lançam novas verdades em verdadeiras massas, parecendo-lhe, em contrapartida, que o detalhe (mediante explicações comedidas e um exame acadêmico dos princípios) é coisa de meros aprendizes.

§ 48

Da relação do gênio com o gosto

Para julgar os objetos belos como tais, se requer gosto, e para a arte bela, ou seja, para produzi-los, gênio.

Caso se considere que o gênio é o talento para a arte bela (como implica o próprio significado da palavra) e a esse propósito se quer descompô-lo nas distintas faculdades que devem reunir-se para constituir esse talento, é necessário determinar exatamente, antes de mais nada, a diferença entre a beleza natural, cujo juízo requer apenas gosto, e a artística, cuja possibilidade (que precisa ser levada em conta também para o juízo de um objeto dessa índole) requer gênio.

Uma beleza natural é uma coisa bela; a beleza artística é uma representação bela de uma coisa.

Para julgar uma beleza natural como tal, não necessito ter previamente um conceito de que classe de coisa é o objeto; quer dizer, não tenho necessidade de conhecer a finalidade material (o fim), senão que no juízo a mera forma agrada por si mesma sem conhecimento do fim. Mas se o objeto é dado a título de produto de arte e se pretende que, como tal, seja declarado belo, é necessário basear-se previamente num conceito do que pretende ser a coisa, porque a arte pressupõe sempre um fim na causa (e em sua causalidade); e como a concordância do diverso numa coisa para a determinação intrínseca deste como fim é a perfeição da coisa, para julgar a beleza artística será preciso levar em conta ao mesmo tempo a perfeição da coisa, questão que não se coloca absolutamente para julgar uma beleza natural (como tal). E embora no juízo, sobretudo de seres animados da natureza, como um homem ou um cavalo, se costume também levar em conta, para julgar de sua beleza, a finalidade objetiva, então o juízo deixa de ser estético puro, quer dizer, mero juízo de gosto; já não se julga a natureza tal como aparece como arte, mas na medida em que realmente é arte (ainda que sobre-humana), e o juízo teleológico serve de base e condição ao estético para que este o leve necessariamente em conta. Num caso semelhante, por exemplo, ao dizer: "isto é uma mulher bela", a única coisa que na realidade se pensa é: a natureza representa belamente em sua figura os fins da estrutura feminina – visto que, além da mera forma, há que se observar um conceito para que o objeto seja concebido desse modo mediante um juízo estético logicamente condicionado.

A excelência da arte bela reside precisamente em descrever belamente coisas que na natureza são feias ou desagradáveis. As fúrias, enfermidades, devastações da guerra, etc., podem ser descritas muito belamente como calamidades, e até ser representadas em quadros; só há uma classe de fealdade que não pode ser representada em sua naturalidade sem arruinar todo prazer estético: a que inspira asco, visto que nessa rara sensação, baseada na pura imaginação, se representa o objeto como se se impusesse ao gozo contra o qual nos rebelamos com força, de modo que em nossa sensação desaparece a diferença entre a representação artística do objeto e a natureza do objeto mesmo, resultando impossível então que aquela seja tida por bela. Também a arte escultórica, em cujos produtos quase se confunde a arte com a natureza, excluiu de suas formações a representação direta de objetos feios, tendo-se permitido representá-los somente, por exemplo: a morte (num gênio belo) ou o ardor bélico (em Marte), mediante uma alegoria ou atributos que produzem um efeito aprazível, ou seja, apenas indiretamente mediante uma interpretação da razão e não para a pura faculdade de julgar estética.

É o quanto podemos dizer da representação bela de um objeto, representação que é propriamente só a forma da exposição de um conceito mediante a qual este é universalmente comunicado. Mas para dar essa forma ao produto da arte bela se requer unicamente gosto, e a este se atém o artista em sua obra depois de havê-lo exercitado e depurado mediante diversos exemplos da natureza ou da arte, e depois de vários ensaios, amiúde laboriosos, encontra a forma que o satisfaz; é por isso que esta não pode ser considerada como coisa de inspiração ou de uma livre exaltação das energias espirituais, mas antes constitui um trabalho lento, e até penoso, de retificação que, tornando adequada a forma ao pensamento, não redunde em detrimento da liberdade no jogo dessas faculdades.

Mas o gosto é apenas uma faculdade de juízo, não uma faculdade produtiva, e o fato de que uma obra esteja conforme com ele não lhe imprime o caráter de obra de arte bela; pode ser perfeitamente um produto pertencente à arte útil e mecânica ou ainda à ciência, realizado segundo determinadas regras que devem ser aprendidas e exatamente observadas. Mas a forma agradável que se lhe dá é unicamente o veículo da comunicação e uma maneira, por assim dizer, da apresentação, com respeito à qual (à apresentação) se continua conservando ainda certa liberdade, embora de resto esta se ache subordinada a determinado fim. Assim se exige, por exemplo, que os utensílios de uma mesa ou também uma dissertação moral, e até mesmo um sermão, tenha em si essa forma da arte bela, mas sem que pareça buscada, e nem por isso será qualificada de obra da arte bela. O será, sim, uma poesia, uma música, uma exposição de quadros, e pode dar-se assim o caso de que, nessas obras da arte bela por direito próprio, percebamos muitas vezes gênio sem gosto, e em outras gosto sem gênio.

§ 49

Das faculdades do espírito que constituem o gênio

De certos produtos dos quais se espera que ao menos em parte se mostrem como arte bela diz-se que carecem de espírito, apesar de que nada se encontre neles que se possa reprovar em matéria de gosto. Uma poesia pode ser muito linda e elegante, e carecer de espírito. Uma história é exata e ordenada, porém sem espírito. Um discurso solene é profundo e ao mesmo tempo rebuscado, mas sem espírito. Muitas conversas não deixam de ser divertidas, entretanto carecem de espírito; até de uma mulherzinha se chegará a dizer: é bonita, falante e graciosa, mas sem espírito. O que chamamos, pois, de espírito nesses casos?

No sentido estético, chama-se de espírito o princípio vivificante do ânimo. Mas aquilo mediante o qual esse princípio aviva a alma, a matéria empregada ao efeito, é o que põe idoneamente as energias espirituais em vibração, quer dizer, num jogo que se sustenta por si mesmo e que, por sua vez, robustece as energias que requer.

Pois bem, eu sustento que esse princípio não é outra coisa senão a faculdade de representar ideias estéticas, porém entendendo por ideia estética aquela representação da imaginação que induz muito a pensar, sem que possa ter, não obstante, nenhum pensamento determinado, ou seja, conceito adequado, representação, pois, à qual nenhuma linguagem chega totalmente, nem consegue tornar completamente compreensível. Vê-se facilmente que constitui a contrapartida *(pendant)* de uma ideia racional, a qual, pelo contrário, é um conceito que não pode ter nenhuma intuição (representação da imaginação) adequada.

A imaginação (como faculdade de conhecimento produtiva), de fato, é muito poderosa na criação, por assim dizer, de outra natureza com base nos materiais que lhe dá a real. Divertimo-nos com ela quando a experiência nos parece demasiado comum; transformamos esta última, e embora sempre segundo leis analógicas, também segundo princípios situados muito mais acima na razão (e igualmente naturais para nós como aqueles segundo os quais apreende o entendimento a natureza empírica), sentindo-nos então livres da lei da associação (inerente ao uso empírico daquela faculdade), de modo que, embora segundo ela a natureza nos proporcione materiais, estes podem ser elaborados por nós em outra coisa: em algo que supere a natureza.

Essas representações da imaginação podem ser qualificadas de ideias, visto que, por um lado, aspiram a algo situado além dos limites da experiência, buscando dessa maneira aproximar-se de uma exposição dos conceitos racionais (das ideias intelectuais), o que lhes dá a aparência de realidade objetiva, e por outro lado, e principalmente, porque, sendo intuições internas, não podem ter nenhum conceito inteiramente adequado. O poeta se atreve a sensibilizar ideias racionais de seres invisíveis: o reino dos bem-aventurados, o inferno, a eternidade, a criação, etc., ou também o que, mesmo encontrando exemplos disso na experiência (por exemplo: a morte, a inveja e todos os vícios, como igualmente o amor, a glória, etc.), é apresentado de modo sensível, saltando por cima dos limites da experiência, por uma imaginação que quer rivalizar com o prelúdio da razão na obtenção de um máximo, e isso de modo tão completo como não se encontra em nenhum exemplo da natureza, sendo propriamente a arte poética aquela em que se pode mostrar em toda sua medida a potência das ideias estéticas. Porém, considerada por si só, essa potência é propriamente apenas um talento (da imaginação).

Pois bem, caso se submeta a um conceito uma representação da imaginação, correspondente à exposição daquele, mas que por si só dá tanto o que pensar como nunca poderia compreender-se num conceito determinado, de modo que o conceito mesmo se expande esteticamente de modo ilimitado, a imaginação é criadora nesse caso e põe em movimento a potência das ideias intelectuais (a razão) para que, por causa de uma representação (coisa que certamente corresponde ao conceito do objeto), pense mais do que nesta pode apreender-se e esclarecer-se.

As formas que por si sós não constituem a exposição de um conceito dado, mas sim que apenas, a título de representações acessórias da imaginação, expressam as consequências unidas a estas e a afinidade desse conceito com outros, se chamam atributos (estéticos) de um objeto cujo conceito não se pode expor adequadamente como ideia racional. Assim, a águia de Júpiter com o raio em suas garras é um atributo do poderoso rei do céu, e o pavão real da magnífica rainha do céu. Ao contrário dos atributos lógicos, não representam o que compreendem nossos conceitos da sublimidade e magnificência da criação, mas outra coisa que dá à imaginação a ocasião de estender-se sobre uma série de representações afins que fazem pensar mais do que se poderia expressar num conceito determinado por palavras, e dão uma ideia estética que serve à ideia racional de exposição lógica e propriamente para avivar o espírito abrindo-lhe a perspectiva de um campo imenso de representações afins. E a arte bela assim o faz não só na pintura ou na arte escultórica (onde se costuma empregar a denominação de atributos), mas também a arte poética e a eloquência tomam o espírito que anima suas obras simplesmente dos atributos estéticos que se manifestam paralelamente aos lógicos dando à imaginação um impulso para pensar neles, ainda que de modo não desenvolvido, mais do que se poderia compreender num conceito, e, consequentemente, numa expressão linguística determinada. Em honra à brevidade, tenho que limitar-me a uns poucos exemplos.

Quando numa de suas poesias o Grande Rei se expressa dizendo:

"Despeçamos-nos da vida sem protestos nem lamentos, deixando atrás de nós o mundo cheio de benefícios. Assim o sol, uma vez terminada sua corrida cotidiana, irradia ainda suave luz no céu, e os últimos raios que ao ar emite são seus últimos suspiros pelo bem do mundo",

anima sua ideia racional de um sentimento universalista nos últimos dias de sua vida mediante um atributo que associa àquela representação a imaginação (recordando todas as delícias de belo dia de verão já passado, que uma noite serena nos suscita no ânimo), e que desperta uma série de sensações e representações acessórias, para as quais não se encontra expressão. Por outro lado, mesmo um conceito intelectual pode, pelo contrário, servir de atributo para uma representação dos sentidos avivando-a dessa sorte mediante a ideia do suprassensível, mas unicamente empregando para tanto o estético inerente subjetivamente à consciência deste último. Assim, por exemplo, ao descrever uma bela manhã, diz certo poeta: "surgia o sol como da virtude a paz". A consciência da virtude, se nos colocamos mesmo que seja apenas mentalmente no lugar de um virtuoso, difunde no espírito grande quantidade de sentimentos sublimes e calmantes e a ilimitada perspectiva de um porvir jovial, como não conseguiria fazê-lo nenhuma expressão adequada a um conceito determinado*.

Numa palavra: a ideia estética é uma representação da imaginação, associada a um conceito dado, que no uso livre dessa faculdade está unida a uma variedade tal de representações parciais que em vão se buscaria para ela uma expressão que designasse um conceito determinado, uma representação, pois, que faz pensar de um conceito muitas coisas inomináveis cujo sentimento aviva as faculdades de conhecimento e imprime espírito à mera letra morta da linguagem.

Por conseguinte, as energias espirituais cuja combinação (em certa proporção) constitui o gênio são a imaginação e o entendimento. Sendo assim, como no uso da imaginação com vistas ao conhecimento a primeira se encontra subordinada ao entendimento e à condição de que se acomode ao conceito deste, enquanto no aspecto estético, pelo contrário, é livre de proporcionar ao entendimento, além daquela coincidência com o conceito, abundante, apesar de não buscado, material sem desenvolver, que não foi levado em conta pelo entendimento em seu conceito, ainda que o aplicasse não tanto objetivamente para o conhecimento quanto subjetivamente para avivar as forças de conhecimento, e portanto indiretamente também para conhecimentos, o gênio consiste propriamente na feliz proporção, que nenhuma ciência pode ensinar nem nenhuma diligência aprender, de descobrir ideias para um conceito dado, conseguindo, por outro lado,

---

* Talvez jamais se tenha dito nada tão sublime ou expressado mais sublimemente um pensamento do que naquela inscrição do tempo de Ísis (a mãe Natureza): "Sou tudo o que existe, existiu e existirá, e nenhum mortal levantou meu véu". Segner aproveitou essa ideia em vigorosa vinheta colocada no frontispício de sua Teoria da natureza, para inspirar em seu discípulo, a quem se dispunha conduzir a esse templo, o sagrado estremecimento chamado a despertar no espírito uma atenção solene.

expressá-las de modo que o estado de ânimo subjetivo assim provocado, como acompanhamento de um conceito, possa comunicar-se a outros. É este último talento o que propriamente se chama espírito, visto que, para expressar o inominável do estado de ânimo em certa representação e para torná-lo universalmente comunicável, dá no mesmo se a expressão há de fazer-se por meio da linguagem ou da pintura ou da escultura, se requer uma capacidade de apreender o jogo da imaginação, que passa rapidamente, e de uni-lo a um conceito (que precisamente por isso é original e ao mesmo tempo inicia uma nova regra que não se pôde deduzir de princípios ou modelos anteriores), que se pode comunicar sem sujeição a regras.

Se, após essas investigações, voltamos a nos fixar na explicação que antes dávamos do que qualificamos de gênio, descobrimos: em primeiro lugar, que é um talento para a arte, não para a ciência, pois nesta é necessário ter previamente regras claramente conhecidas que determinem como se deve proceder cientificamente; em segundo lugar, que, como talento para a arte, pressupõe um conceito determinado do produto como fim, ou seja, entendimento, mas também uma representação (ainda que indeterminada) da matéria, quer dizer, da intuição, para a exposição desse conceito, e portanto uma relação da imaginação com o conhecimento; em terceiro lugar, que se expressa não tanto na execução do fim previsto na exposição de um conceito determinado, quanto na apresentação ou exposição de ideias estéticas que contêm abundante material para aquilo, apresentando, portanto, a imaginação em sua liberdade frente a toda tutela de regras, embora como idônea para a exposição do conceito dado; em certo lugar, por último, a idoneidade não buscada, indeliberada, subjetiva, na livre coincidência da imaginação com a legalidade do entendimento, pressupõe tal proporção e acordo dessas faculdades como não se poderia obter pela observância de nenhuma regra científica ou de imitação mecânica, senão que apenas a natureza do sujeito pode alcançá-la.

Partindo dessas suposições, gênio é a originalidade exemplar do dom natural de um sujeito no uso livre de suas faculdades de conhecimento. Desse modo, o produto de um gênio (segundo aquilo que nele deve-se atribuir ao gênio e não à possível aprendizagem ou à escola) é um exemplo não para que o imite (pois então se perderia o que aí tem de gênio e que constitui o espírito da obra), mas para que o continue outro gênio que, graças a esse exemplo, é levado ao sentimento de sua própria originalidade, para que na arte proceda sem submeter-se a regras, de modo que a arte adquire assim uma nova regra, no que o talento se revela exemplar. E como o gênio é um privilegiado da natureza, que se deve considerar somente como fenômeno excepcional, seu exemplo produz para outras inteligências bem dotadas uma escola, quer dizer, um ensino sistemático segundo regras, na medida em que se tenha podido deduzi-las daqueles produtos do espírito e de sua peculiaridade, e para essas inteligências a arte bela é imitação para a qual a natureza deu a regra por meio de um gênio. Mas essa imitação se converte em cópia servil quando o discípulo copia tudo, até aquilo que, sendo deformidade, o gênio teve que admitir unicamente porque não podia suprimir sem debilitar a ideia. Somente para o gênio é meritória essa audácia, e ainda que ele tenha direito a certo atrevimento na expressão e, em geral, a afastar-se não poucas vezes da regra comum, de modo algum deve servir de exemplo seu precedente, que em si continuará sendo sempre um defeito (que é necessário tentar suprimir) para o qual se concede ao gênio uma espécie de privilégio, visto que o inimitável de seu impulso espiritual sofreria caso procedesse com meticulosa prudência. O amaneiramento é outra classe de cópia servil: a da mera originalidade para afastar-se ao máximo de imitadores, embora sem possuir o talento para servir ao mesmo tempo de modelo. É bem verdade que há dois modos de combinar na exposição as ideias próprias: um é a maneira (*modus aestheticus*) e outro o método (*modus logicus*), que se distinguem entre si em que o primeiro não tem, na exposição, outro norte que o sentimento da unidade, enquanto o segundo se atém, nela, a princípios determinados; o único que tem valor para a arte bela é o primeiro. Mas um produto de arte se chama amaneirado unicamente quando nele a apresentação de sua ideia busca produzir um efeito de originalidade e não a adequação a essa ideia. O deslumbrante (preciosista), artificioso e afetado que só aspira a distinguir-se do comum (mas sem espírito), se assemelham ao comportamento daqueles de quem se diz que os agrada escutar a si mesmos ou que se movimentam como se estivessem num palco com o afã de ser admirados, coisa que sempre revela necessidade.

§ 50

Da união do gosto com o gênio nos produtos da arte bela

Perguntar se nas coisas da arte bela importa mais que se veja gênio ou que se veja gosto equivale a perguntar se nelas interessa mais a imaginação ou a faculdade de julgar. Sendo assim, como no primeiro caso teríamos uma arte engenhosa e no segundo uma arte bela, a última terá de ser considerada a mais excelente, como condição indispensável *(conditio sine qua non)* a que teremos que nos ater para julgar a arte como arte bela. Para alcançar a beleza não é tão necessário ter muitas ideias e originais como o acerto em harmonizar com a legalidade do entendimento aquela imaginação em sua liberdade. De fato, a liberdade desenfreada da primeira, por fecunda que seja, não produz mais que absurdos, enquanto a faculdade de julgar é a que permite conciliá-la com o entendimento.

O gosto, como a própria faculdade de julgar, é a disciplina do gênio, ao qual corta muito as asas, tornando-o educado ou polido; mas ao mesmo tempo lhe dá um guia para que saiba por onde e até onde deve avançar caso queira continuar sendo idôneo, e, ao imprimir clareza e ordem na riqueza de pensamento, torna sustentáveis as ideias e as põe em condições de merecer um aplauso duradouro, e ao mesmo tempo também universal, de continuar sendo retomadas por outros e de um cultivo sempre progressivo. Por conseguinte, se na luta entre ambas as qualidades é necessário sacrificar algo num produto, deveria ser antes do lado do gênio, e a faculdade de julgar, que em coisas da arte bela pretende ater-se a princípios próprios, permitirá que se viole a liberdade e a riqueza da imaginação antes que o entendimento.

Portanto, para a arte bela se requer imaginação, entendimento, espírito e gosto*.

---

* As três primeiras faculdades se unem apenas graças à quarta. Hume, em sua História, dá a entender aos ingleses que, embora em suas obras não cedam em absolutamente nada a nenhum povo do mundo quanto a provas das três primeiras qualidades tomadas em separado, por outro lado têm que se curvar ante seus vizinhos os franceses no que concerne à qualidade que as une.

§ 51

Da divisão das belas artes

Pode-se qualificar de beleza (natural ou artística) a expressão de ideias estéticas, com a única ressalva de que na arte bela essa ideia deve ser provocada por um conceito do objeto, enquanto na natureza bela a mera reflexão sobre uma intuição dada, sem conceito do que deva ser o objeto, é suficiente para despertar e comunicar a ideia da qual se considera expressão aquele objeto.

Por conseguinte, se queremos classificar as belas artes, não podemos escolher, pelo menos como tentativa, princípio mais cômodo que a analogia da arte com a classe de expressão de que se servem os homens falando para comunicar-se entre si o mais completamente possível, quer dizer, não apenas seus conceitos, mas também suas sensações[13]. Essa expressão consiste em palavras, gestos e tons (articulação, gesticulação e modulação). Somente a combinação dessas três classes de expressão torna completa a comunicação daquele que fala, pois desse modo pensamento, intuição e sensação são transmitidos simultaneamente e em conjunto aos demais.

Por conseguinte, há apenas três classes de belas artes: as elocutórias, as figurativas e a arte do jogo das sensações (como impressões externas dos sentidos). Essa classificação poderia fazer-se também bipartida, dividindo a arte bela em arte da expressão das ideias ou das intuições, e esta, por sua vez, segundo sua forma ou segundo sua matéria (da sensação); mas essa classificação resultaria demasiado abstrata e não tão ajustada aos conceitos comuns.

1. As artes elocutórias são a eloquência e a poesia. Eloquência é a arte de tratar como livre jogo da imaginação um assunto do entendimento; poesia, a de executar como assunto do entendimento um livre jogo da imaginação.

O orador, pois, anuncia um assunto e o executa como se fosse só um jogo com ideias para entreter os ouvintes. O poeta anuncia apenas um jogo de entretenimento com ideias e, contudo, é de tanto resultado para o entendimento

---

[13] O leitor não deve julgar este esboço de possível classificação das belas artes como se fosse uma teoria decidida, pois constitui apenas uma de tantas tentativas que ainda se pode e deve fazer.

como se não tivesse tido outro propósito que o de tratar um assunto próprio desta última faculdade. A combinação e harmonia dessas duas faculdades de conhecimento, sensibilidade e entendimento, que mesmo sem poder prescindir uma da outra, não é fácil combiná-las sem esforço e sem que se enfraqueçam mutuamente, precisa ser indeliberada e aparecer como acomodação espontânea, pois de outro modo não seria arte bela. Daí a necessidade de evitar nela tudo que é buscado e laborioso, visto que a arte bela deve ser livre num sentido duplo: tanto no de que, ao contrário da atividade lucrativa, não é um trabalho cuja magnitude se possa julgar, impor ou remunerar segundo uma medida determinada como também no de que o espírito trabalha, sim, porém se sente satisfeito e desperto sem almejar outro fim (independentemente da retribuição).

O orador dá, consequentemente, algo que não promete: um jogo divertido da imaginação; mas, igualmente, menospreza algo que promete, apesar de que o assunto por ele anunciado, a saber: ocupar idoneamente o entendimento. O poeta, pelo contrário, promete pouco e anuncia apenas um jogo com ideias, porém realiza algo digno de ocupação: proporcionar, por arte de jogo, alimento ao entendimento, dando vida a seus conceitos por meio da imaginação; ou seja, no fundo, aquele dá menos e este mais do que promete.

2. As artes figurativas, ou da expressão de ideias em intuição sensível (não por meio de representações da mera imaginação suscitadas mediante palavras), são a da verdade sensível e a da aparência sensível. A primeira se chama plástica; a segunda, pintura. Ambas fazem figuras no espaço para a expressão de ideias; aquela faz figuras cognoscíveis para dois sentidos: a visão e o tato (embora para o último não com vistas à beleza); a segunda, apenas para a visão. A ideia estética (arquétipo) serve em ambas de fundamento à imaginação; mas a forma que constitui sua expressão (éctipo) se dá ou em sua extensão corpórea (como existe o objeto mesmo), ou no modo de que este aparece na visão (segundo sua aparência numa superfície); ou então, embora seja isto o primeiro, pondo-se como condição para a reflexão a referência a um fim real ou sua mera aparência.

Pertencem à plástica, como primeira classe de artes belas figurativas, a escultura e a arquitetura. A primeira é a que representa corporeamente (não obstante, como arte bela, observando a idoneidade estética) conceitos de coisas tal como poderiam existir na natureza; a segunda é a arte de representar conceitos de coisas possíveis apenas por arte, e cuja forma não tem por motivo determinante a natureza, mas um fim proposto pela vontade, sendo, nesse aspecto, a representação esteticamente idônea ao mesmo tempo. Na última, certo uso do objeto artístico é o principal, e a ele se combinam como condição as ideias estéticas. Na primeira, a mera expressão destas é a intenção principal. Assim estátuas de homens, deuses, animais, etc., pertencem à primeira classe, mas os templos ou edifícios suntuosos destinados a reuniões públicas, como também as mansões, arcos de triunfo, colunas, cenotáfios, etc., erigidos com ânimo comemorativo, pertencem à arquitetura. Essa mesma qualificação poder-se-ia dar ainda a toda a mobília doméstica (a confeccionada pelo carpinteiro e outras coisas de uso semelhante), porque a adequação do produto a certo uso constitui o essencial de uma obra arquitetônica, ao contrário da pura obra escultórica, que se faz simplesmente para a contemplação e deve agradar por si mesma, e se como exposição corpórea é mera imitação da natureza, deve levar em conta ideias estéticas, de modo que a verdade sensível não pode chegar ao extremo de que deixe de aparecer como arte e como produto da vontade.

A arte pictórica, como segunda das artes figurativas, que representa artisticamente a aparência sensível unida a ideias, haveria de classificar-se, a meu juízo, na arte da descrição bela da natureza e na da bela combinação dos produtos desta. A primeira seria a pintura propriamente dita; a segunda, a jardinagem. De fato, a primeira dá apenas a aparência da extensão corpórea; a segunda, embora dê essa extensão de verdade, oferece apenas a aparência de utilização e uso para outros fins e não meramente para o jogo da imaginação na contemplação de suas formas[14]. A última não é outra coisa que a deco-

---

[14] Pode-se estranhar que consideremos a jardinagem como uma espécie de arte pictórica apesar de representar corporeamente suas formas; mas como verdadeiramente toma suas formas da natureza (árvores, arbustos, gramado e flores, procedentes, pelo menos em sua origem remota, do bosque e do campo), não sendo, nesse respeito, como a plástica, arte, e não tendo tampouco como condição de sua combinação um conceito do objeto e de seu fim (como a arquitetura), mas apenas o livre jogo da imaginação na contemplação, coincide até esse ponto com a pintura puramente estética, que não tem tema determinado (combinando de modo agradável o ar, a terra e as águas mediante luzes e sombras). Sobretudo, o leitor tem que julgar isso como mera tentativa de agrupar as belas artes sob um princípio, nesse

ração do solo com a mesma variedade (gramado, flores, arbustos e árvores, e ainda águas, montículos e vales) que a natureza apresenta à visão, só que combinada de outro modo e adaptada a certas ideias. Mas essa bela combinação de coisas corpóreas está destinada unicamente à visão, como a pintura; o sentido do tato não pode proporcionar nenhuma representação gráfica dessa forma. Na pintura em sentido amplo eu incluiria também o adorno de residências por meio de papéis pintados, molduras e todo mobiliário belo destinado somente à visão; igualmente a arte indumentária regida pelo gosto (anéis, cigarreiras, etc.). De fato, um canteiro com toda classe de flores, uma residência com toda classe de adornos (compreendendo neles o atavio das damas) constituem numa festa suntuosa uma espécie de quadro que, como os assim chamados propriamente (os que não têm como propósito ensinar história ou conhecimentos da natureza), se destina apenas à contemplação, para entreter a imaginação no jogo livre com ideias e dar ocupação, sem fim determinado, à faculdade de julgar estética. Por mais diversa que no mecânico possa ser a execução de toda essa decoração, e ainda que requeira artistas completamente diferentes, o juízo de gosto haverá de recair sobre o que tem de belo essa arte, sendo, nesse aspecto, um único juízo: o relativo às formas (sem atender a um fim) tal como se oferecem à visão, isoladas ou em sua combinação, pelo efeito que sobre a imaginação produzem. E se justifica que comparemos (por analogia) as artes plásticas às atitudes de uma linguagem levando em conta que, mediante essas figuras, o espírito do artista dá expressão corpórea ao que ele pensou e como o pensou, fazendo com que a coisa mesma fale, por assim dizer, mimicamente; jogo este muito comum em nossa fantasia, que atribui às coisas inanimadas, segundo sua forma, um espírito que fala por elas.

3. A arte do belo jogo das sensações (mesmo que estas sejam produzidas a partir do exterior, seu jogo é, não obstante, suscetível de comunicação universal) não pode referir-se senão à proporção dos distintos graus da disposição (tensão) do sentido a que pertence a sensação, quer dizer, ao seu tom, e nessa acepção ampla da palavra pode dividir-se em jogo artístico das sensações da

---

caso o da expressão de ideias estéticas (por sua analogia com uma linguagem), e não como se desse agrupamento se quisesse fazê-las derivar decididamente.

audição e da visão, ou seja, em música e arte das cores. É notável que esses dois sentidos, além de sua receptividade para todas as impressões necessárias para fazer-se por meio delas conceitos de objetos exteriores, sejam suscetíveis, ainda, de outra sensação especial, vinculada àquela, e da qual não se pode dizer com certeza se se funda no sentido ou na reflexão; e que, às vezes, possa faltar essa suscetibilidade, embora de resto o sentido, no que se refere ao seu uso para o conhecimento dos objetos, não só não é deficiente, mas até excelentemente fino. Ou seja: não se pode dizer de modo seguro se uma cor ou uma nota (som) são meras sensações aprazíveis ou em si já um belo jogo de sensações que implica, nessa qualidade, um prazer pela forma no juízo estético. Se repararmos na rapidez das vibrações da luz, ou das do ar no segundo caso, que provavelmente supera em muito toda nossa capacidade de julgar diretamente pela percepção a proporção das divisões do tempo determinadas por elas, caberia crer que o sentido é somente o efeito dessas vibrações sobre as partes elásticas do nosso corpo, porém sem observar nem trazer a juízo a divisão temporal por eles provocada, ou seja, desse modo, a cores e notas está unido somente agrado e não a beleza de sua composição. Mas, por outro lado, se pensarmos, em primeiro lugar, no matemático que cabe dizer acerca da proporção dessas vibrações e acerca do seu juízo, e julgarmos a delimitação de cores por sua analogia com as notas musicais, como é justo, e, em segundo lugar, trouxermos à colação os exemplos, mesmo raros, de homens que tendo a melhor visão do mundo não sabem distinguir cores nem notas apesar de ter um ouvido sumamente fino, assim como aqueles que podem fazê-lo, que podem perceber uma qualidade modificada (não somente de grau da sensação) nas distintas gradações da escala de cores ou sons, e ademais que o número destas é determinado para diferenças concebidas, ver-nos-emos obrigados a considerar as sensações de ambos não como mera impressão dos sentidos mas como efeito de um juízo da forma no jogo de muitas sensações. A diferença resultante da adoção de uma ou outra opinião do fundamento da música só modificaria a definição declarando, num caso, como temos feito, que música é o belo jogo das sensações (através da audição), ou, no outro caso, que são sensações agradáveis. A primeira classe de definição é a única que permite representar totalmente a música como arte bela; a segunda permite apenas representá-la (ao menos em parte) como arte agradável.

§ 52

Da união das belas artes num mesmo produto

A eloquência pode unir-se a uma exposição pictórica, tanto de seus temas quanto objetos, numa representação cênica, a poesia à música no canto, e este ao mesmo tempo à exposição pictórica (teatral) numa ópera, o jogo de sensações de uma música com o das figuras na dança, etc. Pode também a exposição do sublime, sempre que pertença à arte bela, associar-se à beleza numa tragédia versificada, num poema didático ou num oratório, e nessas uniões a arte bela resulta mais artística ainda, se bem que em alguns desses casos se possa duvidar (por causa da mistura de tão diversas classes de prazer) que a beleza também resulte aumentada. Entretanto, em toda arte bela o essencial consiste na forma, idônea para a observação e o juízo, em que o agrado é cultivo e ao mesmo tempo dispõe o espírito para ideias, tornando-o assim propício a vários desses agrados e entretenimentos; e não na matéria da sensação (atrativo ou emoção), em que importa apenas o gozo, que nada deixa na ideia, embota o espírito, torna o objeto cada vez mais repulsivo e o espírito descontente consigo mesmo e caprichoso porque tem consciência de que sua disposição é contrária ao fim no juízo da razão.

Quando as belas artes não estão relacionadas, de perto ou de longe, com ideias morais, as únicas que implicam um prazer autônomo, é este último o destino final que as aguarda. Então servem apenas de distração, em tanto maior grau necessária quanto mais dela nos servimos para que afugente o descontentamento do espírito consigo mesmo ao perceber que somos cada vez mais inúteis e que estamos descontentes com nós mesmos. Sobretudo, são as belezas naturais as mais proveitosas para o propósito enunciado em primeiro lugar, quando desde muito cedo nos acostumamos a observá-las, julgá-las e admirá-las.

§ 53

Comparação entre os valores estéticos das distintas belas artes

Entre todas mantém a mais alta hierarquia a poesia (que deve quase exclusivamente ao gênio sua origem, e é a que menos admite ser dirigida por preceitos ou modelos). Expande o espírito ao libertar a imaginação e, dentro dos limites de um conceito dado, dentre a ilimitada variedade de formas possíveis que podem conciliar-se com ele, oferece aquela que une a exposição desse conceito a uma plenitude de pensamento, à qual nenhuma linguagem pode acomodar-se totalmente, elevando-se assim esteticamente a ideias. Fortalece o espírito fazendo-o sentir sua capacidade (livre, autônoma e independente da natureza) de considerar e julgar a natureza, enquanto fenômeno, segundo aspectos que não se oferecem por si mesmos na experiência, nem aos sentidos nem ao entendimento, e de utilizá-la com vistas ao suprassensível e como uma espécie de esquema para ele. Joga com a aparência, que provoca a vontade, sem que por isso engane, visto que declara que sua ocupação é mero jogo, embora suscetível de uso idôneo para o entendimento e suas funções. A oratória, entendendo-se por tal a arte de convencer capciosamente, isto é, de impor-se pela aparência bela (como *ars oratoria*), e não a mera habilidade da palavra (eloquência e estilo), é uma dialética que da arte poética toma apenas o necessário para que, antes do juízo, os espíritos se inclinem em favor do orador em vez de formular livremente seu juízo; portanto, não se pode recomendar para os tribunais nem para o púlpito, pois se tratando de leis civis, do direito de pessoas individuais ou do ensino e da disposição duradoura dos espíritos para o reto conhecimento e o cumprimento conscienciosos de seu dever, resultaria impróprio da dignidade de função tão importante que transparecesse sequer um sinal de alarde de engenho e fantasia, e mais ainda da arte de persuadir e predispor em favor de alguém, e embora às vezes se aplique com intenções lícitas e plausíveis, já a torna reprovável o fato de que dessa forma se corrompam subjetivamente as máximas e os sentimentos, apesar de que objetivamente o fato seja lícito, já que não basta fazer o que é justo, e sim o que é necessário ser feito fundando-se exclusivamente no que é. Com maior razão, o mero conceito claro dessas classes de assuntos humanos, associado a uma viva exposição de exemplos e sem faltar às regras da eufonia da língua ou da conveniência na expressão de ideias racionais (tudo o que constitui, em conjunto, a habilidade da palavra), já tem por si só bastante influência sobre os espíritos humanos para que seja necessário recorrer ainda às máquinas da persuasão capciosa, as quais, podendo ser utilizadas igualmente para embelezar ou dissimular o vício e o erro, nunca desvanecem totalmente a suspeita secreta de ser artificiosa armação. Na poesia, tudo se faz com honradez e sinceridade, pois se declara que apenas se quer fazer um jogo com a imaginação, embora, quanto à forma, de acordo com as leis do entendimento, sem aspirar a que o entendimento seja obnubilado ou seduzido por meio da exposição sensível[15].

Atentando ao atrativo e ao movimento do ânimo, colocaria eu depois da poesia a arte que mais dela se aproxima entre as elocutórias e que de modo muito natural pode associar-se a ela, a saber: a música, pois ainda que fale por meio de meras sensações sem conceitos, ou seja, diferente da poesia, não deixa margem para a reflexão, move o ânimo de modo mais variado e, embora apenas transitoriamente, mais íntimo; é evidente, todavia, que tem mais de gozo que de cultura (o jogo de pensamento que de modo concomitante se suscita com ela é apenas o efeito de uma espécie de associação mecânica) e, julgada pela razão, é de menor valor que qualquer outra das belas artes. É por isso que, como todo gozo, requer uma maior variação e não resiste à repetição reitera-

---

[15] Devo confessar que uma bela poesia me produziu sempre um prazer puro, enquanto a leitura do melhor discurso de um tribuno romano ou de um parlamentar ou pregador atual era acompanhada sempre do sentimento desagradável de desaprovação de uma arte capciosa, capaz de mover os homens como máquinas em coisas importantes, fazendo-os pronunciar sobre elas um juízo que, logo, meditando serenamente, haverá de perder para eles toda importância. A eloquência e a habilidade da palavra (juntas fazem a retórica) figuram entre as belas artes; porém a arte oratória, como arte de servir-se das debilidades dos homens em benefício dos próprios desígnios (por bem intencionados ou realmente bons que estes sejam), não merece respeito algum. Ademais, só chegou a sua fase de apogeu, tanto em Atenas quanto em Roma, numa época em que o Estado se precipitava para seu declínio e em que o verdadeiro patriotismo havia se extinguido. O *vir bonus dicendi peritus*, o orador sem arte, porém cheio de energia, como agrada a Cícero, apesar de ele nem sempre ter sido fiel a esse ideal, é o que, tendo uma clara visão das coisas, domina a língua em sua riqueza e pureza, e, dotado de fecunda imaginação apropriada à exposição de suas ideias, apaixona-se de todo coração pelo verdadeiro bem.

da sem produzir fastio. Seu atrativo, tão universalmente comunicável, parece fundar-se em que toda expressão da linguagem coerente tem uma nota correspondente a seu sentido; e que essa nota designa mais ou menos uma afeição de quem fala, provocando-a também reciprocamente em quem escuta, de modo que logo suscita também neste a ideia que na linguagem se expressa com esta nota; e em que, assim como a modulação constitui uma espécie de linguagem universal das sensações, inteligível para todo o homem, assim a música a exerce por si só em toda sua energia, ou seja: como linguagem das afeições, e dessa maneira, segundo a lei da associação, comunica universalmente as ideias estéticas unidas de modo natural a essas afeições, a despeito de que, não sendo essas ideias estéticas conceitos nem pensamentos determinados, a forma da combinação dessas sensações (harmonia e melodia) serve somente para suprir a forma de uma linguagem, mediante uma disposição proporcionada dessas sensações (que se pode colocar matematicamente sob certas regras porque se baseia em notas em proporção ao número de vibrações do ar no mesmo tempo, na medida em que as notas podem unir-se simultânea ou sucessivamente), para expressar a ideia estética de um conjunto coerente de uma multidão inominável de pensamentos, de acordo com certo tema, que constitui a afeição dominante na peça. Dessa forma matemática, embora não representada por conceitos determinados, depende exclusivamente o prazer que a mera reflexão sobre essa multidão de sensações concomitantes ou sucessivas associa a esse jogo entre elas como condição, válida para todos os homens, de sua beleza; e é unicamente por ela que o gosto pode arrogar-se um direito de formular de antemão o juízo dos demais.

Porém, é certo que a matemática não tem a menor parte no atrativo e no movimento de ânimo provocados pela música, pelo contrário, é apenas a condição indispensável (*conditio sine qua non*) daquela proporção de impressões, em sua união assim como em sua mudança, graças à qual é possível compreendê-las, impedindo que se destruam mutuamente, e fazendo, pelo contrário, que coincidam num contínuo movimento e avivamento do ânimo graças a afeições com ele consoantes, e, através disso, num íntimo gozo de nós mesmos.

Porém se, pelo contrário, calcula-se o valor das belas artes pela cultura que proporcionam ao espírito, e toma-se como critério a ampliação das faculdades que têm que convergir na faculdade de julgar para o conhecimento, a música ocupa, nesse aspecto, entre as belas artes, o lugar mais baixo (assim como talvez ocupe o mais alto entre aquelas que ao mesmo tempo são julgadas por sua agradabilidade), porque joga apenas com sensações. Por conseguinte, as artes figurativas a superam muito nesse aspecto, visto que, como colocam a imaginação num jogo livre, embora ao mesmo tempo adequado ao entendimento, desempenham ao mesmo tempo uma função na medida em que obtêm um produto que serve de veículo duradouro aos conceitos do entendimento e que se recomenda por si mesmo, para fomentar a união desses conceitos com a sensibilidade, e dessa forma, por assim dizer, a urbanidade entre as energias superiores do conhecimento. Essas duas classes de artes seguem uma marcha totalmente distinta: a primeira, das sensações a ideias indeterminadas; a segunda, de ideias determinadas a sensações. As últimas produzem uma impressão duradoura; as primeiras, apenas transitória. A imaginação pode evocar aquelas e entreter-se com elas de modo aprazível; estas, em contrapartida, se não se extinguem totalmente, nos resultam mais incômodas que agradáveis quando involuntariamente as repete a imaginação. Além disso, a música padece de certa falta de urbanidade, já que, sobretudo de acordo com quais sejam seus instrumentos, difunde sua influência para além do que se pretende (à vizinhança) e com esse ato de intrusão atenta contra a liberdade daqueles que não se reuniram para escutá-la, coisa que não ocorre com as artes que falam à visão, pois basta afastá-las caso não se deseje receber a impressão dessas artes. Ocorre com isso quase o mesmo que com o gosto pelo uso de perfumes intensos: aquele que tira de seu bolso um lenço perfumado incomoda a todos que estejam ao seu lado ou à sua volta, pois, mesmo contra sua vontade, os obriga a desfrutar do perfume quando querem respirar; por isso se abandonou essa moda[16].

Entre as artes figurativas eu daria preferência à pintura, em parte porque, como arte do desenho, serve de base a todas as demais figurativas, em parte porque pode penetrar na região das ideias e, de acordo com estas, ampliar o campo da intuição, muito mais que o permitido às demais.

---

[16] Aqueles que recomendaram o canto de canções religiosas para as práticas piedosas do lar não levaram em conta que, com essa devoção clamorosa (e, precisamente por isso, de ordinário farisaica), impuseram ao público um grande incômodo, pois obrigaram a vizinhança a unir-se a esses cantos ou a interromper o curso de seus pensamentos.

§ 54

COMENTÁRIO

Como amiúde já destacamos, existe uma diferença essencial entre o que apenas agrada no juízo e o que deleita (o que agrada na sensação). O último é algo que, ao contrário do primeiro, não podemos atribuir a todos. O deleite (ainda que sua causa possa estar em ideias) parece consistir sempre num sentimento de fomento de toda a vida do homem, e, por isso, também do bem-estar corporal, isto é, da saúde; assim, Epicuro, que considerou que no fundo todo deleite era sensação corporal, não estava enganado nesse sentido, ainda que se equivocasse apenas quando incluía entre os deleites o prazer intelectual e até o prático. Se recordarmos o que dissemos por último, poderemos explicar que um deleite possa desagradar aquele que o sente (como a alegria que a um homem pobre pode proporcionar a herança de seu pai, que mesmo amando-o havia sido avaro para com ele), ou que uma dor profunda possa satisfazer aquele que a sofre (a tristeza de uma viúva pela morte de seu benemérito esposo), que um deleite possa, além disso, satisfazer (como aquele que nos proporcionam as ciências que cultivamos), ou que uma dor (por exemplo, o ódio, a inveja e o desejo de vingança) possa também nos desagradar. O prazer ou o desgosto se baseiam, nesse caso, na razão, e significam o mesmo que aprovação ou reprovação; por outro lado, o deleite e a dor podem se basear apenas na sensação ou na perspectiva de um possível bem-estar ou mal-estar (qualquer que seja sua causa).

Todo livre jogo alternativo de sensações (que não tenham por fundamento nenhuma intenção) deleita porque produz sensação de saúde; podemos ter ou não satisfação no juízo racional pelo objeto desse jogo e até por aquele deleite; este pode chegar à afeição, apesar de o objeto mesmo não nos inspirar interesse algum ou, pelo menos, não o inspirar proporcionalmente ao grau da afeição. Esses jogos podem dividir-se em jogos de azar, jogos musicais e jogos de engenho. Os primeiros pressupõem um interesse, de vaidade ou proveito, ainda que esse interesse esteja muito distante de ser tão grande como o que nos inspira o modo como nos o proporcionamos; os segundos, apenas a troca de sensações, cada uma das quais tem sua relação com a afeição, mas sem chegar ao grau de afeição, e suscita ideias estéticas; os terceiros resultam apenas da troca de representações, na faculdade de julgar, e graças a eles, mesmo sem chegar a nenhuma ideia que implique interesse em si, o espírito se mantém avivado.

Todas as nossas vigílias demonstram que gosto devem nos proporcionar os jogos sem necessidade de que tenham por fundamento intenções interessadas, visto que quase ninguém pode se divertir sem jogar. Mas as afeições da esperança, do temor, da alegria, da cólera, do desdém, entram em jogo alternando seu papel a cada instante, e são tão vivas que por elas, sob a forma de moção interior, parece fomentar-se toda a função vital do corpo, como o demonstra a jovialidade do espírito assim alcançada, apesar de não termos ganho nem aprendido nada. E como os jogos de azar não são jogos de beleza, deixá los emos de lado. Por outro lado, a música e as coisas do riso são duas classes de jogo com ideias estéticas ou também com representações do entendimento, por meio das quais, afinal de contas, nada se pensa, e que só podem proporcionar um deleite animado por causa de sua variação; com isso dão a entender bastante claramente que a animação é em ambas meramente corporal, embora seja suscitada por ideias do espírito, e que a sensação de saúde que proporciona o movimento das vísceras correspondente a esse jogo é a totalidade do tão distinto e engenhoso prazer de que se jacta uma sociedade animada. O que constitui o deleite que se encontra no fato de que também pela alma se possa chegar ao corpo e utilizar aquela como médico para este não é o juízo da harmonia de notas ou o das ocorrências engenhosas, que, com sua beleza, servem apenas de veículo necessário, mas sim a função vital do corpo estimulada, a afeição que põe em movimento as vísceras e o diafragma, numa palavra: a sensação de saúde (que de outra sorte não se teria se não fosse por essa ocasião).

Na música, esse jogo vai desde a sensação do corpo às ideias estéticas (dos objetos de afeição), e destas voltam logo, porém com força unida, ao corpo. Na piada (que como aquela merece ser incluída entre as artes agradáveis mais que entre as belas), o jogo começa partindo de pensamentos que, em conjunto, na medida em que querem expressar-se sensivelmente, ocupam também o corpo, e ao relaxar-se imediatamente o entendimento nessa exposição, em que não encontra o que se esperava, o efeito desse relaxamento é sentido no corpo graças à vibração dos órgãos, que fomenta o restabelecimento de seu equilíbrio e tem um efeito benfeitor sobre a saúde.

Em tudo que é destinado a provocar um riso vivo, uma gargalhada, deve haver algum contra-sentido (no qual o entendimento em si não pode encontrar deleite algum). O riso é uma afeição procedente de transformar-se repentinamente em nada uma expectativa tensa. Precisamente essa transformação, sem dúvida não satisfatória para o entendimento, satisfaz indiretamente de modo muito vivo por um instante. Consequentemente, a causa deve consistir na influência da representação sobre o corpo e no efeito recíproco deste sobre o espírito; porém não na medida em que a representação for objetivamente um objeto de deleite (pois como poderia deleitar uma esperança desapontada?), mas simplesmente pelo fato de que, como mero jogo de representações, produz um equilíbrio das forças vitais do corpo.

Quando alguém menciona que um indiano na mesa de um inglês em Surate, vendo abrir uma garrafa de cerveja e converter-se em espuma o líquido, manifestou com muitas exclamações sua grande admiração, e à pergunta do inglês: "Mas o que tem isso que tanto o admira?", respondeu: "Não me admiro de que a tenham tirado, mas sim de como puderam colocá-la aí dentro", rimos e sentimos um regozijo de todo coração, não porque nos sentimos mais informados do que esse ignorante, nem por qualquer outra coisa que o entendimento tenha achado prazeroso nisso, mas porque nossa expectativa era tensa e de repente ficou reduzida a nada. Ou quando o herdeiro de um parente rico quer organizar um acompanhamento muito solene para o féretro, e se queixa de que seu propósito não obtém êxito, pois (diz ele): "quanto mais dinheiro dou às carpideiras para que adotem ares de aflição, mais contentes elas ficam", nos faz rir muito, e a razão está em que uma expectativa ficou reduzida a nada repentinamente. Observe-se bem que deve transformar-se não no positivamente contrário a um objeto esperado – pois isso é sempre algo e às vezes pode desgostar – mas sim em nada. E quando alguém suscita em nós grande expectativa com o relato de uma história, nos desagrada que no fim percebamos em seguida sua inverossimilhança, como, por exemplo, se nos contam de umas pessoas que numa única noite encaneceram por haver passado uma grande aflição; pelo contrário, se como réplica a semelhante relato nos conta outro brincalhão muito detalhadamente a aflição de um comerciante que, regressando das Índias para a Europa com toda sua fortuna em mercadorias, se viu obrigado a jogar tudo ao mar por causa de uma grande tempestade, o que o afligiu de tal modo que na mesma noite sua peruca encaneceu, a coisa nos leva ao riso e nos deleita porque tratamos nosso próprio erro sobre um objeto que de resto nos é indiferente, e mais ainda a ideia por nós perseguida como se fosse uma bola, e ainda nos entretemos em mandá-la para um lado e para outro quando nossa intenção seria simplesmente agarrá-la e ficar com ela. O que provoca deleite nesse caso não é tampouco haver-nos livrado de um mentiroso ou néscio, pois em si a última história, narrada com suposta seriedade, provocaria riso franco numa reunião, enquanto de ordinário não se consideraria digna de atenção a anterior a essa.

O notável é que, em todos esses casos, a brincadeira deve conter sempre algo que por um instante possa enganar; é por isso que, uma vez dissipada a ilusão, volta-se a ela para experimentar outra vez, e assim, mediante um rápido vai-e-vem de tensão e relaxamento que se sucedem em veloz alternância, se opera no espírito uma oscilação que, por ter se produzido repentinamente (e não por relaxamento paulatino), a volta do que parecia como se puxasse pela corda tem que provocar um movimento do ânimo e um movimento interno do corpo que harmonize com ele, movimento que prossegue involuntariamente e ocasiona cansaço, mas também regozijo (efeitos de uma moção que causa saúde).

De fato, supondo que a todos nossos pensamentos esteja harmonicamente associado ao mesmo tempo algum movimento nos órgãos do corpo, se compreenderá bastante bem que àquele deslocamento repentino do ânimo, ora de um ponto de vista, ora de outro, possa corresponder uma tensão alternativa e um relaxamento das partes elásticas de nossas vísceras que são comunicados ao diafragma (como a que sentem as pessoas que sofrem cócegas): então o pulmão expulsa o ar em rápidas expirações sucessivas, provocando assim um movimento proveitoso para a saúde, sendo ele unicamente, e não o processo anterior no espírito, a verdadeira causa de encontrarmos deleite num pensamento que no fundo nada representa. Voltaire dizia que, como contrapeso das muitas penas da vida, o céu nos deu duas coisas: a esperança e o sonho. Poderia ter acrescentado o riso, se pudéssemos ter à mão tão facilmente os meios para provocá-lo nas pessoas razoáveis, e caso o engenho ou a originalidade do humor necessários a esse efeito não fossem tão raros como frequente é o talento para imaginar dores de cabeça, como os sonhadores místicos, coisas perigosas, como os gênios, ou que destroçam o coração, como os romancistas (e também os moralistas) sentimentais.

Parece-me, pois, que se pode conceder a Epicuro que todo deleite, embora seja ocasionado por conceitos que despertam ideias estéticas, é sensação animal, isto é, corporal, sem que por isso se falte em nada com o sentimento espiritual de respeito às ideias morais, que não é deleite, mas autoestima (do humano que há em nós) que nos eleva acima da necessidade de deleite, e sem faltar sequer com o menos nobre do gosto.

Uma coisa composta de ambos se encontra na ingenuidade, explosão da sinceridade natural originária da humanidade contra a arte da simulação que acabou por ser uma segunda natureza. Há quem ria da simplicidade que ainda não sabe simular e, no entanto, se encante diante da simplicidade da natureza, que num repente proscreve aquela arte. Esperava-se o costume cotidiano de manifestar-se capciosamente e colocar grande cuidado na bela aparência, e vejam: é a impoluta natureza inocente que nem sequer se esperava encontrar, e que tampouco pensava descobrir o que a expressou. O fato de que a aparência bela, porém falsa, que de ordinário significa muitíssimo em nosso juízo, se transforma em nada nesse caso, e de que fique aparente em nós mesmos o brincalhão, produz um movimento do espírito em duas direções sucessivas contraditórias, movimento que ao mesmo tempo transtorna de modo salutar o corpo. Porém, o fato de que algo infinitamente melhor que todos os costumes adotados, a pureza do modo de pensamento (ou, pelo menos, a propensão a ela), não tenha se extinguido totalmente na natureza humana imprime seriedade e alta estima a esse jogo da faculdade de julgar. Mas como é um fenômeno que apenas se manifesta por pouco tempo, pois logo se volta a dar preferência ao véu da simulação, vem a somar-se a isso ao mesmo tempo um pesar que é ternura comovida, a qual, como jogo, é perfeitamente suscetível de união com esse riso cordial, e, de fato, costuma estar ligada a ela, a uma só vez, também, que o que dá lugar a ela costuma resultar compensado por sua confusão de não ser dotado ainda de picardia humana. É por isso que é uma contradição falar de uma arte da ingenuidade; no entanto, é uma arte perfeitamente possível e bela, embora pouco frequente, a de apresentar a ingenuidade num personagem imaginário. Não se deve confundir a ingenuidade com a simplicidade franca, pois se esta não disfarça a natureza é porque não entende o que é a arte do trato social.

Entre o regozijante, muito próximo do deleite precedente do riso, e a originalidade do espírito, ainda que não pertencente ao talento da arte bela, pode figurar também o modo humorístico. No bom entendimento, humor significa o talento de colocar-se voluntariamente em certa disposição de ânimo em que todas as coisas se julgam de modo muito distinto (e até oposto) ao comum, ainda que em semelhante disposição de espírito se atente a certos princípios racionais. O submetido involuntariamente a essas transformações se chama caprichoso; porém o que sabe adotá-las voluntariamente e com vistas a um fim (desejando oferecer uma exposição animada por meio de um contraste que induza ao riso) é qualificado de humorista. No entanto, esse modo pertence à arte agradável mais que à bela, porque o objeto da última tem que mostrar sempre em si certa dignidade e, por isso, certa seriedade na exposição, tal como exige o gosto no juízo.

Seção Segunda

DA CRÍTICA DA FACULDADE DE JULGAR ESTÉTICA

DIALÉTICA DA FACULDADE DE JULGAR ESTÉTICA

§ 55

Para que uma faculdade de julgar seja dialética, necessita, antes de mais nada, ser raciocinante, isto é, seus juízos têm que aspirar a ser universais, e ainda *a priori**, pois a dialética consiste na oposição de tais juízos. É por isso que não é dialética a inconciliabilidade de juízos estéticos sensíveis (sobre o agradável e o desagradável). A oposição entre juízos de gosto, na medida em que cada qual invoca seu próprio gosto, tampouco constitui uma dialética do gosto, visto que ninguém pensa erigir seu juízo em regra universal. Consequentemente, como conceito de dialética que possa convir ao gosto, não nos resta mais que o de uma dialética da crítica do gosto (não do gosto mesmo) com relação a seus princípios, visto que sobre o fundamento da possibilidade dos juízos de gosto se apresentam de modo natural e inevitável conceitos antagônicos. Sendo assim, a crítica transcendental do gosto conterá apenas uma parte que pode levar o nome de Dialética da faculdade de julgar estética se dos princípios dessa faculdade se encontra uma antinomia que torne duvidosa a legalidade dessa faculdade e, por isso, sua possibilidade intrínseca.

* Pode-se denominar juízo raciocinante tudo que se formula como universal, pois então pode servir de premissa maior num silogismo; pelo contrário, juízo raciocinado só se pode chamar o concebido como conclusão de um silogismo e, consequentemente, como estabelecido a priori.

§ 56

Representação da antinomia do gosto

O primeiro lugar-comum do gosto está contido na proposição com que toda pessoa desprovida de gosto pensa defender-se de repreensões: cada qual tem o seu próprio gosto. Isso equivale a dizer: o fundamento determinante desse juízo é meramente subjetivo (prazer ou dor); e o juízo não tem direito algum ao necessário assentimento dos demais.

O segundo lugar-comum do gosto, utilizado ainda por aqueles que concedem ao juízo de gosto o direito de ser formulado com validade para todos, é: sobre o gosto não se debate. Isso significa o mesmo que: o fundamento determinante de um juízo de gosto pode ser, sim, também objetivo; porém, não pode reduzir-se a conceitos determinados; por conseguinte, sobre o juízo mesmo nada se pode decidir por demonstração, embora sobre ele se possa discutir e com razão. De fato, discutir e debater coincidem em que mediante a recíproca resistência dos juízos se pretende chegar a sua unanimidade, porém diferem em que o debater pretende alcançá-lo com base em conceitos determinados como argumentos, admitindo, consequentemente, conceitos objetivos como fundamentos do juízo; porém, caso se considere isso impraticável, julga-se igualmente impraticável o debater.

Vê-se facilmente que entre dois lugares-comuns falta uma proposição, que, se não circula como provérbio, se encontra, não obstante, no ânimo de todos: sobre o gosto se pode discutir (embora não debater). Porém essa proposição encerra o contrário da primeira, pois no que seja permitido discutir tem que haver esperança de se chegar a uma coincidência; para tanto, deve-se poder contar com fundamentos do juízo que não tenham apenas validade pessoal, que não sejam, pois, meramente subjetivos, o que, entretanto, é diametralmente oposto àquele princípio que diz que cada qual tem seu próprio gosto.

Portanto, com relação ao princípio do gosto, se oferece a seguinte antinomia:

1. Tese: O juízo de gosto não se baseia em conceitos, pois do contrário poder-se-ia debater sobre dele (decidir por demonstração).

2. Antítese. O juízo de gosto se baseia em conceitos, pois do contrário, prescindindo de sua diversidade, nem sequer se poderia discutir sobre ele (aspirar ao necessário sentimento de outros a esse juízo).

§ 57

Solução da antinomia do gosto

Não há outra possibilidade de eliminar o antagonismo entre aqueles princípios subjacentes a todo juízo de gosto (que não são senão as duas características do juízo de gosto já representadas na analítica) que não seja demonstrando que o conceito a que se refere o objeto nessa classe de juízos não é tomado no mesmo sentido nas duas máximas da faculdade de julgar estética; e que essa dualidade de sentido ou de ponto de vista do juízo é necessária para nossa faculdade de julgar transcendental, mas também que é inevitável, como ilusão natural, a aparência na mistura de um com o outro.

A algum conceito o juízo de gosto tem que se referir, pois, caso contrário, de modo algum poderia aspirar a ter validade necessária para todos. Mas isso não quer dizer precisamente que esse juízo tenha que ser demonstrado com base num conceito, porque um conceito pode ser ou determinável, ou indeterminado em si e ao mesmo tempo indeterminável. Da primeira classe faz parte o conceito do entendimento, determinável pelos predicados da intuição sensível que podem corresponder-lhe; e da segunda, o conceito racional transcendental do suprassensível, que serve de fundamento a todas essas intuições e, portanto, não é suscetível de determinação teórica ulterior.

Pois bem, o juízo de gosto versa sobre objetos dos sentidos, embora não para determinar para o entendimento um conceito deles, visto que não é um juízo de conhecimento. É por isso que, a título de representação singular intuitiva relacionada com o sentimento de agrado, ele é apenas juízo pessoal e, por isso, por sua validade ficaria limitado ao indivíduo que julga; o objeto é para mim objeto de prazer, porém pode ser de outro modo para os demais; cada qual tem seu gosto.

Entretanto, não há dúvida de que no juízo de gosto está contida uma relação ampliada da representação do objeto (e ao mesmo tempo também do sujeito) em que baseamos uma extensão dessa classe de juízos como necessária para todos, mas que necessariamente deve ter por fundamento algum conceito, porém um conceito que não pode ser determinado por intuição e mediante o qual nada pode ser conhecido, conceito, portanto, que não pode proporcionar prova alguma para o juízo de gosto. E um conceito semelhante é o puro conceito racional do suprassensível que serve de fundamento ao objeto (e também ao sujeito que julga) como objeto do sentido e, consequentemente, como fenômeno. De fato, se não se levasse isso em conta, não se poderia salvar a pretensão do juízo de gosto de ter validade universal, e o conceito em que se funda esse juízo seria apenas mero conceito confuso do entendimento, quiçá o de perfeição, ao qual se atribuiria, por correspondência, a intuição sensível do belo: dessa forma seria possível em si, pelo menos, basear em provas o juízo de gosto, o qual está em contradição com a tese.

Pois bem, toda contradição desaparece se dizemos: o juízo de gosto se baseia num conceito (fundamento, propriamente, da idoneidade subjetiva da natureza para a faculdade de julgar), porém com base no qual nada se pode conhecer nem demonstrar com relação ao objeto, porque esse conceito é em si indeterminável e impróprio para o conhecimento; no entanto, graças a esse conceito, o juízo de gosto adquire ao mesmo tempo validade para todos (em todo juízo como singular, diretamente concomitante à intuição) porque seu fundamento determinante se encontra talvez naquilo que pode ser considerado como o substrato suprassensível da humanidade.

Para a solução de uma antinomia importa apenas a possibilidade de que duas proposições aparentemente antagônicas não se contradigam de fato, mas que possam coexistir, embora a explicação da possibilidade de seu conceito ultrapasse nossas faculdades de conhecimento. Com base nisso pode tornar-se compreensível que essa aparência seja também natural e inevitável para a razão humana, e igualmente por que o é e continua sendo apesar de que já não nos iluda uma vez resolvida a aparente contradição.

Acontece que em cada um dos juízos que se contradizem tomamos no mesmo sentido o conceito em que tem que se basear a universalidade de um juízo e, todavia, lhe atribuímos dois predicados opostos. É por isso que, na tese, pretendemos: o juízo de gosto não se funda em conceitos determinados, e, na antítese, o juízo de gosto se funda, não obstante, num conceito, embora indeterminado (a saber: o do substrato suprassensível dos fenômenos), e, assim sendo, não haveria entre eles contradição alguma.

Não podemos fazer mais do que suprimir essa contradição nas pretensões e contra-pretensões do gosto. É absolutamente impossível dar um determinado princípio objetivo do gosto conforme o qual os juízos do último possam ser examinados e demonstrados, pois, do contrário, já não seriam tais juízos de gosto. O princípio subjetivo: a ideia indeterminada do suprassensível em nós, é a única chave que nos pode decifrar o enigma dessa faculdade oculta para nós mesmo em suas fontes; porém nada há que possa torná-lo mais compreensível.

A antinomia assim proposta e resolvida se funda no reto conceito de gosto, a saber: como faculdade de julgar estética meramente reflexionante, e desse modo se conciliariam os dois princípios em aparência antagônicos, na medida em que ambos podem ser verdadeiros, e com isso basta. Por outro lado, se como fundamento determinante do gosto (por causa da singularidade da representação em que se funda o juízo de gosto) se tomasse, como fazem alguns, o agradável, ou, como pretendem outros (que se atêm a sua universalidade), o princípio da perfeição, e a definição do gosto inspirada nesses critérios, produzir-se-ia então uma antinomia absolutamente impossível de resolver, a não ser mostrando que as duas proposições opostas (embora não meramente contraditórias) são falsas; o que demonstra logo que se contradiz a si mesmo o conceito em que se funda cada uma delas. Como se pode ver, a supressão da antinomia da faculdade de julgar estética toma, pois, um rumo análogo ao seguido pela crítica na solução das antinomias da razão teórica e, neste caso assim como na crítica da razão prática, nos vemos obrigados, muito a contragosto, a olhar para além dos sentidos para buscar no suprassensível o ponto de união de todas nossas faculdades *a priori*, visto que não nos resta outro recurso para pôr a razão de acordo consigo mesma.

COMENTÁRIO I

Dado que na filosofia transcendental tivemos frequentes ocasiões de distinguir dos conceitos do entendimento as ideias, pode ser útil a adoção de termos convencionais apropriados para essa diferença. Creio que nada se oporá a que eu proponha alguns. As ideias, na acepção mais geral, são representações que se referem a um objeto segundo certo princípio (subjetivo ou objetivo), desde que, entretanto, nunca possam conter um conhecimento desse objeto; se referem a uma intuição conforme um princípio meramente subjetivo de coincidência das faculdades de conhecimento entre si (imaginação e entendimento), e então se chamam estéticas, ou então, conforme um princípio objetivo, se referem a um conceito, porém sem que possam jamais produzir um conhecimento do objeto, chamando-se então ideias racionais, e em tal caso o conceito é um conceito transcendente, diferente do conceito de entendimento a que em todo momento pode submeter-se uma experiência adequadamente correspondente, e que, portanto, se qualifica de conceito imanente.

Uma ideia estética não pode converter-se em conhecimento porque é uma intuição (da imaginação) para a qual jamais se pode encontrar um conceito adequado. Uma ideia racional não pode converter-se nunca em conhecimento porque contém um conceito (o do suprassensível) para o qual jamais pode dar-se adequadamente uma intuição.

Pois bem, creio que a ideia estética poderia ser qualificada de representação inexponível da imaginação, e a ideia racional de conceito imostrável da razão. De ambas se pressupõe, não que careçam em absoluto de fundamento, pelo contrário (atendo-nos à definição exposta de ideia) devem produzir-se em conformidade com certos princípios das faculdades de conhecimento a que pertencem (a primeira a princípios subjetivos, a segunda a objetivos).

Os conceitos do entendimento devem, como tais, ser sempre mostráveis (entendendo por mostrar (*Demonstrieren*), como em anatomia, o mero expor), isto é, que o objeto que lhes corresponde deve poder se dar sempre na intuição (pura ou empírica), pois só assim podem chegar a ser conhecimento. O conceito de magnitude pode dar-se na intuição do espaço *a priori*, por exemplo: numa linha reta, etc.; o conceito de causa da impenetrabilidade, no choque dos corpos, etc. Consequentemente, ambos podem ser comprovados por uma intuição, isto é, que seu pensamento pode ser exibido, mostrado, num exemplo, e isso tem que poder ocorrer, pois do contrário não se tem a certeza de que o pensamento não seja vazio, isto é, sem objeto.

Em lógica costumamos nos servir das expressões do demonstrável ou indemonstrável unicamente com relação às proposições, quando seria melhor qualificar as primeiras de proposições apenas indiretamente certas e as segundas de diretamente certas, pois a filosofia também tem proposições de ambas as classes, se por elas se entende verdadeiras proposições suscetíveis ou não de prova; porém, com base em razões *a priori*, a filosofia, como tal, pode provar apenas, porém não demonstrar (ou seja: mostrar), a não ser que se queira prescindir totalmente da acepção da expressão "demonstrar" (*ostendere, exhibere*) que significa expor ao mesmo tempo seu conceito na intuição (seja na prova, seja na mera definição), intuição que, se é *a priori*, significa construir o conceito, e que se também é empírica, continua sendo, não obstante, a exibição do objeto graças à qual se assegura realidade objetiva ao conceito. Assim, de um anatomista se diz que mostra o olho humano quando por meio da análise desse órgão torna patente o conceito que antes expôs discursivamente.

Em consequência, o conceito racional do substrato suprassensível de todos os fenômenos, ou também o do que precisa servir de base para nossa vontade com relação à lei moral, ou seja, o da liberdade transcendental deve ser, já por sua espécie, um conceito imostrável e uma ideia racional, enquanto a virtude o é segundo o grau, porque ao primeiro em si nada pode ocorrer que em qualidade lhe corresponda na experiência, enquanto na segunda nenhum produto de experiência daquela causalidade alcança o grau que a ideia racional prescreve como regra.

Assim como numa ideia racional a imaginação com suas intuições não alcança o conceito dado, assim numa ideia estética o entendimento, por meio de seus conceitos, não consegue alcançar nunca a intuição interna total da imaginação, que esta associa a uma representação dada. Pois bem, como reduzir a conceitos uma representação da imaginação equivale a expô-la, a ideia estética pode ser qualificada de representação inexponível da imaginação (em seu livre jogo). Ainda terei ocasião de dar alguns detalhes acerca dessa classe de ideias; no momento, limitar-me-ei a fazer observar que ambas as classes de ideias, tanto as racionais quanto as estéticas, devem ter necessariamente seus princípios, e ambas precisamente na razão: aquelas em seu uso objetivo, estas em seu uso subjetivo.

Em atenção a isso, pode-se definir também o gênio como capacidade de ideias estéticas, com o que se indica ao mesmo tempo a razão de que nos produtos do gênio é a natureza (do sujeito), e não um fim reflexivo, o que dá a regra à arte (à produção do belo). De fato, como o belo não deve ser julgado por conceitos, mas pela disposição idônea da imaginação para sua coincidência com a faculdade dos conceitos em geral, a regra ou preceito não poderá servir de norma subjetiva para essa idoneidade estética, mas incondicionada, da arte bela com sua justificada pretensão de agradar a todos, mas poderá apenas servir de tal para o que é mera natureza do sujeito, mas que não se pode conceber sob regras ou conceitos, isto é, o substrato suprassensível de todas as suas faculdades (ao qual não chega nenhum conceito de entendimento), consequentemente, aquilo com relação ao qual devem se conciliar todas as nossas faculdades de conhecimento e que é fim último dado pelo inteligível de nossa natureza. E isso também é a única possibilidade de que a arte bela, à qual não se pode prescrever nenhum princípio objetivo, tenha por fundamento um princípio subjetivo *a priori* e, contudo, de validade universal.

COMENTÁRIO II

Disso resulta automaticamente a tão importante observação seguinte: que há três classes de antinomia da razão pura, ainda que as três obriguem a desistir do pressuposto, de resto tão natural, de considerar como coisas em si os objetos dos sentidos, e a tê-los mais como fenômenos apenas, atribuindo-lhes um substrato inteligível (algo suprassensível, cujo conceito é apenas ideia e não admite um conhecimento propriamente dito). Sem essa antinomia, a razão jamais poderia decidir aceitar semelhante princípio que tanto restringe o campo de sua especulação, nem fazer sacrifícios em que desapareçam tantas esperanças de resto muito brilhantes, pois nem sequer agora, quando como compensação dessa diminuição se lhe abrem perspectivas de uso tão maiores no aspecto prático, não parece que possa renunciar sem dor a essas esperanças afastando-se de sua antiga devoção.

O fato de que haja três classes de antinomia se funda em que há três faculdades de conhecimento: entendimento, faculdade de julgar e razão, cada uma das quais (como faculdade superior de conhecimento) deve ter, forçosamente seus princípios *a priori*, visto que a razão, na medida em que julga sobre esses princípios mesmos e sobre seu uso, exige incessantemente de todos eles, diante do condicionado dado, o incondicionado, que jamais poderá ser encontrado caso se considere o sensível como pertencente às coisas em si mesmas, em vez de atribuir-lhe, como mero fenômeno, algo suprassensível (o substrato inteligível da natureza que há em nós e fora de nós) como coisa em si mesma. Assim, temos: 1º uma antinomia da razão com relação ao uso teórico do entendimento chegando até o incondicionado para a faculdade do conhecimento; 2º uma antinomia da razão com relação ao uso estético da faculdade de julgar para o sentimento de agrado e desagrado; 3º uma antinomia com relação ao uso prático da razão legisladora em si mesma para a faculdade de desejar; na medida em que todas essas faculdades têm seus princípios superiores *a priori* e, em virtude de uma exigência ineludível da razão, precisam poder julgar também incondicionalmente segundo esses princípios e determinar seu objeto.

Sobre duas dessas antinomias, a do uso teórico e a do prático daquelas faculdades superiores de conhecimento, já mostramos em outro lugar que são inevitáveis se semelhantes juízos não buscarem um substrato suprassensível dos objetos dados como fenômenos, mas também que podem ser resolvidos na medida em que apelamos a este último recurso. Sendo assim, quanto à antinomia do uso da faculdade de julgar, de acordo com a exigência da razão e com a solução que damos, não há outro meio de eludi-la senão: negando que o juízo de gosto estético tenha por fundamento algum princípio *a priori*, de modo que seria vão e infundado delírio pretender que esse juízo tenha necessariamente direito a um assentimento universal, e um juízo de gosto só mereceria ser tido como correto pela circunstância de que muitos coincidem com ele, e mesmo isso não propriamente porque por trás dessa coincidência se supõe um princípio *a priori*, mas (como no gosto do paladar) porque se dá a contingência de que os sujeitos se encontram organizados de modo análogo; ou admitindo necessariamente que o juízo de gosto é propriamente um juízo racional encoberto sobre a perfeição de uma coisa e sobre a relação que nela descobrimos entre o diverso com vistas a um fim, ou seja, que o qualificamos de estético, quando no fundo é apenas teleológico, por causa da confusão de que sofre nossa reflexão, e neste último caso a solução da antinomia por meio de ideias transcendentais poderia ser declarada inecessária e nula, e dessa maneira resultaria possível unir àquelas leis do gosto os objetos dos sentidos não como meros fenômenos, mas também como coisas em si mesmas. Porém, já em várias passagens da exposição dos juízos de gosto salientamos quão pouco resultado se obtém com qualquer desses dois recursos.

Porém, se nos for concedido, pelo menos, que nossa dedução está bem encaminhada, embora ainda não resulte clara o bastante em todas as suas partes, salientam-se três ideias: a primeira, a do suprassensível em geral, sem qualificação ulterior como substrato da natureza; a segunda, a mesma como princípio da idoneidade subjetiva da natureza para nossa faculdade de conhecimento; a terceira, a mesma como princípio dos fins da liberdade e como princípio da coincidência destes com aquela na moral.

§ 58

Do idealismo da idoneidade tanto da natureza como da arte, como princípio único da faculdade de julgar estética

É possível, antes de mais nada, uma explicação dupla do princípio do gosto segundo se considere que este julga sempre por fundamentos determinantes empíricos, ou seja, por aqueles que apenas *a posteriori* são dados pelos sentidos, ou então concedendo que julgue com base num fundamento *a priori*. O primeiro seria a crítica do gosto empírica; o segundo, a racionalista. Segundo a primeira, o objeto de nosso deleite não se distinguiria do agradável; conforme a segunda, se o juízo se baseasse em conceitos determinados, não se distinguiria do bom. Dessa forma se negaria a existência de toda beleza, deixando subsistir apenas em vez dela um nome especial, talvez para certa miscelânea das duas classes mencionadas de deleite; contudo, já salientamos que há também razões de deleite *a priori*, que, portanto, podem coexistir com o princípio do racionalismo, apesar de não poderem ser incluídas em conceitos determinados.

Por sua vez, o racionalismo do princípio do gosto é ou o do realismo da idoneidade ou o do idealismo desta. Sendo assim, como um juízo de gosto não é um juízo de conhecimento, nem a beleza uma qualidade do objeto considerado em si, o racionalismo do princípio do gosto nunca pode consistir em que a idoneidade desse juízo se conceba como objetiva, isto é, em que o juízo se formule teoricamente e, consequentemente, também logicamente (nem sequer julgando de modo confuso), sobre a perfeição do objeto, mas apenas esteticamente, sobre a coincidência de sua representação na imaginação com os princípios essenciais da própria faculdade de julgar do sujeito. Consequentemente, ainda segundo o princípio do racionalismo, o juízo de gosto e a diferença entre seu realismo e seu idealismo só podem residir em que, no primeiro caso, aquela idoneidade subjetiva coincide, como fim verdadeiro (deliberado) da natureza (ou da arte), com nossa faculdade de julgar, ou, no segundo caso, em que, para as necessidades da faculdade de julgar, se supõe, no que diz respeito à natureza e a suas formas produzidas segundo leis especiais, uma coincidência idônea, que, sem fim, se manifesta por si mesma e de modo contingente.

As belas formações do reino da natureza organizada falam muito em prol do realismo da idoneidade estética da natureza, pois poder-se-ia supor que a produção do belo tem por fundamento uma ideia dele na causa que o produz, ou seja, um fim a favor de nossa imaginação. As flores de plantas e árvores e até a figura de plantas inteiras; a graça das formas animais de toda espécie, inecessária para seu uso próprio, porém como eleita para nosso gosto; sobretudo, a diversidade e combinação harmônica de cores (de faisões, moluscos, insetos e até das flores mais comuns) tão prazerosa e encantadora para nossa visão, que, na medida em que não se referem senão à superfície, e mesmo nesta nem sequer à figura das criaturas que, em suma, poderia ser exigida para os fins destas, parecem responder totalmente aos fins de sua contemplação exterior; dão grande importância ao modo de explicação que atribui à natureza verdadeiros fins para nossa faculdade de julgar estética.

Porém, contra essa atribuição se pronuncia não apenas a razão com sua máxima de evitar sempre que seja possível a inecessária multiplicação de princípios, mas também a mesma natureza, que em suas livres formações mostra por toda a parte tamanha tendência mecânica à produção de formas que parecem como feitas para o uso estético de nossa faculdade de julgar, sem que se vislumbre a menor razão para supor que, além de seu mecanismo, como mera natureza, seja necessário algo mais em virtude do qual, mesmo sem fundá-las em ideia alguma, pudessem ser idôneas para nosso juízo. Contudo, por formação livre da natureza entendo aquela em que de um líquido em repouso, por volatização ou separação de parte dele (às vezes apenas de matéria calórica), o restante, ao tornar-se sólido, adota uma figura ou textura distinta segundo a diversidade das matérias, mas exatamente a mesma em cada uma delas; se bem que pressupondo para isso o que sempre se entende por verdadeiro líquido, a saber: que sua matéria há de ser considerada inteiramente solta, ou seja, não como um mero agregado de partes sólidas em estado de flutuação nesse corpo.

A formação opera-se então por precipitação, isto é, graças a uma solidificação repentina, não em virtude de uma transição paulatina do estado líquido ao sólido, mas sim como dando um salto, transição que se chama também cristalização. O exemplo mais comum dessa classe de formação é a água que se congela, na qual se produzem primeiro agulhas retas de gelo que se juntam em ângulos de 60 graus ao mesmo tempo em que outras vêm reunir-se igualmente nesse ponto, até que toda a água tenha se transformado em gelo; de modo que, durante esse tempo, a água que há entre as agulhas de gelo não se torna paulatinamente mais densa, mas continua sendo tão completamente líquida como seria com um calor muito maior, apesar de ter a temperatura própria do gelo. A matéria que se volatiza desaparecendo de repente no momento da solidificação é um *quantum* considerável de matéria calórica que, como era necessária apenas para o estado líquido, sua perda não determina que o que agora passa a ser gelo resulte um ápice mais frio que em seu estado imediatamente anterior quando era água.

Muitos sais, e igualmente pedras, que têm figura cristalina são produzidos também por um terreno que, quem sabe por que meio, se dissolve na água. Semelhantemente, as configurações granulares de muitos minerais, do brilho da galena cristalizada em cubos, da blenda vermelha e outros, se formam, também, como tudo induz a supor, na água e por precipitação das partes, ao se verem obrigadas por alguma causa a abandonar esse veículo e reunir-se entre si em determinadas formas exteriores.

Porém, também interiormente todas as matérias que apenas pelo calor passaram ao estado líquido tendo voltado ao sólido por resfriamento mostram, fraturadas, determinada textura, da qual se pode deduzir que, se seu próprio peso ou o contato com o ar não o houvessem impedido, teriam ostentado também no exterior sua figura especificamente característica: assim se observou em alguns metais endurecidos exteriormente depois de sua fundição, e que continuavam sendo líquidos no interior, que tendo deles extraído a parte interior, ainda líquida, viu-se como se solidificava pouco a pouco o restante que havia permanecido no interior. Muitas dessas cristalizações minerais, como os feldspatos, as hematitas e as piritas, oferecem amiúde belas figuras como apenas a arte poderia imaginar; e a glória na gruta de Antiparos é apenas o produto da água filtrando-se através de camadas de gesso.

Segundo todas as aparências, o líquido é mais antigo que o sólido, e tanto as plantas como os corpos animais se formam com base em matéria nutritiva líquida, que vai se formando vagarosamente; sem dúvida, sobretudo o último, em virtude de certa disposição originária voltada para fins (a qual, como se indicará na segunda parte, deve-se julgar não esteticamente, mas teleologicamente, segundo o princípio do realismo), porém é possível que também, ao mesmo tempo, precipitando-se talvez de acordo com a lei universal da afinidade da matéria e formando-se em liberdade. Pois bem, assim como os líquidos aquosos dissolvidos numa atmosfera que é uma mescla de diferentes classes de gases produzem figuras de neve quando por perda de calor se separam estes daquela, figuras que segundo a diversidade da eventual mescla de ar resultam amiúde em aparência muito artística e sumamente bela: assim, sem menosprezar o princípio teleológico do juízo da organização, cabe imaginar perfeitamente que, quanto à beleza das flores, plumas de aves, conchas, tanto por sua figura quanto por sua cor, pode ser atribuída à natureza e à sua capacidade de formar-se também a si mesma de modo esteticamente idôneo, em sua liberdade, sem fins especiais voltados para isso, em virtude das leis químicas, depositando a matéria necessária para a organização.

Porém, o que demonstra precisamente o princípio de que o belo da natureza é idôneo idealmente, na condição de princípio que tomamos sempre como fundamento no juízo estético mesmo e que não nos permite utilizar nenhum realismo de um fim da natureza como motivo de explicação para nossa imaginação, é que no juízo da beleza buscamos em nós mesmos a norma desta *a priori*, e que, com respeito ao juízo de se algo é belo ou não, é legisladora a mesma faculdade de julgar estética, coisa que não poderia ocorrer se admitíssemos como real a idoneidade da natureza, visto que então teríamos que aprender com esta o que haveríamos de achar belo e o juízo de gosto ficaria subordinado a princípios empíricos. De fato, para esse juízo o que importa não é o que é natureza, nem sequer o que é como fim para nós, e sim como a captamos. Seria sempre uma idoneidade objetiva da natureza o que teria criado suas formas para nosso deleite, e não idoneidade subjetiva que se baseia no jogo da imaginação em sua liberdade, no qual captamos a natureza de maneira favorável, mas que não é favor que ela nos dispense. A qualidade da natureza de oferecer-nos a ocasião de perceber a idoneidade intrínseca nas relações entre nossas energias espirituais ao julgar certos produtos daquela, e precisamente uma idoneidade tal que com base num motivo suprassensível tenha de ser declarada necessária e universalmente válida, não pode ser fim da natureza ou, melhor dito, ser julgada como tal por nós, pois, do contrário, o juízo desse modo determinado teria por fundamento uma heteronomia e não seria livre, nem se fundaria numa autonomia, como corresponde a um juízo de gosto.

Mais claramente se manifesta na arte bela o princípio do idealismo do idôneo. A arte bela tem em comum com a natureza bela o fato de não poder aceitar que essa idoneidade seja realismo estético, por meio de sensações (pois então, em vez de arte bela seria apenas arte agradável). Mas que o prazer provocado por ideias estéticas não precisa depender da consecução de determinados fins (como arte deliberadamente mecânica), e que, consequentemente, o racionalismo do princípio tem por fundamento a idealidade e não a realidade do fim, também já resulta claramente do fato de que a arte bela, como tal, não precisa considerar-se produto do entendimento e da ciência, senão do gênio, recebendo, portanto, suas regras por meio de ideias estéticas, que são coisa essencialmente distinta das ideias racionais de fins determinados.

Assim como a idealidade dos objetos dos sentidos, como fenômenos, é o único modo de explicar a possibilidade de que suas formas sejam determinadas *a priori*, assim também o idealismo da idoneidade no juízo do belo da natureza e da arte é o único pressuposto que permite à crítica explicar a possibilidade de um juízo de gosto que *a priori* reclama validade para todos (apesar de não basear em conceitos a idoneidade representada no objeto).

§ 59

Da beleza como símbolo da moralidade

Para expor a realidade de nossos conceitos são necessárias sempre intuições, que se chamam exemplos se os conceitos forem empíricos, e esquemas se forem puros conceitos do entendimento. Porém, caso se chegue a exigir que se exponha a realidade objetiva dos conceitos de razão, ou seja, das ideias, e precisamente com vistas ao seu conhecimento teórico, se pede algo impossível, porque não pode haver absolutamente nenhuma intuição que lhes seja adequada.

Toda hipotipose (exposição, *subiectio sub adspectum*), na condição de sensibilização, é dupla: esquemática, porque dá *a priori* a correspondente intuição a um conceito concebido pelo entendimento, ou simbólica, caso atribua uma a um conceito que só pode ser pensado pela razão e que não pode ter nenhuma intuição sensível adequada, e essa intuição atribuída determina que o procedimento da faculdade de julgar seja análogo somente ao que observa no esquematizar, isto é, que com ele coincide apenas a regra desse procedimento, porém não a intuição mesma, e portanto a coincidência é da forma, e não do conteúdo da reflexão.

Ainda que tenha sido admitido pelos lógicos modernos, constitui um contra-senso e uma inexatidão o uso da palavra "simbólico" como oposta ao modo de representação intuitivo, visto que o simbólico é apenas uma espécie do intuitivo. O último (o intuitivo) pode dividir-se em dois modos de representação, o esquemático e o simbólico. Ambos são hipotiposes, isto é, exposições (*exhibitiones*), e não meros caracteres, isto é, denominações dos conceitos mediante signos sensíveis concomitantes que nada contêm que pertença à intuição do objeto, mas que servem apenas para aqueles de meios de reprodução segundo a lei da associação da imaginação, ou seja, em intenção subjetiva; são palavras ou signos visíveis (algébricos, e até mesmo mímicos), como meras expressões para conceitos*.

Todas as intuições atribuídas a conceitos *a priori* são, pois, esquemas ou símbolos, contendo os primeiros exposições diretas e os segundos indiretas do conceito. Os primeiros o fazem demonstrativamente (por mostração), os segundos por meio de uma analogia (para a qual nos servimos também de intuições empíricas), na qual a imaginação cumpre uma função dupla: em primeiro lugar, aplica o conceito ao objeto de uma intuição sensível, e depois, em segundo lugar, aplica a mera regra da reflexão sobre essa intuição a um objeto totalmente distinto do qual o primeiro é apenas o símbolo. Assim, um Estado monárquico se representa por um corpo animado, se for regido por leis populares internas, ou por uma mera máquina (por exemplo, um moinho) se for regido por uma só vontade absoluta, sendo em ambos os casos a representação meramente simbólica, pois entre um Estado despótico e um moinho não há semelhança alguma, embora haja entre as regras de refletir sobre as duas coisas e sua causalidade. É um assunto até o momento muito pouco estudado apesar de merecer uma maior investigação; porém, este não é o lugar indicado para nos determos nele. Nossa linguagem abunda em semelhantes exposições indiretas com base numa analogia, cuja expressão contém, não o esquema próprio do conceito, mas apenas um símbolo

---

* O intuitivo do conhecimento tem que ser contraposto ao discursivo (não ao simbólico). O primeiro é, ou esquemático, por mostração (exibição), ou simbólico, como representação segundo uma mera analogia.

para a reflexão. Assim, as palavras "fundamento" (apoio, base), "depender" (estar suspenso), "emanar de" (em vez de seguir-se), "substância" (como diz Locke: suporte dos acidentes) e muitas outras mais são hipotiposes e expressões, não esquemáticas mas simbólicas, para conceitos, não mediante uma intuição direta, mas apenas por analogia a ela, isto é, mediante a passagem da reflexão sobre um objeto da intuição a outro conceito totalmente distinto, ao qual talvez jamais possa corresponder diretamente uma intuição. Se um mero modo de representação pode ser qualificado já de conhecimento (coisa perfeitamente lícita se esse modo for um princípio, não da determinação teórica do objeto, do que este é em si, mas da prática, do que a ideia dele tem de ser para nós e para o uso idôneo dessa ideia), todo nosso conhecimento de Deus é meramente simbólico, e incorre em antropomorfismo quem o toma por esquemático com as qualidades de entendimento, vontade, etc., que apenas em seres do mundo mostram sua realidade objetiva, assim como quem descarta todo o intuitivo incorre em deísmo, segundo o qual nada é conhecido, nem mesmo no sentido prático.

Pois bem, eu digo que o belo é o símbolo do moralmente bom, e assim mesmo apenas nesse aspecto (numa relação que é natural para todos, e que também todos atribuem aos demais como dever) agrada com a pretensão de ter o assentimento de todos os demais, convicção em que o espírito tem ao mesmo tempo consciência de certo enobrecimento e elevação acima da mera receptividade de um agrado por impressões sensíveis e aprecia também o valor dos demais por uma máxima semelhante da capacidade de julgar deles. É o inteligível, ao qual, como se indicou no parágrafo anterior, o gosto dirige seus olhares, coincidindo nisso até nossas faculdades superiores de conhecimento, e sem o qual se produziriam francas contradições entre as naturezas daquelas, comparadas às pretensões que apresenta o gosto. Nessa aptidão, a faculdade de julgar não se vê submetida a uma heteronomia das leis da experiência, como ocorre nos demais casos em que se julga empiricamente: com relação aos objetos de um prazer tão puro, dá a si mesma a lei, como faz a razão com relação à faculdade de desejar, e tanto a causa dessa possibilidade interna no sujeito como da possibilidade externa de uma natureza que coincide com ela se vê relacionada, no sujeito mesmo e fora dele, a algo que não é natureza, nem tampouco liberdade, ainda que esteja unido ao fundamento da última, ou seja, ao suprassensível, no qual a faculdade teórica se encontra unida à prática formando uma unidade de modo comunitário e desconhecido. Vamos citar algumas partes dessa analogia, não sem salientar ao mesmo tempo as diferenças que existem entre elas.

1º O belo agrada diretamente (porém apenas na intuição reflexionante, não, como a moralidade, no conceito). 2º Agrada independentemente de todo interesse. (O moralmente bom encontra-se necessariamente associado a um interesse, mas não como o que precede o juízo sobre o prazer, mas apenas por esse é produzido). 3º A liberdade da imaginação (ou seja, da sensibilidade de nossa capacidade) se representa de acordo com a legalidade do entendimento no juízo do belo. (No juízo moral, a liberdade da vontade se concebe como coincidência desta última consigo mesma segundo as leis universais da razão.) 4º O princípio subjetivo do juízo do belo se representa como universal, isto é, como válido para todos, porém não como cognoscível por meio de um conceito universal. (O princípio objetivo da moralidade é declarado também universal, isto é, para todos os sujeitos, e ao mesmo tempo também para todos os atos do mesmo sujeito, e como cognoscível então por meio de um conceito universal.) É por isso que o juízo moral é suscetível não somente a princípios constitutivos determinados, mas é unicamente possível mediante a fundamentação de máximas neles e em sua universalidade.

O entendimento comum costuma também levar em conta essa analogia, e amiúde designamos com nomes que parecem ter por fundamento um juízo moral objetos belos da natureza ou da arte. Qualificamos de majestosos ou soberbos certos edifícios e árvores, e de sorridentes e alegres certas campinas; até certas cores se qualificam de inocentes, modestas ou ternas, porque suscitam sensações que revelam certa analogia com a consciência de um estado de ânimo provocado por juízos morais. O gosto torna possível uma espécie de passagem do atrativo sensorial ao interesse moral habitual sem um salto demasiado violento, representando a imaginação também em sua liberdade como idoneamente determinável para o entendimento, e até em objetos dos sentidos ensina a encontrar um prazer livre mesmo sem atrativo sensorial.

§ 60

APÊNDICE

Da metodologia do gosto

A divisão de uma crítica em teoria elementar e metodologia, que precede à ciência, não se aplica à crítica do gosto, porque não há nem pode haver uma ciência do gosto, e porque o juízo do gosto não é determinável por princípios. De fato, quanto ao científico de toda arte, como aspiração a que seja verdadeira a representação de seu objeto, é condição indispensável (*conditio sine qua non*) da arte bela, mas não esta arte mesma. Consequentemente, para a arte bela há apenas um modo, não um método. O mestre tem que dar previamente o exemplo do que deve fazer o discípulo e de como deve fazê-lo, e as regras gerais pelas quais, em suma, se rege seu procedimento podem servir para recordar eventualmente ao discípulo os momentos principais desse processo e nem tanto para prescrevê-lo a ele. Contudo, deve-se considerar nesse caso certo ideal que a arte deve ter presente, ainda que não consiga alcançá-lo nunca em seu exercício. Apenas avivando a imaginação do discípulo para sua adequação a um conceito dado, mediante a indicada insuficiência da expressão para a ideia, à qual nem sequer o conceito chega, porque é estética, e mediante uma crítica severa, pode-se impedir que os exemplos que se oferecem a ele sejam tidos em seguida pelo discípulo por arquétipos e por modelos de imitação não submetidos a norma superior alguma nem ao juízo próprio, o que sufocaria o gênio e com ele também a liberdade da imaginação, até em sua subordinação às leis, liberdade sem a qual não seria possível nenhuma arte bela, nem sequer um gosto próprio correto que a julgasse.

A propedêutica para toda arte bela, com vistas ao seu mais alto grau de perfeição, não parece consistir em preceitos, mas sim no cultivo das energias espirituais mediante aqueles conhecimentos prévios que são conhecidos com a denominação de *humaniora*, presumivelmente porque humanidade significa, de um lado, o sentimento universal de simpatia e, por outro, a faculdade de comunicar-se com a máxima intimidade e universalmente; qualidades que, reunidas, constituem a sociabilidade própria do gênero humano, pela qual se distingue este da estreiteza animal. A época e também os povos em que um forte instinto à sociabilidade regulada, graças à qual uma nação constitui um ser comunitário duradouro, lutou contra as grandes dificuldades que apresenta o difícil problema de conciliar a liberdade (e, portanto, também a igualdade) com a coação (mais por dever de respeito e submissão que por temor), nessa época e nesse povo teve que encontrar, primeiro, a arte do intercâmbio de ideias entre a parte mais culta e a mais rústica, a conciliação da amplitude e do refinamento da primeira com a simplicidade e originalidade natural da última, e, dessa forma, o meio-termo entre a cultura superior e a sóbria natureza, meio-termo que também para o gosto, como sentido humano universal, constitui a norma reta que nenhuma regra universal pode dar.

É difícil que uma época posterior possa tornar caduco esse modelo, porque sempre estará menos próxima da natureza, e, em suma, por carecer de exemplos duradouros dela, dificilmente estará em condições de formar num só povo um conceito da feliz associação da coação normativa da cultura superior com o vigor e a exatidão da natureza livre que sente seu próprio valor.

Porém, como o gosto é, no fundo, uma faculdade de julgar a sensibilização das ideias morais (mediante certa analogia da reflexão sobre ambas), de onde também, e da maior receptividade, nela fundado, para o sentimento procedente dessas ideias (que se chama sentimento moral), se deriva aquele agrado que o gosto declara válido para a humanidade em geral e não só para o sentimento pessoal de cada indivíduo, – torna-se patente que a verdadeira propedêutica para a fundamentação do gosto é o desenvolvimento de ideias morais e o cultivo do sentimento moral, pois apenas harmonizando com este a sensibilidade pode adotar o verdadeiro gosto uma forma invariável determinada.

Segunda parte

DA CRÍTICA DA FACULDADE DE JULGAR

CRÍTICA DA FACULDADE DE JULGAR TELEOLÓGICA

§ 61

Da idoneidade objetiva da natureza

Segundo princípios transcendentais há boa razão para atribuir uma idoneidade subjetiva à natureza em suas leis especiais para torná-la compreensível para a faculdade de julgar humana e para que seja possível unir as distintas experiências particulares num sistema delas no qual é de se esperar que entre os muitos produtos da natureza se encontrem também como possíveis aqueles que, como se muito propriamente houvessem sido dispostos para nossa faculdade de julgar, contêm aquelas formas específicas adequadas a ela, que por sua variedade e unidade parece que serviram para fortalecer e conservar as energias espirituais (as que estão em jogo no uso dessa faculdade), e às quais, por essa razão, se dá o nome de formas belas.

Em contrapartida, na ideia universal da natureza como soma dos objetos dos sentidos, não temos nenhum fundamento de que coisas da natureza sirvam entre si de meios para fins, e de que sua própria possibilidade se explique suficientemente mediante essa classe de causalidade. De fato, em seu caso anterior, a representação das coisas, por ser algo que está em nós, pode ser perfeitamente concebida também *a priori* como destinada e apropriada para a disposição intrinsecamente idônea de nossas faculdades de conhecimento; por outro lado, não cabe presumir *a priori* com algum fundamento como fins que não são os nossos e que não correspondem tampouco à natureza (que não supomos ser inteligente) possam ou devam constituir uma classe especial de causalidade, ou pelo menos uma legalidade completamente peculiar da natureza. E mais ainda: a experiência não nos pode demonstrar a realidade dessa causalidade, como não recorremos previamente a uma sutileza que interpolasse apenas o conceito de fim na natureza das coisas, mas sem deduzi-lo dos objetos e de seu conhecimento pela experiência, de modo que necessitaria mais desse conceito para tornar compreensível a natureza por analogia com um fundamento subjetivo da combinação de representações em nós, que para conhecê-la com base em razões objetivas.

Com maior razão, a idoneidade objetiva, como princípio da possibilidade das coisas da natureza, está tão longe de oferecer uma conexão necessária com o conceito da natureza que, pelo contrário, é o que precisamente se invoca de preferência para demonstrar por ela a contingência da natureza e de sua forma. De fato, quando, por exemplo, se menciona o esqueleto de um pássaro, o oco de seus ossos, a situação de suas asas para o movimento e da cauda para a direção, etc., diz-se que tudo isso é contingente em grau máximo segundo o mero *nexus effectivus* da natureza, sem recorrer ainda a uma classe especial de causalidade: a dos fins (*nexus finalis*); isto é, que a natureza, considerada como mero mecanismo, teria podido formar a si mesma de outros mil modos distintos sem precisamente ir dar à unidade em virtude de semelhante princípio, e que, portanto, fora do conceito da natureza, não nele, só se pode esperar encontrar *a priori* o menor fundamento para isso.

Contudo, para a investigação da natureza, é lícito que se utilize, pelo menos problematicamente, o modo de julgar teleológico; porém apenas com a condição de que, por analogia com a causalidade por fins, ele seja subordinado a princípios de observação e exploração, porém sem pretender explicá-los por meio dele. Consequentemente, pertence à faculdade de julgar reflexionante, não à determinante. Ao fim e ao cabo, o conceito de combinações e formas da natureza segundo fins é, pelo menos, mais um princípio para subordinar a regras os fenômenos desta, coisa que não podem fazer as leis da causalidade por seu mero mecanismo. De fato, invocamos um fundamento teleológico quando atribuímos causalidade com relação a um objeto, a um conceito do objeto como se realmente fosse dado encontrá-lo na natureza (não em nós), ou, pelo contrário, por analogia com essa causalidade (como a que encontramos em nós) representamo-nos a possibilidade do objeto e, através disso, pensamos tecnicamente a natureza como por faculdade própria; em contrapartida, se não lhe atribuíssemos semelhante modo efetivo, sua causalidade teria que ser representada como mecanismo cego. Pelo contrário, se atribuíssemos à natureza causas que operassem intencionalmente e, com isso, fundamentássemos a teleologia não apenas num princípio regulador para o mero juízo dos fenômenos, aos quais se pudesse conceber que está submetida a natureza segundo suas leis particulares, mas também por isso num princípio constitutivo da derivação de seus produtos de suas causas – o conceito de fim natural já não pertenceria à faculdade de julgar reflexionante, mas à determinante, e então, na realidade, nem sequer pertenceria propriamente à faculdade de julgar (como o conceito de beleza como conceito de idoneidade subjetiva formal), mas, como conceito racional, introduziria na ciência natural uma nova causalidade que ao fim e ao cabo tiraríamos de nós mesmos e atribuiríamos a outros seres, sem que por isso quiséssemos admiti-los como semelhantes a nós.

Seção primeira

ANALÍTICA DA FACULDADE DE JULGAR TELEOLÓGICA

§ 62

Da idoneidade objetiva formal em oposição à material

Todas as figuras geométricas desenhadas segundo um princípio oferecem uma diversa e frequentemente admirada idoneidade, a saber: o servir para resolver muitos problemas por um só princípio, e ainda seguramente qualquer deles de modos diferentes em si. Evidentemente, a idoneidade é nesse caso objetiva e intelectual, e não meramente subjetiva e estética, visto que expressa o apropriado da figura para a obtenção de muitas figuras projetadas e é reconhecida pela razão. Contudo, a idoneidade não torna possível o conceito do objeto mesmo, isto é, que este não se considera possível apenas com relação a esse uso.

Numa figura tão simples como o círculo se encontra o fundamento da solução de grande quantidade de problemas, cada um dos quais necessitaria por si só preparativos de índole diversa, e essa solução se dá como por si mesma como uma das infinitas qualidades excelentes dessa figura. Assim, por exemplo, caso se trate de construir um triângulo conhecendo a base e o ângulo oposto a ela, o problema é indeterminado, ou seja, pode ser resolvido de modos infinitamente diversos; porém, o círculo os abarca todos em conjunto, como lugar geométrico de todos os triângulos que reúnem essa condição. Ou então, caso se queira que duas linhas se cruzem de modo que o retângulo formado pelas duas partes de uma seja igual ao formado pelas duas partes da outra, o problema oferece aparentemente muita dificuldade, e, todavia, todas as linhas que se cruzam no interior do círculo cuja circunferência limita cada uma delas dividem-se por si mesmas nessa proporção. As demais linhas curvas dão, por sua vez, outras soluções idôneas, que não foram levadas em conta para nada na regra de que se tirou sua construção. Todas as seções cônicas por si sós e comparadas umas com as outras abundam em princípios para a solução de uma grande quantidade de problemas possíveis, por mais simples que seja a definição que determina seu conceito. Dá verdadeiro prazer considerar com que ardor se puseram os antigos geômetras a investigar essas qualidades das linhas dessa classe, sem deixar-se desviar pela pergunta, formulada por pessoas de visão estreita: para que serviriam esses conhecimentos? Assim estudaram as da parábola, sem conhecer a lei da gravidade da terra, que lhes teria mostrado sua aplicação à linha de projeção dos corpos pesados (cuja direção pode ser considerada como paralela à gravidade em seu movimento); ou as da elipse, sem suspeitar que pudesse haver uma gravidade dos corpos celestes, e sem conhecer sua lei a distâncias diferentes do ponto de atração, o que faz com que descrevam essa linha em movimento livre. E enquanto assim faziam, mesmo sem ter consciência disso, estavam trabalhando para a posteridade, entusiasmavam-se ante uma idoneidade da essência das coisas, que afinal podiam expor *a priori* em sua necessidade. Platão, mestre também nessa ciência, ante essa qualidade originária das coisas, para cujo descobrimento podemos prescindir de toda experiência, e ante a aptidão do espírito para tirar a harmonia dos seres de seu princípio suprassensível (ao que se acrescentam ainda as qualidades dos números com que o espírito lida na música), se deixou levar pelo entusiasmo, que, acima dos conceitos de experiência, o elevou as ideias, as quais só lhe pareceram explicáveis com base numa comunidade intelectual com a origem de todos os seres. Não é de se estranhar, pois, que não aceitasse em sua escola os inexperientes em matemática, pois o que Anaxágoras concluía dos objetos da experiência e de suas combinações de fins pensava ele deduzi-lo da intuição pura, intrinsecamente inerente ao espírito humano. Pois acontece que a necessidade do que é idôneo e está disposto como se deliberadamente houvesse sido instituído para nosso uso, mesmo parecendo corresponder originalmente à essência das coisas sem consideração alguma pelo nosso uso, constitui precisamente o fundamento da grande admiração pela natureza, não tanto da exterior a nós quanto da de nossa própria razão, e assim resulta perfeitamente dispensável que, por um erro de interpretação, esse entusiasmo fosse ascendendo paulatinamente até a exaltação.

Porém, essa idoneidade intelectual, mesmo sendo objetiva (não subjetiva como a estética), pode, não obstante, segundo sua possibilidade, ser compreendida perfeitamente, ainda que apenas em termos gerais, como meramente formal (não como real), isto é, como idoneidade sem basear-se num fim, ou seja, sem necessidade de recorrer à teleologia. A figura do círculo é uma intuição determinada pelo entendimento em virtude de um princípio: a unidade desse princípio, que aceito arbitrariamente e tomo por fundamento a título de conceito, aplicada a uma forma da intuição (ao espaço) que se encontra em mim igualmente como representação e precisamente *a priori*, torna compreensível a unidade de muitas regras resultantes da construção desse conceito, idôneas em vários aspectos possíveis, sem necessidade de atribuir a essa idoneidade um fim ou qualquer outro fundamento. É um caso distinto do de quando, numa soma de coisas exteriores a mim e encerrada dentro de certos limites, por exemplo: num jardim, entre as árvores, canteiros, avenidas, etc., encontro uma ordem e regularidade que não posso esperar deduzir *a priori* com base em minha delimitação de um espaço feita por uma regra qualquer, visto que estas são coisas existentes que necessitam dar-se empiricamente para poder ser conhecidas, e não uma mera representação minha determinada segundo um princípio *a priori*; é por isso que esta última idoneidade (empírica) depende, como real, do conceito de um fim.

Porém compreende-se também perfeitamente, e vê-se que é lícito, o fundamento de uma idoneidade ainda percebida na essência das coisas (na medida em que seus conceitos possam ser construídos). As diversas regras cuja unidade (procedente de um princípio) dá lugar a essa admiração são todas sintéticas e não decorrem de um conceito do objeto, por exemplo: do círculo, mas requerem que esse objeto se dê na experiência. Porém, com isso, essa unidade adquire o aspecto de ter empiricamente um fundamento exterior das regras diferentes de nossa faculdade de representação, de modo que a coincidência do objeto com a necessidade de regras próprias do entendimento seria em si contingente e, por isso, possível apenas mediante um fim expressamente voltado para isso. Sendo assim, o fato de que precisamente essa harmonia, apesar de toda essa idoneidade, não seja conhecida empiricamente mas *a priori* teria que implicar que o espaço, cuja determinação (mediante a imaginação, e em conformidade com um conceito) é a única coisa que torna possível o objeto, não é uma qualidade das coisas alheias a mim, mas sim um mero modo de representação em mim, e sou eu, consequentemente, que introduzo a idoneidade na figura que desenho em conformidade com um conceito, ou seja, em minha própria representação do que é dado fora de mim, seja o que for em si, e não que isso me ensine empiricamente a idoneidade, a qual, consequentemente, não necessita no objeto nenhum fim especial alheio a mim. E como essa reflexão já requer um uso crítico da razão, não podendo, portanto, ser contida imediatamente no juízo do objeto por suas qualidades, esse juízo não me proporciona diretamente mais que uma combinação de regras heterogêneas (e ainda segundo o que em si têm de heterogêneo) num princípio que, todavia, é reconhecido *a priori* por mim como verdadeiro, sem que para isso requeira um fundamento especial situado *a priori* fora de meu conceito e sobretudo de minha representação. Pois bem: a surpresa é a estranheza que se produz no espírito ao não poder conciliar uma representação e a regra por ela dada com os princípios existentes nele como fundamento, estranheza que dá lugar, pois, a duvidar de se se viu ou julgou bem; a admiração, ao contrário, é uma surpresa que volta a produzir-se sempre, apesar de haver desaparecido essa dúvida. A segunda é, por conseguinte, um efeito totalmente natural dessa idoneidade observada na essência das coisas (como fenômenos, o que tampouco se pode censurar levando-se em conta que a conciliação daquela forma da intuição sensível (chamada espaço) com a faculdade dos conceitos (entendimento) nos resulta inexplicável, e não apenas precisamente pelo fato de que seja essa e não outra, além do que dá maior amplitude ao espírito para ter uma espécie de pressentimento do que se encontra além daquelas representações sensíveis e no qual, ainda que nos seja desconhecido, pode-se encontrar o fundamento último dessa coincidência. Obviamente, não é necessário que conheçamos esse fundamento caso se trate somente da idoneidade formal de nossas representações *a priori*; porém, apenas ter que olhar para além inspira ao mesmo tempo admiração pelo objeto que a isso nos obriga.

Por causa de certa idoneidade *a priori* das figuras geométricas e também dos números para toda classe de usos de conhecimento, costuma-se qualificar de beleza as mencionadas qualidades dessas figuras e números, de construção tão simples que não levava a esperar tal idoneidade, e se fala, por exemplo, dessa ou daquela bela qualidade do círculo, descoberta desse ou daquele modo. Porém, o juízo por meio do qual as encontramos idôneas não é um juízo estético, um juízo sem conceito, que se limita a salientar uma idoneidade meramente subjetiva no livre jogo de nossas faculdades de conhecimento, mas sim um juízo intelectual por conceitos, que dá a conhecer claramente uma idoneidade subjetiva, isto é, que serve para toda classe de fins (que variam até o infinito). Mais do que de beleza, seria preciso qualificá-la de perfeição relativa da figura matemática. Tampouco se pode admitir licitamente a denominação de beleza intelectual, pois, do contrário, a palavra beleza acabaria perdendo todo significado preciso ou o prazer intelectual toda preeminência ante o sensível. De preferência se poderia qualificar de bela uma mostração dessas qualidades, porque graças a elas se sentem fortalecidos *a priori* o entendimento como faculdade dos conceitos e a imaginação como faculdade de expô-los (o que, com a precisão que introduz a razão, se qualifica ao mesmo tempo de elegância da exposição), embora nesse caso seja pelo menos subjetivo o prazer, mesmo que seu fundamento consista em conceitos, pois a perfeição implica um prazer objetivo.

§ 63

Da idoneidade relativa da natureza em oposição à intrínseca

A experiência conduz nossa faculdade de julgar ao conceito de uma idoneidade objetiva e material, isto é, ao conceito de um fim da natureza, unicamente quando há que se julgar uma relação de causa e efeito*, que só nos vemos capazes de considerar legal atribuindo a ideia do efeito da causalidade a sua causa como condição que serve de fundamento a esta para a possibilidade da primeira. E isso só pode ocorrer de dois modos: porque consideramos diretamente o efeito como produto de arte, ou então somente como material para a arte de outros possíveis seres da natureza, ou seja, como fim ou como meio para o uso idôneo de outras causas. A última idoneidade se chama utilidade (para os homens) ou proveito (para qualquer outra criatura), e é apenas relativa; não obstante, a primeira é uma idoneidade intrínseca do ser natural.

Assim, por exemplo, os rios arrastam toda sorte de terras úteis para o crescimento das plantas, depositando-as às vezes no campo e amiúde também em sua desembocadura. Em muitas costas, a maré ascendente conduz esse barro ao campo ou então o deposita na margem e, sobretudo se os homens fazem o possível para que o refluxo não volte a levá-lo, a terra fértil aumenta e o reino vegetal se estende por lugares onde antes havia peixes e moluscos. Sem dúvida, a maior parte dos incrementos de terra feita desse modo deve-se à própria natureza, cuja obra ainda prossegue nesse sentido, embora lentamente. Isso coloca a questão de se não se deverá julgar como um fim da natureza, porque contém uma utilidade para o homem, visto que a que se refere ao reino vegetal mesmo não pode ser contada, pois com ela se priva os seres marinhos da mesma quantidade de vantagens que se acrescentou à terra.

---

* Do fato de que na matemática pura não se pode falar da existência, mas apenas da possibilidade das coisas, a saber: de uma intuição correspondente a seu conceito, e, por isso, tampouco de causa e efeito, se segue que toda idoneidade que naquela se indique deve ser considerada meramente formal, nunca como fim natural.

Ou então, para dar um exemplo do proveito de certas coisas naturais como meios para outras criaturas (partindo do pressuposto de que estas são fins): nenhum solo é tão propício para os pinheiros como o arenoso; pois bem, o antigo mar, antes de retirar-se da terra, deixou em nossas costas setentrionais tantas extensões arenosas que nesses terrenos, que não serviriam para nenhuma outra classe de cultivo, cresceram fecundos bosques de pinheiros, por cuja destruição imprudente condenamos amiúde os nossos antepassados, e cabe perguntar se essa primitiva remoção de camadas de areia não era um fim da natureza com vista à possível formação de pinheirais. A única coisa que está clara é que se se consideram estes como fim da natureza, aquela areia deve ser aceita também como fim, ainda que apenas relativo, para o qual serviu de meio, por sua vez, a antiga praia marinha e seu retrocesso, pois na série de membros, subordinados entre si, de uma combinação de fins, cada membro intermediário deve ser considerado como fim (ainda que não precisamente como fim último), para o qual é meio sua causa mais próxima. Da mesma forma, uma vez que surgiram no mundo bois, ovelhas, cavalos, etc., teve que crescer capim na terra, mas também salsoláceas nos desertos para que vivessem os camelos, como também foi necessário que se encontrasse grande quantidade destes e de outros animais herbívoros para que pudesse haver lobos, tigres e leões. Por conseguinte, a idoneidade objetiva baseada na produtividade não é uma idoneidade objetiva das coisas em si mesmas, como se a areia não pudesse ser concebida por si, como efeito procedente de sua causa o mar, sem atribuir ao último um fim e sem considerar obra de arte o efeito, a areia; é uma idoneidade meramente contingente à coisa mesma a que se atribui, e ainda que, entre os exemplos citados, as espécies herbáceas devam ser julgadas por si, como produtos organizados da natureza, e, por isso, como cheios de arte, são consideradas como mera matéria bruta comparadas aos animais que delas se nutrem.

Porém, além disso, quando o homem, pela liberdade de sua causalidade, encontra nas coisas naturais maior proveito para suas intenções amiúde insensatas (as plumas coloridas das aves para o adorno de seu traje, as terras coloridas ou os sucos de plantas para o cosmético), e às vezes também com propósitos razoáveis, como utilizando o cavalo para montar, o touro (e em Minorca também o burro e o porco) para arar, não se pode aceitar nesse caso sequer um fim natural relativo (nesse uso), visto que sua razão sabe dar às coisas uma coincidência com suas ocorrências arbitrárias, fato para o qual ele mesmo não estava predestinado pela natureza. Sendo assim, admitindo-se que o homem estava destinado a viver sobre a terra, não podiam faltar-lhe tampouco os meios, pelo menos, sem os quais não teria podido subsistir como animal e ainda como animal racional (no grau mais baixo que se queira), e então as coisas naturais indispensáveis a esse respeito têm que ser consideradas também como fins naturais.

Disso se vê facilmente que a idoneidade extrínseca (o fato de que uma coisa se beneficie de outra) só pode ser considerada fim externo da natureza com a condição de que seja por si só fim da natureza a existência daquilo para o qual ela serve de modo primordial ou distante. E como isso jamais poderá ser decidido mediante a mera contemplação da natureza, chega-se à conclusão de que a idoneidade relativa, mesmo que hipoteticamente deixe vislumbrar fins naturais, não justifica nenhum juízo teleológico absoluto.

Nos países frios, a neve preserva as sementes contra as geadas, facilita a comunidade entre os homens (graças aos trenós); o lapão encontra ali animais que produzem essa comunidade (as renas), os quais encontram alimento suficiente em musgo ressecado que precisam desencavar de sob a neve e, não obstante, se deixam domesticar com facilidade, renunciando sem resistência à liberdade que poderiam muito bem conservar. Para outros povos da mesma zona glacial, o mar contém abundante cópia de animais, que, além do alimento e vestimenta que proporcionam, e da madeira que o mar traz até eles como para que fabriquem moradias, proveem-nos ainda de combustíveis para aquecer suas cabanas. Nesse caso temos uma admirável confluência de relações da natureza em um fim: o groenlandês, o lapão, o samoiedo, o iacuto, etc. O que não se consegue entender é por que homens têm que viver ali. Seria um juízo muito arriscado e arbitrário dizer que os vapores caem do ar em forma de neve, que o mar tem suas correntes que levam a esses países madeiras crescidas em outros mais quentes, e que há ali grandes animais marinhos cheios de óleo, porque a causa que origina todos esses produtos naturais tem por fundamento a ideia de beneficiar certas criaturas desvalidas. De fato, mesmo se não existisse toda essa utilidade natural, não sentiríamos falta de nada na suficiência das causas naturais para essa condição; pelo contrário, nos pareceria temerário e irrefletido apenas pedir semelhante disposição e atribuir semelhante fim à natureza (já que, sem ele, bastaria a suprema intolerância reinante entre os homens para explicar seu deslocamento a regiões tão inóspitas).

§ 64

Do caráter peculiar das coisas como fins naturais

Para compreender que uma coisa apenas é possível como fim, isto é, para ter que buscar a causalidade de sua origem, não no mecanismo da natureza, mas sim numa causa cuja faculdade de operar se determina por conceitos, é necessário: que sua forma não seja possível por meio de meras leis naturais, isto é, daquelas que conhecemos apenas pelo entendimento aplicado a objetos dos sentidos, e ainda que seu conhecimento empírico, por suas causas e efeitos, pressuponha conceitos da razão. Essa contingência de sua forma em todas as leis naturais empíricas no que tange à razão (na medida em que a razão, que é toda forma de um produto natural que tem que reconhecer também sua necessidade desde que veja somente as condições ligadas à obtenção desse produto, não pode, contudo, admitir essa necessidade naquela forma dada) já é um fundamento para admitir a causalidade dessa coisa, como se, precisamente por isso, só fosse possível mediante a razão; porém, seria então a capacidade de operar segundo fins (uma vontade), e o objeto, representado como possível unicamente com base nesta, apenas como fim se representaria como possível.

Se num país que lhe parecesse inabitado alguém visse uma figura geométrica, por exemplo, um hexágono regular, desenhado na areia, sua reflexão, operando-se num conceito dessa figura, reconheceria, mesmo que vagamente, a unidade do princípio da produção desse conceito, por meio da razão, e de acordo com esta não julgaria que uma causa da possibilidade dessa figura fosse a areia, o mar vizinho, o vento, os animais com suas pegadas, que ele conhece, ou qualquer outra causa irracional, porque a casualidade de coincidir com semelhante conceito, possível apenas na razão, lhe pareceria tão infinitamente grande que equivaleria a considerar que para isso não há nenhuma lei natural e que, consequentemente, tampouco causa alguma da natureza que atue de modo meramente mecânico, senão apenas o conceito de semelhante objeto, como conceito que unicamente a razão pode dar e comparar com o objeto, poderia conter a causalidade para tal efeito, e, por isso, este poderia ser considerado absolutamente como fim, porém não como fim natural; ou seja: como produto da arte (*vestigium hominis video*).

Mas, para que algo que se reconhece como produto natural possa, não obstante, ser julgado também como fim, e, por isso, como fim natural, se isso já não constitui um contrassenso, necessita-se mais. Eu diria por ora: uma coisa existe como fim natural quando é causa e efeito de si mesma (ainda que em duplo sentido), porque nesse caso temos uma causalidade tal que não pode ligar-se com o mero conceito de uma natureza sem atribuir-lhe um fim, mesmo que então possa sim ser concebida, porém não compreendida, sem contradição. Antes de analisar totalmente a determinação dessa ideia de um fim natural, vamos esclarecê-la primeiro com um exemplo.

Em primeiro lugar, uma árvore produz outra árvore segundo uma lei conhecida da natureza. Porém, a árvore produzida é da mesma espécie, e desse modo produz a si mesma segundo a espécie em que constantemente se apresenta, por um lado, como efeito e, por outro, como causa de si mesma, e também ao apresentar-se a si mesma frequentemente, mantém-se constantemente como espécie.

Em segundo lugar, uma árvore também produz a si mesma como indivíduo. É bem verdade que conhecemos essa classe de efeito apenas com o nome de crescimento; porém, deve-se tomar isso em tal sentido que se distinga totalmente de todo outro aumento de tamanho devido a leis mecânicas e considerando-o idêntico a uma procriação, ainda que com outra denominação. A matéria que esse vegetal incorpora é previamente elaborada por ele para imprimir-lhe uma qualidade peculiar da espécie, qualidade que não poderia oferecer o mecanismo da natureza alheio a ele, e ele continua a se formar por meio de uma matéria que é, na sua composição, seu próprio produto. Pois mesmo que, no que tange aos elementos integrantes que recebe da natureza alheia a ele, ele deva ser considerado apenas como educto, na decomposição e recomposição dessa matéria-prima pode-se encontrar tal originalidade na faculdade de divisão e formação própria dessa classe de seres naturais que toda arte distaria infinitamente de poder obter aqueles produtos do reino vegetal caso tentasse fazê-lo com base nos elementos que obtivesse por decomposição dessas partes integrantes ou ainda com base na matéria que a natureza lhes proporciona como alimento.

Em terceiro lugar, a formação de uma parte dessa criatura opera-se de tal forma que a conservação de uma dessas partes depende da das demais e vice-versa. O broto que de uma folha de árvore é enxertado no galho de outra forma um vegetal de sua própria espécie num caule alheio, assim como o enxerto praticado em outro tronco. É por isso que todo galho ou folha de uma árvore pode ser considerado simplesmente enxertado ou inoculado nesta, e, portanto, como uma árvore existente por si mesma que unicamente se une a outra e se alimenta parasitariamente. Ao mesmo tempo, as folhas são produtos da árvore, porém em reciprocidade a mantêm também, pois a perda reiterada de folhas causaria sua morte, e seu crescimento depende do efeito que elas têm sobre o tronco. Limitar-nos-emos a mencionar de passagem, ainda que constitua uma das qualidades mais maravilhosas das criaturas organizadas, a forma de que a natureza se defende quando, tendo sido mutiladas, a falta de uma parte necessária para a conservação das próximas é suprida pelas restantes, ou nos casos de abortos ou deformações no crescimento, em que certas partes, por causa da presença de defeitos ou impedimentos, se formam de modo totalmente novo para conservar o que existe, dando lugar assim a uma criatura anômala.

§ 65

As coisas, como fins naturais, são seres organizados

Segundo o caráter indicado no parágrafo anterior, para que uma coisa que, sendo produto natural, ao mesmo tempo seja reconhecida unicamente possível como fim, é necessário que se comporte consigo mesma alternadamente como causa e efeito, expressão, esta, um tanto imprópria e indeterminada que requer sua derivação de um conceito determinado.

O nexo causal, enquanto concebido apenas pelo entendimento, é uma união que constitui uma série (de causas e efeitos) sempre descendente, e as coisas mesmas que, na qualidade de efeitos, pressupõem outras como causas não podem ser reciprocamente causas destas ao mesmo tempo. Esse nexo causal denomina-se nexo das causas eficientes (*nexus affectivus*). Porém, em contrapartida, o nexo causal pode ser concebido também segundo um conceito racional (de fins) que, considerando-o como série, implique, tanto em sentido ascendente como em sentido descendente, uma dependência em que a coisa qualificada de efeito merece, contudo, na direção ascendente o nome de causa daquela coisa de que é efeito. Nexos dessa índole se encontram facilmente no prático (da arte); assim, por exemplo, a casa é causa do dinheiro que se cobra pelo aluguel, porém, inversamente, a representação dessa possível receita foi a causa de que se edificasse a casa. Essa união causal denomina-se nexo das causas finais (*nexus finalis*). Talvez fosse mais oportuno qualificar o primeiro de nexo das causas reais e o segundo de nexo das ideais, já que com semelhante denominação concebe-se ao mesmo tempo que não possa haver mais que essas duas classes de causalidade.

Sendo assim, para uma coisa como fim natural se exige, em primeiro lugar, que as partes (por sua existência e pela forma) sejam possíveis apenas por sua referência ao todo, visto que a coisa mesma é um fim e, por conseguinte, está compreendida sob um conceito ou uma ideia que deve determinar *a priori* o que deve estar contido nela. Porém, na medida em que apenas desse modo uma coisa é concebida como possível, esta é mera obra de arte, isto é, produto de uma causa racional distinta da matéria (das partes) da coisa, causa cuja causalidade (na produção e combinação das partes) determina-se por sua ideia de um todo assim possível (e, por isso, não pela natureza exterior a ele).

Mas, caso se pretenda que uma coisa seja em si produto da natureza e em sua possibilidade intrínseca contenha uma referência a fins, isto é, que apenas seja possível como fim natural e sem a causalidade de conceitos de seres racionais alheios a ela, será necessário, em segundo lugar, que suas partes se unam para a unidade de um todo de sorte que entre si sejam alternadamente causa e efeito de sua forma, pois apenas desse modo é possível que, inversamente (alternadamente), a ideia do todo determine, por sua vez, a forma e a união de todas as partes: não como causa – pois então seria um produto de arte – mas sim como fundamento de que o que julga conheça a unidade sistemática da forma e a união de todo o diverso contido na matéria dada.

Consequentemente, para que um corpo seja julgado fim natural em si e em sua possibilidade intrínseca, se necessita que todas as suas partes, tanto por sua forma como por sua união, produzam-se entre si alternadamente, formando assim por causalidade própria um todo cujo conceito possa ser julgado, por sua vez, inversamente, causa desse corpo segundo um princípio (num ser que possua a causalidade segundo conceitos, adequada a tal produto), e, assim, a união das causas eficientes ao mesmo tempo efeito por causas finais.

Em semelhante produto da natureza, cada parte, assim como existe somente graças a todas as demais, assim também se concebe como existente para todas as demais e para o todo, isto é, como instrumento (órgão); porém, isso não basta (visto que poderia ser também instrumento de arte e desse modo representar-se apenas como propriamente possível na qualidade de fim), pois é preciso conceber toda parte como órgão que produz as demais partes (e, por isso, cada uma, alternadamente, as demais), como não pode sê-lo nenhum instrumento da arte, mas apenas da natureza que proporciona toda a matéria para instrumentos (inclusive para os da arte), e unicamente então e por essa razão poderá semelhante produto, em sua qualidade de ser organizado e que se organiza a si mesmo, ser qualificado de fim natural.

Num relógio, uma parte é instrumento do movimento das demais, mas uma roda não é a causa eficiente da produção do resto; uma parte existe, sim, para outra, porém não por ela. É por isso também que a causa produtora do relógio e de sua forma não está contida na natureza (dessa matéria), mas sim fora dela, num ser capaz de operar segundo ideias de um todo possível em virtude de sua causalidade. É por isso que num relógio uma roda não pode produzir outra roda, e menos ainda um relógio outro relógio, utilizando para isso outra matéria (organizando-a); é por isso que tampouco pode suprir por si mesmo as partes faltosas, corrigir os defeitos de sua primeira formação socorrendo as partes restantes, nem recompor-se por si mesmo uma vez desmontado: tudo isso podemos esperar, pelo contrário, da natureza organizada. Consequentemente, um ser organizado não é uma mera máquina, pois esta tem apenas força motriz, enquanto aquele possui em si força formadora e inclusive de tal índole que pode transmiti-la às matérias que não a têm (organiza-as), ou seja, uma força formativa que se propaga e que não pode ser explicada unicamente com base na capacidade de movimento (pelo mecanismo).

Ficam excessivamente restritos aqueles que da natureza e de sua aptidão para produzir seres organizados dizem que são análogos da arte, pois com isso se pensa num artista (um ser racional) alheio a ela, quando na realidade é ela mesma que organiza a si própria e atendo-se, sim, em conjunto a um modelo uniforme em cada espécie de seus produtos organizados, porém também com as convenientes variantes exigidas pelas circunstâncias para conservar a si mesma. Talvez nos aproximemos mais dessa qualidade inescrutável qualificando-a de análogo da vida; porém, então nos veríamos obrigados, ou a atribuir à matéria como mera matéria uma qualidade (hilozoísmo) que repugna à sua essência, ou a associá-la a um princípio externo que estivesse em comunhão com ela (uma alma), e isso, se semelhante produto tem de ser um produto natural, já pressupõe matéria organizada como instrumento dessa alma, de modo que essa qualidade não resulta um ápice mais compreensível, ou temos que fazer da alma o artífice desse edifício, o que obrigaria a privar do produto a natureza (a corporal). Falando claramente, a organização da natureza não tem, pois, nada analógico com nenhuma das causalidades que conhecemos*. É lícito qualificar de análogo da arte a beleza da natureza, porque se atribui aos objetos em relação somente com a reflexão sobre o aspecto exterior destes, ou seja, somente à forma da superfície. Porém, a perfeição intrínseca da

---

* Inversamente, recorrendo a uma analogia com os chamados fins diretos da natureza, poder-se-ia esclarecer certa união que, todavia, se encontra mais na ideia que na realidade. Assim, na recente transformação total realizada, em que se converteu em Estado uma grande nação, o emprego da palavra organização para designar a instituição de magistraturas, etc., resultou amiúde muito apropriada, visto que é evidente que nesse todo cada membro é não apenas meio, mas ao mesmo tempo também fim, e ao contribuir para a possibilidade do todo, a ideia do todo determina, por sua vez, o lugar e a função de cada membro.

natureza tal como a possuem aquelas coisas que apenas como fins naturais são possíveis, chamando-se assim seres organizados, não é concebível nem explicável por nenhuma analogia com nenhuma das faculdades físicas, isto é, naturais, que nos são conhecidas, e como nós mesmos pertencemos à natureza entendida no sentido mais amplo, nem sequer por uma analogia exatamente adequada à arte humana.

Por conseguinte, o conceito de uma coisa como fim natural em si não é um conceito constitutivo do entendimento da razão, mas pode ser um conceito regulador para a faculdade de julgar reflexionante, para dirigir segundo uma distante analogia com nossa própria causalidade por fins a investigação sobre objetos dessa índole e refletir sobre sua razão suprema, e esta última, não com vistas ao conhecimento da natureza ou daquele seu fundamento primeiro, mas antes da mesma faculdade racional prática que há em nós e por analogia com a qual consideramos a causa daquela idoneidade.

Portanto, os seres organizados são os únicos da natureza que, mesmo considerando-os em si e sem relação com outras coisas, unicamente como fins dela têm que ser concebidos possíveis, e que, por isso, imprimem pela primeira vez realidade objetiva ao conceito de um fim, que não é fim prático, mas fim da natureza, e que assim proporciona à ciência natural uma base para a teleologia, isto é, para um modo de julgar seus objetos segundo um princípio particular tal que de modo algum seria lícito introduzir de outro modo (porque não pode ser compreendida *a priori* a possibilidade de semelhante tipo de causalidade).

§ 66

Do princípio para julgar a idoneidade intrínseca dos seres organizados

Esse princípio, que ao mesmo tempo os define, diz assim: Produto organizado da natureza é aquele em que tudo é fim e alternadamente também meio. Nada nele é porque sim, sem fim ou atribuível a um mecanismo natural cego.

Atendendo a sua motivação, esse princípio deve ser deduzido, certamente, da experiência, e precisamente daquela que se busca metodicamente e é qualificada de observação; porém, atendendo à universalidade e à necessidade que dessa idoneidade predica, não pode basear-se meramente em razões de experiência, mas deve ter por fundamento algum princípio *a priori*, embora não seja mais que regulador e aqueles fins estejam simplesmente na ideia de quem julga e não numa causa eficiente. É por isso que o princípio anteriormente indicado pode ser qualificado de máxima para julgar a idoneidade intrínseca dos seres organizados.

É sabido que os que analisam plantas e animais para investigar sua estrutura e compreender os fundamentos de que lhes tenha sido concedida tal parte e com que fim, de que suas partes estejam em tal situação e combinação, e de que se lhes haja dado precisamente essa forma intrínseca, aceitam como inevitavelmente necessária aquela máxima de que nada existe porque sim nessas criaturas, e que sustentam igualmente como princípio da teoria geral da natureza o de que nada acontece por acaso. Na realidade, não lhes seria possível emancipar-se desse princípio teleológico como tampouco do físico universal, pois se renunciando ao último seria impossível toda experiência, renunciando ao primeiro não restaria nenhum guia para observar uma classe de coisas que foram consideradas teleológicas sob o conceito de fins naturais.

De fato, esse conceito conduz a razão a uma ordem de coisas totalmente distinta da de um mero mecanismo da natureza, que já não poderia ser suficiente para o nosso propósito. A possibilidade do produto natural há de fundar-se numa ideia. E como esta é uma unidade absoluta da representação, ao contrário da matéria, que é uma pluralidade de coisas que por si sós não oferecem uma determinada unidade de composição, para que aquela unidade da ideia chegue a servir de fundamento determinante *a priori* de uma lei natural da causalidade para semelhante forma do composto, é necessário estender o fim da natureza a tudo quanto se encontra em seu produto, pois uma vez relacionado em conjunto semelhante efeito a um fundamento determinante suprassensível além do cego mecanismo da natureza, temos que julgá-lo também totalmente de acordo com esse princípio, e não há razão alguma para supor que a forma dessa coisa dependa mesmo que em parte do último princípio, já que então, se mesclássemos princípios heterogêneos, não nos restaria nenhuma regra segura para julgar.

Cabe sempre a possibilidade de que, por exemplo, num corpo animal se concebam algumas partes como concreções operadas em virtude de leis meramente mecânicas (como peles, ossos, pelos); porém, sempre se necessita julgar teleologicamente a causa que proporciona a matéria oportuna ao efeito, modificando-a, formando-a e depositando-a no lugar correspondente, de modo que nesse corpo tudo deve ser considerado organizado, e tudo é também, sucessivamente, órgão em certa relação com a coisa mesma.

§ 67

Do princípio do juízo teleológico da natureza em geral como sistema de fins

Ao falar da idoneidade extrínseca das coisas naturais, dissemos antes que não oferecia uma justificativa suficiente para utilizá-las como fins da natureza em que fundamentar a explicação de sua existência, nem para utilizar ao mesmo tempo na ideia os efeitos casualmente idôneos delas como razões de sua existência segundo o princípio das causas finais. Assim, os rios, que favorecem a comunhão entre os povos no interior das terras, as montanhas, que em épocas de seca lhes proporcionam fontes e sua conservação graças ao seu acúmulo de neves, e também a inclinação das terras que permite o escoamento dessas águas e facilita a dessecação da terra, não devem ser considerados fins naturais apenas por essas razões, visto que, embora essa configuração da superfície da terra seja muito necessária para o nascimento e a conservação dos reinos vegetal e animal, nada tem em si para cuja possibilidade nos vejamos obrigados a admitir uma causalidade por fins. O mesmo cabe dizer de plantas que o homem aproveita para suas necessidades ou para seu divertimento, e de animais, como o camelo, o boi, o cavalo, o cachorro, etc., que por um lado ele pode aproveitar para sua nutrição, e por outro necessitar para serviços tão diversos e em grande parte quase indispensáveis. De coisas que não tenhamos causa para considerar em si como fins, apenas hipoteticamente caberá julgar idônea sua situação extrínseca.

Julgar como fim natural uma coisa por causa de sua forma intrínseca é totalmente distinto de ter por fim da natureza a existência dessa coisa. Para afirmar isso, necessitamos não apenas do conceito de um fim possível, mas também do conhecimento do fim último (*scopus*) da natureza, para o qual se requer relacioná-la a algo suprassensível, e tal referência vai muito além de todo nosso conhecimento teleológico da natureza, visto que o fim da própria natureza deve ser buscado além dela. A forma intrínseca do mero caule de uma grama pode demonstrar suficientemente para nossa faculdade de juízo humana sua possível origem ao apenas considerar a regra dos fins. Em contrapartida, caso nos afastemos desse critério, fixamo-nos no uso que outros seres naturais fazem dessa grama, e saímos da mera contemplação da organização intrínseca para não ver mais que relações extrinsecamente idôneas, tais como a necessidade da grama como meio para a existência do gado, ou como a necessidade deste para a existência do homem, e não vemos qual é a razão da necessidade da existência dos homens (coisa que não se poderia contestar facilmente pensando nos habitantes da Nova Holanda ou da Terra do Fogo), não chegaremos a fins categóricos, mas sim ao fato de que toda essa relação idônea se baseia numa condição que sempre se encontra mais além, a qual, a título de incondicionada (a existência de uma coisa como fim último), se encontra fora do estudo físico-teleológico do mundo. E então semelhante coisa tampouco é fim natural, pois ela (ou toda a sua espécie) não pode ser considerada produto da natureza.

Por conseguinte, apenas a matéria, por ser organizada, é a que implica necessariamente o conceito dela como um fim natural, porque essa sua forma específica é ao mesmo tempo produto da natureza. Sendo assim, esse conceito conduz necessariamente à ideia da natureza inteira como sistema regido pela regra dos fins, ideia à qual terá que se submeter agora todo mecanismo da natureza segundo princípios da razão (ao menos para examinar através deles o fenômeno da natureza). Para ela, o princípio da razão só é válido subjetivamente, ou seja, como máxima: Tudo que há no universo é bom para algo, nada está nele por estar, e o exemplo que oferece a natureza em seus produtos orgânicos nos autoriza, e até convida, a não esperar dela e de suas leis nada que não responda a um fim no conjunto.

Entende-se que este não é princípio para a faculdade de julgar determinante, mas sim para a reflexionante; com ele temos unicamente um guia para examinar segundo uma nova ordem de leis as coisas da natureza com relação a um fundamento determinante já dado, e para ampliar o conhecimento da natureza regendo-nos por outro princípio: o das causas finais, sem detrimento, não obstante, do princípio do mecanismo de sua causalidade. De resto, de modo algum isso decide se uma coisa qualquer que julgamos por esse princípio é deliberadamente fim da natureza: se as gramas existem para os bois e as ovelhas, ou estes e o resto da natureza para o homem. É correto considerarmos desse ponto de vista até as coisas desagradáveis para nós e em certos aspectos contrárias a fins; assim, por exemplo, poderíamos dizer que os insetos que incomodam o homem em suas roupas, no cabelo ou na cama, são por sábia disposição natural um estímulo para o asseio, por si mesmo meio importante para a conservação da saúde. Ou então que os mosquitos e outros insetos que picam, que tornam tão penosos para os selvagens os desertos da América, são outros tantos incentivos para a atividade desses homens em formação de dessecar pântanos, de clarear as espessas florestas que não deixam passar o ar, e com isso, assim como com o cultivo da terra, de tornar ao mesmo tempo mais sadia sua morada. Até mesmo o que parece ser mais contra a natureza na intrínseca organização do homem oferece, tratado desse modo, uma perspectiva divertida, e às vezes também instrutiva, de uma ordem teleológica das coisas, à qual, sem semelhante princípio, não nos levaria por si só o mero estudo físico. Assim como alguns julgam que a solitária é dada ao homem ou aos animais de que é parasita a título de compensação por certa deficiência de seus órgãos vitais, eu me perguntaria se os sonhos (de que nunca está desprovido o dormir, ainda que apenas raras vezes nos lembremos deles) não são uma disposição idônea da natureza para que, ao relaxarem-se todas as energias motoras do corpo, sirvam para mover no mais fundo os órgãos vitais mediante a imaginação e sua grande atividade (que na maioria das vezes chega a enfermidade em semelhante estado), assim como costuma ocorrer com maior vivacidade no sono da noite quando nos deitamos com o estômago demasiado cheio; e se, por conseguinte, sem essa força que nos move desde o interior e sem esse desassossego fatigante de que culpamos os sonhos (e que acaso são na realidade remédios), o sonho não constituiria uma extinção total da vida, mesmo sendo perfeito nosso estado de saúde.

Também a beleza da natureza, isto é, sua coincidência com o livre jogo de nossas faculdades de conhecimento para apreender e julgar seu fenômeno, pode ser considerada dessa sorte como idoneidade objetiva da natureza em seu conjunto como sistema em que o homem é membro, se o juízo teleológico desta pelos fins naturais que nos oferecem os seres organizados nos autorizou a ideia de um grande sistema de fins da natureza. Podemos considerar um favor* que nos dispensou a natureza o de, além do útil, nos ter prodigado ainda beleza e atrativos tão esplendidamente, e por isso a amamos, assim como a respeitamos pelo que tem de incomensurável, e nessa contemplação nós mesmos nos sentimos enobrecidos: precisamente como se a natureza tivesse tido muito propriamente a intenção de montar e adornar para esse objetivo sua magnífica cena.

Terminaremos este parágrafo acrescentando somente que, uma vez que descobrimos na natureza uma faculdade de obter produtos que não podemos conceber senão segundo o conceito das causas finais, vamos mais além, e até para aquelas que não necessitam (ou para sua relação, embora idônea) que busquemos outro princípio para sua possibilidade, retirando-nos do mecanismo das causas eficientes cegas podemos, contudo, julgar que pertencem a um sistema de fins, porque já a primeira ideia, pelo que se refere a seu fundamento, nos leva além do mundo dos sentidos, já que a unidade do princípio suprassensível tem que ser considerada válida não apenas para certas espécies de seres naturais, mas também do mesmo modo para a natureza toda como sistema.

---

* Na parte estética se disse: olhamos com simpatia a natureza bela porque sentimos um prazer completamente livre (desinteressado) por sua forma. É que nesse mero juízo de gosto para nada se leva em conta com que fim existem essas belezas naturais: se para despertar um agrado em nós ou sem nenhuma relação conosco como fins. Em contrapartida, num juízo teleológico, prestamos atenção também nessa relação, e então podemos considerar como favor da natureza o que quis fazê-los progredir até a cultura apresentando-nos tantas figuras belas.

§ 68

Do princípio da teleologia como princípio intrínseco da ciência natural

Os princípios de uma ciência podem ser: intrínsecos a ela, e então se chamam interiores (*principia domestica*), ou fundar-se em conceitos que apenas fora dela encontram lugar, e se chamam princípios exteriores (*peregrina*). As ciências que contêm os últimos tomam por fundamento de suas doutrinas princípios emprestados (*lemmata*), quer dizer, tomam emprestado de outra ciência algum conceito e com ele um fundamento de estruturação.

Toda ciência é por si um sistema, e não basta construir nela segundo princípios e proceder, assim, tecnicamente, pelo contrário, é necessário igualmente operar com ela arquitetonicamente, como com um edifício independente, em vez de tratá-la como um anexo e parte de outro edifício, mas sim como um todo por si mesmo, ainda que depois se possa praticar uma passagem deste para aquele, ou vice-versa.

Por conseguinte, se para a ciência natural e em seu contexto se introduz o conceito de Deus para tornar explicável a idoneidade da natureza, e depois se utiliza essa idoneidade para demonstrar, por sua vez, a existência de Deus, em nenhuma dessas duas ciências haverá consistência interior, e um dialelo enganoso torna ambas inseguras pelo fato de que suas fronteiras estejam embaralhadas.

A expressão de um fim da natureza constitui já meio preventivo suficiente para evitar essa confusão de mesclar a ciência natural e a ocasião que oferece de julgar teleologicamente seus objetos com a consideração de Deus e, por isso, com uma derivação teológica; e não se deve considerar de pouca importância a confusão daquela expressão com a de um fim divino na ordenação da natureza, nem sequer apresentando o último como mais conveniente e mais apropriado para uma alma piedosa, considerando que em suma há de se acabar por atribuir a um sábio autor do mundo aquelas formas idôneas da natureza; ao contrário, é preciso reduzir-se cuidadosa e modestamente à expressão que se limita a dizer sucintamente quanto sabemos, isto é, a de um fim da natureza. De fato, antes de perguntarmos pela causa da natureza mesma, encontramos na natureza e no curso de sua formação produtos feitos nela segundo leis conhecidas de experiência pelas quais a ciência natural tem que julgar seus objetos e, assim, buscar também nela mesma a causalidade destes segundo a regra dos fins. É por isso que não se deve ultrapassar seus limites pensando naquilo a cujo conceito não pode ser adequada nenhuma experiência, e em que apenas depois de completada a ciência natural se poderá arriscar incorporá-lo como princípio intrínseco.

As propriedades da natureza que podem mostrar-se *a priori* e, consequentemente, compreender-se segundo sua possibilidade com base em princípios universais sem recorrer para nada à experiência, embora tragam em si uma idoneidade técnica não podem, todavia, porque são absolutamente necessárias, incluir-se na teleologia da natureza a título de método pertencente à física para resolver seus problemas. As analogias aritméticas e as geométricas, assim como as leis mecânicas universais, por mais estranha e admirável que nelas nos pareça a reunião em um princípio de distintas regras em aparência totalmente independentes entre si, não encerram por essa razão direito algum de servir de motivos explicativos teleológicos na física, e mesmo que mereçam ser trazidas à colação na teoria geral da idoneidade das coisas da natureza, seu estudo corresponderia a outro setor, à metafísica, sem que possam constituir um princípio intrínseco da ciência natural: por mais que com as leis empíricas dos fins naturais em seres organizados seja não apenas lícito, mas também inevitável, utilizar o modo de julgar teleológico como princípio da teoria da natureza com relação a uma classe peculiar de seus objetos.

Sendo assim, para manter-se exatamente dentro de seus limites, a física prescinde em absoluto da questão de se os fins da natureza sao intencionados ou não, pois do contrário imiscuir-se-ia num assunto que não lhe corresponde (por ser próprio da metafísica). Basta-lhe que sejam objetos única e exclusivamente explicáveis segundo leis naturais que podemos conceber apenas sob a ideia dos fins como princípio, e até apenas intrinsecamente cognoscíveis dessa sorte segundo sua forma interna. Por conseguinte, para não se expor sequer à menor suspeita de que aspira a algo que de modo algum corresponde à física, a saber: misturar entre nossos motivos de conhecimento uma causa sobrenatural, embora na teleologia se fale da natureza como se a idoneidade fosse nela deliberada, ao mesmo tempo o faz de maneira que atribui essa intenção à natureza, isto é, à matéria, dando a entender com isso (porque não pode haver equívoco a respeito, pois é evidente que a uma matéria inerte não cabe atribuir intenção no sentido próprio da palavra) que a palavra significa apenas nesse caso um princípio da faculdade de julgar reflexionante, não da determinante, sem que, portanto, pretenda introduzir-se com ela um fundamento especial de causalidade, mas sim que apenas para o uso da razão acrescenta outro tipo de investigação distinto do que atende a leis mecânicas com o objetivo de suprir a deficiência deste último, inclusive para a exploração empírica de todas as leis particulares da natureza. É por isso que, na teleologia, enquanto relacionada à física, se fala com toda razão da sabedoria, economia, providência e beneficência da natureza, sem por isso querer fazer desta outro ser racional que esteja acima dela (porque seria absurdo), porém também sem atrever-se a colocar acima dela outro ser de entendimento a título de artífice, porque seria temerário, pelo contrário, com ela se quer designar apenas uma classe de causalidade da natureza por analogia com a nossa no uso técnico da razão, com o objetivo de considerar a regra pela qual se investigam certos produtos da natureza.

Mas por que então a teleologia não costuma constituir uma parte própria da ciência natural teórica, mas é relacionada à teologia como propedêutica ou trânsito? Faz-se assim com o objetivo de que o estudo da natureza por seu mecanismo se atenha àquilo que podemos submeter a nossa observação ou a experimentos, de modo que possamos apresentá-lo como a natureza, pelo menos segundo a semelhança das leis, pois apenas compreendemos totalmente aquilo que somos capazes de fazer ou realizar através de conceitos. Porém, a organização como fim intrínseco da natureza supera infinitamente toda capacidade de uma exposição parecida por meio da arte, e, quanto às disposições extrínsecas da natureza tidas por idôneas (por exemplo: os ventos, chuvas, etc.), a física estuda, sim, seu mecanismo, porém não pode expor sua relação com fins se estes têm de ser uma condição pertencente necessariamente à causa, porque essa necessidade de enlace corresponde totalmente à união de nossos conceitos e não à qualidade das coisas.

* A palavra alemã "vermessen" [= medir mal, formular um juízo temerário] é muito boa e cheia de sentido. Um juízo em que nos esqueçamos de calcular a medida de nossas capacidades (do entendimento) pode ter, às vezes, o aspecto de muito modesto e encerrar, contudo, grandes pretensões e ser muito presunçoso. Dessa espécie é a maioria dos juízos com que se pretende exaltar a sabedoria divina, atribuindo-lhe nas obras da criação e conservação intenções que servem na verdade para glorificar a própria sabedoria do pensador.

Seção segunda

DIALÉTICA DA FACULDADE DE JULGAR TELEOLÓGICA

§ 69

O que é uma antinomia da faculdade de julgar

A faculdade de julgar determinante não tem por si princípios que sirvam de fundamentos a conceitos de objetos. Não é uma autonomia, pois se limita a subsumir sob conceitos ou leis dados, a título de princípios. Precisamente por isso não se encontra exposta a nenhum perigo de parte de sua própria autonomia nem a colisões entre seus princípios. Assim, a faculdade de julgar transcendental, que continha as condições para subsumir sob categorias, não era por si nomotética, mas limitava-se a nomear as condições da intuição sensível sob as quais se pode dar realidade (aplicação) a um conceito dado, como lei do entendimento, de modo que jamais podia colocar-se em desacordo consigo mesma (pelo menos segundo os princípios).

Em contrapartida, a faculdade de julgar reflexionante há de subsumir sob uma lei que ainda não está dada e que, por conseguinte, não é na realidade senão um princípio da reflexão sobre objetos para os quais objetivamente carecemos em absoluto de lei, ou de um conceito do objeto que resulte suficiente como princípio para os casos que se apresentem. Pois bem, como não se pode admitir um uso das faculdades de conhecimento sem princípios, em tais casos a faculdade de julgar reflexionante tem que servir de princípio a si mesma, princípio que, não sendo objetivo e não podendo proporcionar do objetivo motivo de conhecimento suficiente a esse respeito, há de servir apenas de princípio subjetivo para o uso idôneo das faculdades de conhecimento para que estas reflitam sobre uma classe de objetos. Consequentemente, com relação a esses casos, a faculdade de julgar reflexionante tem suas máximas, e até necessárias, com vistas ao conhecimento das leis naturais na experiência, para por meio delas chegar a conceitos, embora sejam estes conceitos de razão, sempre que os necessite absolutamente para conhecer a natureza segundo suas leis empíricas. Entre essas máximas necessárias da faculdade de julgar especulativa pode-se produzir uma colisão, isto é, ter lugar uma antinomia; nisso se funda uma dialética que pode ser qualificada de dialética natural quando cada uma das duas máximas em colisão tem seu fundamento na natureza das faculdades de conhecimento, e uma inevitável luz enganosa que deve ser exposta e resolvida na crítica para que não iluda.

§ 70

Representação desta antinomia

Na medida em que a razão tem que tratar da natureza como soma dos objetos dos sentidos externos, pode fundar-se em leis que o entendimento prescreve em parte ele mesmo *a priori* à natureza e em parte pode ampliar-se até o incalculável por meio das determinações empíricas que se apresentem na experiência. Para aplicar a primeira classe de leis, ou seja, as universais da natureza material, a faculdade de julgar não necessita de nenhum princípio de reflexão especial, pois nisso é determinante porque pelo entendimento lhe é dado um princípio objetivo. Porém, quanto às leis particulares de que apenas nos inteiramos pela experiência, pode haver entre elas tamanha diversidade e heterogeneidade que a faculdade de julgar tenha que servir de princípio a si mesma, ao menos para ir em busca de uma lei nos fenômenos da natureza, já que a necessita como guia, contanto que apenas queira ter a esperança de chegar a um conhecimento coerente da experiência segundo uma legalidade geral da natureza, e a unidade desta última segundo leis empíricas. Nesta unidade casual das leis particulares pode dar-se então o caso de que em sua reflexão a faculdade de julgar parta de duas máximas, uma das quais lhe é oferecida *a priori* pelo mero entendimento, enquanto a outra resulta de experiências particulares que põem em jogo a razão para que proceda ao julgamento da natureza corpórea e de suas leis segundo um princípio particular. E então ocorre que essas duas máximas diferentes não aparentam poder ser compatíveis, o que suscita, portanto, uma dialética que desconcerta a faculdade de julgar no princípio de sua reflexão.

A primeira dessas máximas é a tese: Toda produção de coisas materiais e de suas formas tem que ser julgada possível segundo leis meramente mecânicas.

A segunda máxima é a antítese: Alguns produtos da natureza material não podem ser julgados possíveis segundo leis meramente mecânicas (seu juízo requer outra lei, completamente distinta, de causalidade: a das causas finais).

Sendo assim, transformando esses princípios reguladores para a investigação em constitutivos da possibilidade dos objetos mesmos, diriam assim:

Tese: Toda produção de coisas materiais é possível segundo leis meramente mecânicas.

Antítese: Alguma produção delas não é possível segundo leis meramente mecânicas.

Nesta última qualidade, como princípios objetivos para a faculdade de julgar determinante, se contradizem reciprocamente: portanto, uma das duas proposições seria necessariamente falsa. E então isso seria, sim, uma antinomia, porém não da faculdade de julgar, mas sim uma colisão na legislação da razão. Contudo, a razão não pode demonstrar nenhum desses dois princípios, porque não podemos ter um princípio determinante *a priori* da possibilidade das coisas segundo leis meramente empíricas da natureza.

Pelo contrário, a primeira máxima da faculdade de julgar reflexionante que expusemos não contém na realidade contradição alguma. De fato, quando digo: tenho que julgar segundo leis puramente mecânicas todos os acontecimentos da natureza material, e, por isso, também todas as formas como produtos desta, segundo sua possibilidade, não digo com isso: apenas são possíveis desse modo (com exclusão de qualquer outro tipo de causalidade); pelo contrário, quero indicar: devo refletir sempre sobre elas segundo o princípio do mero mecanismo da natureza e, por isso, investigar este até onde me seja possível, porque sem tomá-lo por fundamento da investigação, não pode haver nenhum conhecimento da natureza propriamente dito. Pois bem, isso não impede que, caso se apresente a ocasião, por exemplo: em algumas formas da natureza (e até, por ocasião delas, na natureza inteira), a segunda máxima se ponha a buscar um princípio, a saber: o das causas finais, e a refletir sobre essas formas, princípio que é completamente distinto da explicação pelo mecanismo da natureza. De fato, não por isso se suprime a reflexão feita segundo a primeira máxima, pelo contrário, impõe-se conduzi-la tão longe quanto seja possível, e isso tampouco quer dizer que segundo o mecanismo da natureza não sejam possíveis aquelas formas. A única coisa que se sustenta é que a razão humana, seguindo essa reflexão e procedendo desse modo, jamais poderá descobrir o menor fundamento do que constitui o específico de um fim natural, mas sim outros conhecimentos de leis naturais; deixando assim sem solução a questão de se no fundo intrínseco, para nós desconhecido, da natureza mesma, não coincidiriam num mesmo princípio o nexo físico-mecânico e o finalista da mesma coisa; porém, nossa razão não é capaz de uni-los nele, e, portanto, a faculdade de julgar, como reflexionante (com base num motivo subjetivo), não como determinante (como resultado de um princípio objetivo da possibilidade das coisas em si), se vê obrigada a conceber, para certas formas da natureza, outro princípio, como fundamento de sua possibilidade, que o do mecanismo natural.

§ 71

Preparação para resolver a antinomia anterior

De modo algum podemos demonstrar a impossibilidade de obter produtos naturais organizados senão pelo mero mecanismo da natureza, porque não podemos penetrar em seu primeiro fundamento intrínseco a infinita variedade das leis particulares da natureza, contingentes para nós já que são conhecidas apenas empiricamente, e desse modo não nos é possível alcançar em absoluto o princípio intrínseco, totalmente suficiente, da possibilidade de uma natureza (princípio situado no suprassensível). Portanto, a questão de se a faculdade produtiva da natureza basta também para aquilo que julgamos como formado e unido pela ideia dos fins, e igualmente para aquilo para o qual cremos necessitar apenas de um maquinismo da natureza; e a de se para as coisas como verdadeiros fins da natureza (como necessariamente temos que julgá-las) não haverá na realidade, no fundo, outra classe completamente distinta da causalidade originária, que não pode estar contida na natureza material ou em seu substrato inteligível, a saber: um entendimento arquitetônico – são questões sobre as quais não pode dar-nos em absoluto a menor informação nossa razão muito estreitamente limitada quanto ao conceito de causalidade, se este há de ser especificado *a priori*. E tão indubitavelmente certo é também que tampouco o mero mecanismo da natureza para a produção de seres organizados pode nos proporcionar algum motivo explicativo com relação à nossa faculdade de conhecer. Consequentemente, para a faculdade de julgar reflexionante vale como princípio inteiramente exato o de que para a tão notória conexão das coisas segundo causas finais é necessário conceber uma causalidade distinta do mecanismo, a saber: a de uma causa (inteligente) do mundo que opere segundo fins. Não importa que esse princípio resulte muito precipitado e indemonstrável para a faculdade de julgar determinante. No primeiro caso, esse princípio é mera máxima da faculdade de julgar, na qual o conceito dessa causalidade é uma mera ideia à qual não se trata de atribuir realidade alguma, mas que se emprega apenas como guia da reflexão, que continua sempre aberta a todas as razões explicativas mecânicas, sem sair do mundo dos sentidos; no segundo caso, seria este um princípio objetivo prescrito pela razão e ao qual teria que se submeter decididamente a faculdade de julgar, de modo que esta, saindo do mundo sensível, se lançaria pelo transcendente e talvez se extraviaria.

Consequentemente, toda aparência de antinomia entre as máximas do modo de explicação propriamente físico (mecânico) e teleológico (técnico) se baseia em que se confunde um princípio da faculdade de julgar reflexionante com o da determinante, e a autonomia da primeira (válida apenas subjetivamente para o uso de nossa razão com relação às leis particulares da experiência) com a heteronomia da outra, que precisa ser regida pelas leis (universais ou particulares) dadas pelo entendimento.

§ 72

Dos diversos sistemas sobre a idoneidade da natureza

Ninguém colocou em dúvida a legitimidade do princípio de que sobre certas coisas da natureza (seres organizados) e sua possibilidade deve-se julgar pelo conceito de causas finais, nem sequer no caso de que, para conhecer suas qualidades por observação, se peça um guia, sem elevar-se a investigar acerca de sua origem primeira. Por conseguinte, não cabe mais que a seguinte questão: vale apenas subjetivamente esse princípio, isto é, como máxima de nossa faculdade de julgar, ou é um princípio objetivo da natureza, em virtude do qual corresponderia a esta, além de seu mecanismo (segundo as meras leis do movimento), outro tipo até de causalidade: o das causas finais, abaixo das quais estariam aquelas (as forças motrizes) a título somente de causas médias?

Sendo assim, esta questão ou problema poderia, para a especulação, ficar totalmente indeciso e sem solução, porque se nos reduzíssemos a levar a especulação dentro dos limites do mero conhecimento da natureza, bastariam-nos aquelas máximas para estudar a natureza e esquadrinhar seus mais recônditos segredos, até onde alcancem as forças humanas. Por conseguinte, sem dúvida por um pressentimento de nossa razão ou por uma espécie de sinal que nos fez a natureza, cremos que por meio daquele conceito de causas finais podemos ir perfeitamente além da natureza e amarrá-la no ponto culminante da série de causas originais abandonando a investigação da natureza (mesmo que nela não tenhamos chegado ainda muito longe) ou, pelo menos, deixando-a de lado algum tempo e tentando averiguar previamente aonde nos conduz aquele forasteiro na ciência da natureza, a saber: o conceito de fins da natureza.

É evidente que nesse caso aquela máxima indiscutida passaria a ser um problema que abrisse amplo campo a discussões: o de se a união de fins da natureza demonstra uma classe especial de causalidade para ela, ou se, considerando em si mesmo e segundo princípios objetivos, não é, pelo contrário, o mesmo que o mecanismo da natureza, ou se baseia no mesmo fundamento; mas acontece que nós, como este se encontra amiúde muito profundamente escondido em muitos produtos da natureza, recorremos a um princípio subjetivo: o da arte, ou seja, da causalidade segundo ideias, com o intento de atribuí-la por analogia à natureza; recurso que, se nos serve bem em alguns casos, parece fracassar em outros, e em nenhum nos autoriza a introduzir na ciência da natureza um modo de ação particular, diferente da causalidade segundo leis meramente mecânicas da natureza. Dando o nome de técnica ao procedimento (causalidade) da natureza por causa das analogias com fins que encontramos em seus produtos, dividi-la-emos em técnica intencional e técnica natural. A primeira significará que a capacidade produtiva da natureza por causas finais deve ser tida como tipo especial de causalidade; a segunda, que no fundo é totalmente idêntica ao mecanismo da natureza e que se interpreta falsamente como tipo especial de produção da natureza a coincidência contingente com nossos conceitos da arte e com suas regras como condição meramente subjetiva para julgá-la.

Ao falar, agora, dos sistemas da explicação da natureza com relação às causas finais, ter-se-á que observar sem dúvida que todos eles se contradizem entre si no dogmático, isto é, sobre os princípios objetivos da possibilidade das coisas, seja por causas que atuam intencionalmente ou puramente sem intenção, mas não sobre a máxima subjetiva de limitar-se a julgar sobre a causa desses produtos conformes a um fim, caso, este último, em que cabe ainda combinar princípios díspares, ao contrário do primeiro, em que os contraditoriamente opostos se eliminam entre si e não podem coexistir.

Os sistemas relativos à técnica da natureza, ou seja, a sua força produtiva segundo a regra dos fins, são de duas classes: os do idealismo e os do realismo dos fins naturais. O primeiro sustenta que toda a idoneidade da natureza é não intencional; o segundo, que alguma dessa idoneidade (nos seres organizados) é intencional; de onde também se poderia retirar, pois, a consequência de que é intencionada, isto é, fim, a técnica da natureza, o que se aplica também a todos seus demais produtos com relação ao todo da natureza.

1. O idealismo da idoneidade (entendendo sempre nesse caso a objetiva) é, então, ou o da causalidade, ou então o da fatalidade da determinação da natureza na forma idônea de seus produtos. O primeiro princípio refere-se à relação da matéria com o fundamento físico de sua forma, a saber: as leis do movimento; o segundo, à relação com seu fundamento hiperfísico, que o é de toda a natureza. O sistema da causalidade, atribuído a Epicuro ou a Demócrito, é tão absurdo, se tomado ao pé da letra, que não vale a pena deter-se nele; em contrapartida, não é tão fácil refutar o sistema da fatalidade (cuja autoria se atribui a Spinoza, embora tudo induza a supô-lo mais antigo), que invoca algo suprassensível, o qual, pois, nossa inteligência não alcança, e não porque nem sequer se possa entender seu conceito do ser original. A única coisa clara é, contudo, que a união segundo fins no mundo tem que ser presumida não intencional nesse conceito (porque deriva de um ser original, mas não de seu entendimento e, por isso, não de intenção sua, mas sim da necessidade de sua natureza e da unidade do mundo que dela procede), ou seja, o fatalismo da idoneidade é ao mesmo tempo idealismo dela.

2. O realismo da idoneidade da natureza também é, já físico, já hiperfísico. O primeiro baseia os fins da natureza no análogo de uma faculdade que opera com intenção: na vida da matéria (a vida que há nesta ou também a devida a um princípio interno animador, a uma alma do mundo), e se chama hilozoísmo. O segundo a deriva do fundamento

original do universo, como ser dotado de entendimento (e originalmente vivente) que produz com intenção, e é o teísmo*.

§ 73

Nenhum dos sistemas anteriores alcança o que pretende

O que perseguem todos esses sistemas? Explicar nossos juízos teleológicos sobre a natureza. Para isso, uns negam a verdade desses juízos, declarando, consequentemente, que são um idealismo da natureza (apresentada como arte), enquanto outros os reconhecem como verdadeiros e prometem expor a possibilidade de uma natureza segundo a ideia das causas finais.

1. Os sistemas que advogam o idealismo das causas finais da natureza admitem, sim, por um lado, no princípio delas uma causalidade segundo as leis do movimento (pelas quais existem idoneamente as coisas da natureza); porém, negam nela a intencionalidade, isto é, que a natureza esteja determinada intencionalmente para essa sua produção idônea, ou, dito com outras palavras: que um fim seja a causa. É o tipo de explicação de Epicuro, segundo a qual se nega totalmente a diferença entre uma técnica da natureza e a mera mecânica, e não apenas para a coincidência dos produtos obtidos com nossos conceitos do fim, ou seja, para a técnica, mas também para a determinação das causas dessa produção segundo as leis do movimento, ou seja, para sua mecânica, se adota como fundamento explicativo o cego acaso, e, consequentemente, nada explica nem sequer a aparência enganosa de nosso juízo teleológico; portanto, de modo algum se expõe o suposto idealismo deste.

* Por isso se vê que, na maioria das coisas especulativas da razão pura, na medida em que se refere às afirmações dogmáticas, as escolas filosóficas costumaram experimentar todas as soluções possíveis sobre uma questão determinada; assim, sobre a idoneidade da natureza, para esse objeto resulta o mesmo a matéria inerte ou um Deus inerte que uma matéria viva ou ainda um Deus vivo. Para nós, não resta outro recurso senão, em caso necessário, prescindir de todas essas afirmações objetivas e ponderar criticamente nosso juízo em relação apenas a nossas faculdades de conhecimento, para proporcionar a seu juízo a validade de uma máxima, validade, se não dogmática, suficiente pelo menos para o uso seguro da razão.

Por outro lado, Spinoza pretende que renunciemos a pedir o fundamento da possibilidade dos fins da natureza e privar de toda realidade essa ideia, por considerá-los não produtos, mas acidentes inerentes a um ser original, ao qual, como substrato daquelas coisas da natureza, atribui com relação a elas, não causalidade, mas apenas subsistência, e, embora garanta (devido à necessidade absoluta desse ser junto a todas as coisas da natureza como acidentes inerentes a ele) às formas da natureza a unidade de fundamento exigida para toda idoneidade, suprime ao mesmo tempo a causalidade delas, sem a qual não se pode conceber uma unidade de fim, e, com ela, descarta todo o intencional, assim como todo entendimento, da causa original das coisas da natureza.

No entanto, o spinozismo não alcança o que pretende. Quer encontrar um motivo de explicação da união segundo fins (que ele não nega) das coisas da natureza, e se limita a mencionar a unidade do sujeito a que todas elas são inerentes. Porém, mesmo concedendo-lhe esse modo de existir para os seres do mundo, não resulta ainda imediatamente unidade de fim aquela unidade ontológica, nem de modo algum a torna compreensível. A primeira é, de fato, um tipo muito especial da segunda, e não se deduz da união das coisas (seres do mundo) num sujeito (o ser original), mas implica absolutamente a relação com uma causa provida de entendimento, e mesmo reunindo todas essas coisas num simples sujeito nunca exporia uma referência a um fim, sempre que entre elas não se conceba, primeiramente, efeitos intrínsecos da substância como causa, e, em segundo lugar, como causa delas em virtude de seu entendimento. Sem todas essas condições formais, toda unidade é mera necessidade natural, e cega necessidade caso se atribua, apesar de tudo, às coisas que nos representamos como alheias entre si. E caso se queira chamar de idoneidade da natureza o que essa escola qualifica de perfeição transcendental das coisas (com relação ao seu próprio ser), em virtude da qual todas as coisas têm em si o que se exige para ser tal coisa e não outra, cairemos num pueril jogo de palavras em vez de conceitos, visto que, se todas as coisas têm que ser concebidas como fins e, assim, ser coisa e ser fim é o mesmo, no fundo nada haverá que possa ser representado especialmente como fim.

A partir disso se vê perfeitamente que, reduzindo nossos conceitos do idôneo da natureza à consciência de nós mesmos num ser que tudo abarca (porém, ao mesmo tempo, simples), e buscando aquela forma meramente na unidade deste último, Spinoza deve ter tido a intenção de sustentar não o realismo, mas apenas o idealismo da idoneidade dessa forma, intenção que, contudo, não pôde realizar porque a mera representação da unidade do substrato não pode alcançar sequer a ideia de uma idoneidade tão-somente inintencional.

2. Aqueles que não apenas sustentam o realismo dos fins da natureza, mas também presumem, além disso, poder explicá-lo, creem que podem reconhecer, pelo menos segundo sua possibilidade, uma classe especial de causalidade, a saber: a de causas que atuam intencionalmente, pois do contrário não poderiam começar a explicar aqueles fins, já que para permitir-se a hipótese mais audaz é necessário pelo menos estar seguro da possibilidade daquilo que se aceita como fundamento, e é preciso poder assegurar a seu conceito sua realidade objetiva.

Porém, nem sequer cabe pensar a possibilidade de uma matéria viva (pois seu conceito encerra uma contradição, porque o caráter essencial desta é constituído pela falta de vida, a *inertia*); a de uma matéria animada e de toda a natureza como animal só com dificuldade pode ser usada na medida em que (com vistas a uma hipótese da idoneidade do grande da natureza) se nos manifesta na experiência na organização do pequeno da natureza, mas de modo algum ser reconhecida *a priori* segundo sua possibilidade. Consequentemente, incorrer-se-á numa circularidade na explicação quando, partindo-se da vida da matéria, se pretende explicar a idoneidade da natureza nos seres organizados, vida que, por sua vez, não se conhece a não ser em seres organizados, de modo que sem essa experiência não cabe formar um conceito da possibilidade desses seres. Consequentemente, o hilozoísmo não cumpre o que promete.

O teísmo, por último, revela a mesma impotência para fundamentar dogmaticamente a possibilidade dos fins da natureza como chave para a teleologia, embora sobre todos os fundamentos explicativos dela tenha a vantagem de que, mediante o entendimento que atribui ao ser original, é o que melhor logra subtrair do idealismo a idoneidade da natureza e institui uma causalidade intencional para a produção desta última.

De fato, para que fosse lícito colocar seu fundamento, de modo determinado, para além da natureza, seria preciso demonstrar, antes de mais nada, de modo suficiente para a faculdade de julgar determinante, a impossibilidade da idoneidade da matéria pelo mero mecanismo desta. Contudo, a única coisa que podemos esclarecer é que, segundo a qualidade e os limites de nossas faculdades de conhecimento (nós não reconhecendo nem sequer o primeiro fundamento intrínseco desse mecanismo), de modo algum temos que buscar na matéria um princípio de relações de fins determinadas, a não ser que não nos reste outro modo de julgar a obtenção de seus produtos senão atribuindo-os a um entendimento superior como causa do mundo. Porém, isso é apenas um fundamento para a faculdade de julgar reflexionante, não para a determinante, e de modo algum pode nos autorizar afirmação objetiva alguma.

§ 74

A causa da impossibilidade de tratar dogmaticamente o conceito de uma técnica da natureza é a inexplicabilidade de um fim natural

Procedemos dogmaticamente com um conceito (mesmo que esteja condicionado empiricamente) quando o consideramos contido sob outro conceito do objeto, que constitui um princípio da razão, definindo-o em conformidade com este. Em contrapartida, procedemos apenas criticamente com ele quando o consideramos com relação unicamente à nossa faculdade de conhecimento, e, assim, com as condições subjetivas para concebê-lo, sem tratar de decidir nada sobre seu objeto. O procedimento dogmático com um conceito é, pois, o legal para a faculdade de julgar determinante, enquanto o crítico é o que apenas o é para a reflexionante.

Sendo assim, o conceito de uma coisa como fim natural é um conceito que subsume a natureza sob uma causalidade concebível apenas pela razão, para julgar segundo esse princípio o que do objeto é dado na experiência.

Porém, para utilizá-lo dogmaticamente para a faculdade de julgar determinante, teríamos que estar previamente seguros da realidade objetiva desse conceito, porque do contrário não poderíamos subsumir sob ele coisa alguma da natureza. Mas, ainda que o conceito de uma coisa como fim natural seja empiricamente condicionado, isto é, apenas possível sob certas condições dadas na experiência, é um conceito que não se pode abstrair dela, mas que apenas é possível segundo um princípio da razão no juízo do objeto. Pode ocorrer, portanto, que não possa ser reconhecido nem baseado dogmaticamente como tal princípio por sua realidade objetiva (ou seja, que em conformidade com ele seja possível um objeto), e não saberemos então se é somente um conceito raciocinante e objetivamente vazio (*conceptus ratiocinans*) ou um conceito de razão, que fundamenta um conhecimento e está confirmado pela razão (*conceptus ratiocinatus*). Por conseguinte, não pode ser tratado dogmaticamente para a faculdade de julgar determinante, isto é, não apenas não se pode decidir se coisas da natureza consideradas como fins exigem ou não para sua produção uma causalidade de índole muito especial (a intencional), mas também que nem sequer se pode colocar essa questão, porque o conceito de um fim natural, segundo sua realidade objetiva, tampouco é demonstrável pela razão (ou seja, não é constitutivo para a faculdade de julgar determinante, mas apenas regulador para a reflexionante).

E que não o é, resulta claro do fato de que, como conceito de um produto da natureza, encerra em si necessidade natural e ao mesmo tempo uma contingência da forma do objeto (com relação a simples leis da natureza) nas mesmas coisas como fim; consequentemente, para que nesse caso não haja contradição, deve conter um fundamento para a possibilidade da coisa na natureza, porém, ao mesmo tempo, um fundamento da possibilidade dessa natureza mesma e de sua relação com algo que não é natureza empiricamente cognoscível (suprassensível) e, por isso, não cognoscível para nós, para ser julgado por outra classe de causalidade que não seja a do mecanismo natural, caso se queira decidir de sua possibilidade. Pois bem, como para a faculdade de julgar determinante o conceito de uma coisa como fim natural é transcendente se o objeto for considerado pela razão (mesmo que para a faculdade de julgar reflexionante seja imanente com relação aos objetos da experiência), e, por isso, não pode proporcionar-lhe realidade objetiva para juízos determinantes, se compreende por isso que nenhum dos sistemas que podem projetar-se para o tratamento dogmático do conceito de fins naturais, e do da natureza como um todo enlaçado por causas finais, possa decidir nada nem afirmando objetivamente nem negando objetivamente, visto que, se as coisas forem subsumidas sob um conceito que seja apenas problemático, seus predicados sintéticos (por exemplo, nesse caso: se é intencional ou inintencional o fim da natureza, que concebemos para a produção das coisas), tais juízos (problemáticos) têm que prescindir do objeto não sabendo se se julga sobre algo ou sobre nada. Em todo caso, o conceito de uma causalidade por fins (arte) tem realidade objetiva, assim como o de uma causalidade pelo mecanismo da natureza. Porém, o conceito de uma causalidade da natureza pela regra dos fins, e mais ainda de um ser tal que não nos pode ser dado na experiência, como é o considerado fundamento original da natureza, pode ser concebido, sim, sem contradição, mas não servir para determinações dogmáticas, visto que não se pode assegurar por nada sua realidade objetiva porque não pode ser deduzido da experiência nem é exigível para a possibilidade desta. E ainda que assim fosse, como posso seguir contando entre os produtos da natureza coisas positivamente indicadas como produtos divinos, se precisamente a incapacidade da natureza para produzi-los fez com que fosse necessário recorrer a uma causa diferente dela?

§ 75

O conceito de uma idoneidade objetiva da natureza é um princípio crítico da razão para a faculdade de julgar especulativa

Porém é algo completamente distinto quando digo: a produção de certas coisas da natureza, e até mesmo a natureza toda, é possível apenas com base numa causa que por intenções se determina a operar, ou então: pela constituição peculiar de minhas faculdades de conhecimento não posso julgar da possibilidade dessas coisas e de sua produção de outro modo que concebendo para estas uma causa que atue segundo intenções, ou seja: um ser que é produtivo por analogia com a causalidade de um entendimento. No primeiro caso pretendo decidir algo sobre o objeto e estou obrigado a expor a realidade objetiva de um conceito admitido; no segundo, a razão determina apenas o uso de minhas faculdades de conhecimento de acordo com sua peculiaridade, e as condições essenciais de seu alcance assim como de seus limites. Consequentemente, o primeiro princípio é um princípio objetivo para a faculdade de julgar determinante; o segundo, um princípio subjetivo apenas para a reflexionante e, por isso, uma máxima dela que lhe impõe a razão.

E o fato é que necessitamos imprescindivelmente atribuir à natureza o conceito de uma intenção se queremos tão-somente explorá-la mediante perseverada observação de seus produtos organizados, e para o uso de experiência de nossa razão esse conceito já é, portanto, uma máxima absolutamente necessária. É evidente que, uma vez que tenha sido aceito e ratificado semelhante guia para o estudo da natureza, temos pelo menos que experimentar também no todo da natureza a máxima concebida da faculdade de julgar, porque por ela cabe descobrir ainda outras leis da natureza que do contrário permaneceriam escondidas para nós por causa da limitação dos nossos conhecimentos do intrínseco do mecanismo da natureza. No entanto, no que diz respeito a este último uso, essa máxima da faculdade de julgar é útil mas não indispensável, porque a natureza em conjunto não se apresenta a nós organizada (no mais estrito sentido da palavra indicado anteriormente). Pelo contrário, no que diz respeito a seus produtos, que de modo necessário têm que ser julgados como unicamente formados com semelhante intenção e não de outro modo, é essencialmente necessária essa máxima da faculdade de julgar reflexionante, embora não seja mais que para adquirir um conhecimento empírico de sua constituição interior porque até mesmo o pensamento deles como coisas organizadas é impossível sem associar-lhe o pensamento de uma produção com intenção.

Sendo assim, o conceito de uma coisa cuja existência ou forma nos representamos como possíveis sob a condição de um fim se encontra inseparavelmente unido ao conceito de uma contingência dessa coisa (por leis naturais). É por isso que as coisas naturais que apenas como fins julgamos possíveis constituem a melhor prova da contingência do universo e são a única razão demonstrativa, válida tanto para o entendimento comum como para o filósofo, da dependência e procedência desse universo de um ser existente fora do mundo, e precisamente de um ser dotado de entendimento (por causa daquela forma idônea); e que, consequentemente, a teleologia não encontra senão numa teologia o que possa completar a explicação de suas investigações.

Porém, o que demonstra, em suma, também a teologia mais completa? Por acaso que existe semelhante ser dotado de entendimento? Não; nada mais a não ser que, segundo a constituição de nossas faculdades de conhecimento, ou seja, combinando a experiência com os princípios supremos da razão, não podemos em absoluto formar conceito algum da possibilidade desse mundo que não seja concebendo para ele uma causa suprema que opere intencionalmente. Por conseguinte, objetivamente não podemos apresentar a proposição: há um ser original inteligente, mas apenas subjetivamente para o uso de nossa faculdade de julgar em sua reflexão sobre os fins da natureza, que não podem ser concebidos por outro princípio senão pelo de uma causalidade intencional de uma causa suprema.

Se pretendêssemos apresentar dogmaticamente, com base em razões teleológicas, a proposição que figura no princípio deste parágrafo, ver-nos-íamos envolvidos em dificuldades das quais não poderíamos sair, visto que, como fundamento dessas conclusões, deveríamos admitir necessariamente a proposição: os seres organizados do mundo não são possíveis de outro modo senão por uma causa que atue intencionalmente; mas com isso teríamos que querer sustentar inelutavelmente que, como apenas podemos seguir essas coisas sob a ideia dos fins em seu nexo causal e este apenas podemos conhecê-lo segundo sua legalidade, estaríamos também autorizados a pressupor que isso é condição indispensável para todo ser que pensa e conhece, e, portanto, inerente ao objeto e não apenas a nosso sujeito. Porém, com semelhante afirmação não resolvemos a situação, visto que, como não observamos propriamente como intencionais os fins da natureza, pelo contrário, limitamo-nos a incorporar mentalmente esse conceito como guia da faculdade de julgar em sua reflexão sobre os produtos da natureza, esses fins não nos são dados pelo objeto. *A priori*, é inclusive impossível justificar como admissível esse conceito levando em conta sua realidade objetiva. Consequentemente, resta-nos simplesmente uma proposição apoiada apenas em condições subjetivas, a da nossa faculdade de julgar reflexionante de acordo com nossas faculdades de conhecimento, proposição que, expressa com pretensões de validade objetiva dogmática, diria assim: há um Deus; porém para nós, os homens, só nos é permitida a fórmula limitada: a idoneidade que temos que tomar por fundamento até de nosso conhecimento da possibilidade intrínseca de muitas coisas da natureza não pode sequer ser concebida nem ser tornada compreensível de outro modo que representado-a para nós, ela e até ao próprio mundo, como produto de uma causa inteligente (de um Deus).

Pois bem, se essa proposição fundada numa máxima inevitavelmente necessária de nossa faculdade de julgar resulta totalmente satisfatória para todo uso, tanto especulativo quanto prático, de nossa razão para toda perspectiva humana, eu gostaria muito de saber o que perderíamos se pudéssemos demonstrar que não é válido também para seres superiores, ou seja: com base em puras razões objetivas (que desgraçadamente estão além do alcance de nossa capacidade). Porque é completamente seguro que por meros princípios mecânicos da natureza nunca chegaremos a conhecer suficientemente os seres organizados e sua possibilidade intrínseca, e muito menos poderemos explicá-los; e isso é tão certo que se pode dizer resolutamente que é insano por parte dos homens conceber sequer tal propósito, ou esperar que talvez um dia haja outro Newton que possa tornar compreensível mesmo que não seja mais que a produção de um caule de grama por leis naturais que nenhuma intenção haja ordenado, pelo contrário, é um conhecimento que está absolutamente vetado aos homens. Porém, nós também incorreríamos num juízo temerário caso negássemos também que na natureza, se pudéssemos penetrar até seu princípio na especificação de suas leis gerais para nós conhecidas, se esconde uma razão suficiente da possibilidade de seres organizados, sem atribuir uma intenção a sua produção (ou seja, em seu mero mecanismo), pois de onde viríamos a sabê-lo? Nesse ponto, em que estão em jogo juízos da razão pura, de nada servem as probabilidades. Portanto, nenhum juízo objetivo podemos formular, afirmativo ou negativo, sobre a proposição: O que com razão qualificamos de fins da natureza tem por fundamento, como causa do mundo (ou seja: como autor), um ser que opera com intenções? A única coisa certa, a julgar pelo menos pelo que nos é dado conhecer por nossa própria natureza (segundo as condições e limites de nossa razão), é simplesmente que, como fundamento da possibilidade desses fins da natureza, só podemos admitir um ser inteligente, o qual se harmoniza com a máxima de nossa faculdade de julgar reflexionante e, consequentemente, com um fundamento subjetivo, porém inevitavelmente inerente ao gênero humano.

§ 76

COMENTÁRIO

Esta consideração, muito digna de ser exposta em detalhe na filosofia transcendental, só pode ser tratada episodicamente nesta obra, para esclarecer a tese exposta, não para demonstrá-la.

A razão é uma faculdade de princípios e em sua mais extrema aspiração tende ao incondicionado, enquanto o entendimento apenas sob certa condição que é necessário que ocorra está a seu serviço; mas sem os conceitos do entendimento, aos quais se tem que dar realidade objetiva, nada pode julgar objetivamente (sinteticamente) a razão, e como razão teórica não encerra por si só o menor princípio constitutivo, mas apenas princípios reguladores. Logo se percebe que, quando o entendimento não pode seguir, a razão se faz transcendente, e se manifesta em ideias certamente fundadas (como princípios reguladores), mas não em conceitos objetivamente válidos; o entendimento, em contrapartida, que não pode competir com ela, mas que parece necessário para a validade dos objetos, circunscreve a validade daquelas ideias da razão unicamente ao sujeito, embora tornando-a universal para todos dessa espécie, isto é, que lhes põe como condição que não se pode nem se deve pensar de outro modo segundo a natureza de nossa faculdade de conhecimento (humana), ou sobretudo segundo o conceito que podemos chegar a formar da capacidade de um ser racional finito; porém, sem afirmar com isso que se encontra no objeto o fundamento de semelhante juízo. Vamos dar alguns exemplos que, certamente, são demasiado importantes e até mesmo difíceis para impô-los imediatamente ao leitor como teses demonstradas, porém que podem lhe dar matéria para refletir, e servir de esclarecimento para o que constitui propriamente o objeto desta obra.

É indispensavelmente necessário para o entendimento humano distinguir entre a possibilidade e a realidade das coisas. A razão disso está no sujeito e na índole de suas faculdades de conhecimento, visto que, se para este seu exercício não se exigissem duas partes completamente heterogêneas: o entendimento para os conceitos e a intuição sensível para os objetos que lhes correspondem, não haveria semelhante diferença (entre o possível e o real). Se nosso entendimento fosse intuitivo não teria outros objetos a não ser o real. Não existiriam os conceitos (voltados apenas para a possibilidade de um objeto) nem as intuições sensíveis (que nos dão algo sem por isso fazer-nos conhecê-lo como objeto). Sendo assim, toda nossa distinção entre o meramente possível e o real reside em que o primeiro significa somente a posição da representação de uma coisa com relação ao nosso conceito e, sobretudo, à faculdade de pensar, enquanto o último significa a posição da coisa em si mesma (fora do conceito). Por conseguinte, a distinção entre coisas possíveis e reais é uma distinção que só vale subjetivamente para o entendimento humano, visto que sempre podemos ter algo no pensamento apesar de que não exista, ou representar-nos algo como dado apesar de que ainda não tenhamos conceito disso. Portanto, as proposições: pode haver coisas possíveis sem ser reais, e, por isso, da mera possibilidade não se pode concluir a realidade, passam por absolutamente corretas para a razão humana, sem demonstrar por isso que essa diferença esteja nas coisas em si. De fato, que disso não se pode tirar tal conclusão e, por isso, que essas proposições valem, sim, para objetos, na medida em que nossa faculdade de conhecer, como condicionada sensivelmente, se ocupa também de objetos dos sentidos, mas não de coisas propriamente, resulta da irrenunciável exigência da razão de admitir como existente com absoluta necessidade um algo qualquer (o fundamento original), no qual já não cabe distinguir entre possibilidade e realidade, e para cuja ideia nosso entendimento não tem o menor conceito, isto é, que não pode encontrar a maneira de representar-se essa coisa e seu modo de existir, visto que, se a pensa (como queira que a pense), apenas como possível é representada, e se tem consciência dela como dada na intuição já é real, sem que então caiba conceber algo que signifique possibilidade. É por isso que o conceito de um ser absolutamente necessário é, sim, uma ideia de razão, mas um conceito problemático inalcançável para o entendimento humano; contudo, é válido para o uso de nossas faculdades de conhecimento segundo sua constituição peculiar, e, portanto, não do objeto e com ele para todo ser cognoscente, porque não posso pressupor que o pensar e a intuição sejam em ambas as condições distintas do exercício de suas faculdades de conhecimento, ou seja, da possibilidade e da realidade das coisas. Um entendimento no qual não existisse essa diferença diria assim: todos os objetos que conheço são (existem) – e a possibilidade de alguns que na realidade não existem, isto é, sua contingência supondo que existam, e, assim, também a necessidade como distinta da contingência, não caberiam de modo algum na representação de um tal ser. Porém, o que resulta tão incômodo para nosso entendimento, fazer com seus conceitos o mesmo que a razão nesse caso, é apenas que para ele, como entendimento humano, é transcendente (ou seja, impossível segundo as condições subjetivas de seu conhecimento) o que, contudo, a razão constitui em princípio como pertencente ao objeto. Nisso vigora a máxima de que todos os objetos cujo conhecimento supera a capacidade do entendimento, concebemo-los segundo as condições subjetivas, necessariamente inerentes à nossa natureza (ou seja, à humana), para o exercício de suas faculdades; e se os juízos desse modo formulados (como não pode ser de outro modo com relação aos conceitos transcendentes) não podem ser princípios constitutivos que determinem o objeto tal como está constituído, seguirão sendo, pois, princípios reguladores, imanentes e seguros no exercício, e adequados à intenção humana.

Assim como a razão, no exame teórico da natureza, tem que admitir a ideia de uma necessidade absoluta de seu fundamento original, assim também no prático pressupõe sua própria causalidade incondicionada (com relação à natureza), isto é, a liberdade, na medida em que tem consciência de seu imperativo moral. Sendo assim, como nesse caso opõe a necessidade objetiva da ação, como dever, àquela que teria como acontecimento se seu fundamento estivesse na natureza e não na liberdade (isto é, na causalidade racional), e como a ação absolutamente necessária na moral é considerada como totalmente contingente no físico (isto é, que amiúde não ocorre o que necessariamente teria que ocorrer), fica claro que apenas da constituição subjetiva de nossa faculdade prática provém o fato de que as leis morais tenham que ser representadas como imperativos (e como deveres as ações conformes com ela), e a razão expressa essa necessidade, não por um ser (suceder), mas sim por um dever ser, o que não ocorreria se a razão fosse considerada sem sensibilidade (como condição subjetiva de sua aplicação a objetos da natureza) de acordo com sua causalidade, e, por isso, como causa num mundo inteligível, totalmente coincidente com a lei moral, no qual não haveria diferença alguma entre dever e fazer, entre uma lei prática do que é possível por meio de nós e a teórica do que é real para nós. Contudo, embora um mundo inteligível em que tudo já seria real pela única circunstância de ser possível (a título de bom), e até a liberdade como condição formal desse mundo, constituam para nós um conceito transcendente não apropriado para nenhum princípio constitutivo, para determinar um objeto e sua realidade objetiva, – a constituição de nossa natureza (sensível em parte) e capacidade faz com que, para nós e para todos os seres racionais que se encontram em relação com o mundo dos sentidos, na medida em que podemos nos representá-los segundo a índole de nossa razão, a liberdade sirva pelo menos de princípio regulador universal que não determina objetivamente a índole da liberdade, como forma da causalidade, mas sim que converte em imperativos para todos (e não com menor validade que se assim o determinasse) a regra dos atos segundo aquela ideia.

No que se refere ao caso que apresentamos, pode-se conceder perfeitamente o seguinte: não encontraríamos diferença alguma entre mecanismo da natureza e técnica da natureza no sentido de união segundo fins nela, se nosso entendimento não fosse de tal índole que o obriga a proceder do universal para o particular, e, consequentemente, a faculdade de julgar não pode conhecer idoneidade alguma com relação ao particular, nem formular, por isso, juízos determinantes, sem ter uma lei universal a que possa subsumir a particular. Pois bem, como o particular, como tal, contém algo contingente com relação ao universal, apesar de que na união das leis particulares da natureza a razão exija também unidade, e, portanto, também legalidade (legalidade do contingente, que se chama idoneidade), e como é impossível deduzir *a priori*, por determinação do conceito do objeto, as leis particulares das universais com relação ao que aquelas contêm em si de contingente, o conceito de idoneidade da natureza em seus produtos será um conceito necessário para a faculdade de julgar humana com relação à natureza, porém não próprio da determinação do objeto mesmo, ou seja, um princípio subjetivo da razão para a faculdade de julgar, que vigora como regulador (não constitutivo) para nossa faculdade de julgar humana tão necessariamente como se fosse um princípio objetivo.

§ 77

Da peculiaridade do entendimento humano, graças à qual é possível para nós o conceito de um fim natural

No comentário aludimos a peculiaridades de nossa faculdade de conhecimento (até mesmo da superior) que com facilidade transferimos erroneamente às próprias coisas como predicados objetivos, quando se referem a ideias, para as quais não se pode dar na experiência nenhum objeto adequado, e que, portanto, só podem servir de princípios reguladores na persecução da experiência. Com o conceito de fim natural ocorre, sem dúvida, o mesmo no que se refere à causa da possibilidade de semelhante predicado, causa que só pode ser encontrada na ideia; porém, a consequência que lhe corresponde (o produto em si) se dá, contudo, na natureza, e o conceito de causalidade desta como ser que atua segundo fins parece fazer da ideia de fim natural um princípio constitutivo deste, e nisso tem algo que a distingue de todas as demais ideias.

Porém, esse algo distintivo consiste em que a ideia concebida não é um princípio racional para o entendimento, mas sim para a faculdade de julgar, e, portanto, é simplesmente a aplicação de um entendimento propriamente dito a possíveis objetos da experiência, e precisamente em casos em que o juízo não pode ser determinante, mas apenas reflexionante, e, por isso, o objeto é dado, sim, na experiência, mas sem poder sequer ser julgado determinadamente (e menos ainda de modo totalmente adequado), salvo que se pode apenas refletir sobre ele.

Refere-se, pois, a uma peculiaridade de nosso entendimento (humano) com relação à faculdade de julgar, na reflexão desta sobre coisas da natureza. Porém, sendo assim, seria necessário nesse caso tomar por fundamento a ideia de outro entendimento possível distinto do humano (como na crítica da razão pura necessitávamos ter no pensamento outra intuição possível se quiséssemos considerar a nossa de índole especial, a saber: como aquela para a qual os objetos valem apenas como fenômenos) para poder dizer: segundo a constituição especial de nosso entendimento, certos produtos naturais têm que ser considerados por nós, segundo sua possibilidade, como produzidos intencionalmente e na qualidade de fins, sem exigir com isso que haja realmente uma causa particular que tenha como motivo determinante a representação de um fim e, por isso, sem discutir que outro entendimento (superior) que não seja o humano pode encontrar também o fundamento de tais produtos naturais no mecanismo da natureza, isto é, numa relação causal em que não se aceite exclusivamente como causa um entendimento.

O que importa, pois, nesse caso é a atitude de nosso entendimento perante a faculdade de julgar, ou seja, que busquemos nela certa contingência da constituição do nosso, para observá-la como peculiaridade de nosso entendimento por oposição a outros possíveis.

Essa contingência se encontra de modo completamente natural no particular que a faculdade de julgar tem que subsumir sob o universal dos conceitos do entendimento, visto que pelo universal de nosso entendimento (humano) não se determina o particular, e é contingente de quão diversos modos possam apresentar-se a nossa percepção coisas diferentes que, todavia, coincidem numa nota comum. Nosso entendimento é uma faculdade de conceitos, isto é, um entendimento discursivo para o qual, evidentemente, tem que ser contingente de que modo e quão distinto possa ser o particular que pode ocorrer na natureza e ser trazido sob seus conceitos. Porém, como para o conhecimento se requer também a intuição, e uma faculdade de inteira espontaneidade da intuição seria uma faculdade de conhecimento distinta da sensibilidade e totalmente independente dela, ou seja: entendimento no sentido mais geral, cabe conceber também um entendimento intuitivo (negativamente, ou seja, apenas como não discursivo) que não vá do universal para o particular e assim para o individual (por meio de conceitos), e para o qual não se encontre aquela contingência da consonância da natureza de seus produtos segundo leis particulares com o entendimento, contingência que tão difícil torna para o nosso trazer o múltiplo da natureza à unidade do conhecimento; nosso entendimento só pode levar a cabo essa função graças à concordância dos caracteres da natureza com nossa faculdade de conceitos, concordância muito contingente, mas que não é necessária para um entendimento intuitivo.

O peculiar, pois, de nosso entendimento para a faculdade de julgar reside em que no conhecimento obtido por ele não se determina o particular pelo universal e, consequentemente, aquele não pode ser deduzido unicamente deste, embora isso que há de particular na diversidade da natureza há de concordar com o universal (por meio de conceitos e leis) para poder ser subsumido sob este último, concordância que, nessas circunstâncias, tem que ser muito contingente e sem princípio determinado para a faculdade de julgar.

Entretanto, para poder agora conceber sequer a possibilidade de tal concordância das coisas da natureza para a faculdade de julgar (concordância que nos representamos como contingente, e, por isso, possível apenas graças a um fim direcionado a ela), necessitamos conceber ao mesmo tempo outro entendimento, com relação ao qual, e precisamente antes de qualquer fim que lhe atribuamos, temos que poder representar-nos como necessária aquela concordância das leis da natureza com nossa faculdade de julgar, coincidência concebível para nosso entendimento unicamente mediante o aglutinante dos fins.

É que nosso entendimento tem a propriedade de que, em seu conhecimento, por exemplo: das causas de um produto, tem que ir do analítico-universal (dos conceitos) ao particular (da intuição empírica dada), e assim, por conseguinte, perante a diversidade deste último, nada determina, senão que para a faculdade de julgar semelhante determinação tem que se esperar da subsunção da intuição empírica (se o objeto for um produto da natureza) sob o conceito. Sendo assim, podemos imaginar também um entendimento que, não sendo discursivo como o nosso, mas intuitivo, vá do sintético-universal (da intuição de um todo como tal todo) ao particular, isto é, do todo às partes; que, portanto, nem ele e nem sua representação do todo encerram em si a contingência da união das partes para tornar possível uma forma determinada de conjunto, como a que necessita nosso entendimento que tem que progredir das partes, como fundamentos concebidos como universais, a distintas formas possíveis, que hão de subsumir-se sob estes e têm o caráter de consequências. Pelo contrário, dada a constituição de nosso entendimento, um todo real da natureza só pode ser considerado como efeito das forças motrizes concorrentes das partes. Portanto, se não quisermos representar-nos a possibilidade do todo como dependente das partes, como corresponderia de acordo com nosso entendimento discursivo, pelo contrário, à medida do intuitivo (arquetípico), a possibilidade das partes segundo sua constituição e união como dependente do conjunto, isso, segundo a mesma peculiaridade de nosso entendimento, não pode suceder de modo que o todo contenha o fundamento da possibilidade da união das partes (o que seria contraditório no modo de conhecimento discursivo), mas apenas que a representação de um todo encerre o fundamento da possibilidade da forma deste e da união das partes correspondentes a ela. Sendo assim, como então o todo seria apenas um efeito (produto), cuja representação se considera como causa de sua possibilidade, e se chama fim o produto de uma causa cujo motivo determinante é unicamente a representação de seu efeito, deduz-se disso que é apenas uma consequência da constituição especial de nosso entendimento o fato de que nos representemos como possíveis certos produtos da natureza segundo outro tipo de causalidade distinto do das leis naturais da matéria, a saber: apenas segundo o dos fins e causas finais, e que esse princípio não se refere à possibilidade dessas coisas mesmas (nem sequer consideradas como fenômenos) segundo esse modo de produção, mas apenas ao juízo delas possível para nosso entendimento. Com isso compreendemos ao mesmo tempo porquê na ciência da natureza estamos muito distantes de dar-nos por satisfeitos com uma explicação dos produtos da natureza pela causalidade segundo fins, visto que nela pedimos que se julgue a produção natural unicamente segundo nossa faculdade de julgá-la, isto é, de acordo com a faculdade de julgar reflexionante, e não que sejam julgadas as coisas mesmas como corresponde à faculdade de julgar determinante. Nesse caso nem sequer é necessário demonstrar a possibilidade de semelhante *intellectus archetypus*, a não ser apenas que na oposição ao nosso entendimento discursivo, que necessita de imagens (*intellectus ectypus*), e na contingência de tal constituição, nos vemos conduzidos a essa ideia (de um *intellectus archetypus*) e que essa ideia tampouco encerra contradição.

Sendo assim, quando por sua forma consideramos um todo de matéria como produto das partes e de suas energias e aptidões para unirem-se por si mesmas (concebendo, além disso, outras matérias que as aproximem entre si), representamo-nos um modo mecânico de obtenção desse todo; porém, desse modo não se depreende nenhum conceito de um todo como fim cuja possibilidade intrínseca pressuponha absolutamente a ideia de um todo, da qual dependa ainda a constituição e o modo de ação das partes, como precisamos representar-nos um corpo organizado; porém disso se deduz, como acabamos de mostrar, não que seja impossível a produção mecânica de um corpo, visto que isso seria o mesmo que dizer: é impossível (ou seja, é contraditório) para todo entendimento semelhante unidade da união dos diversos sem que a ideia dela seja ao mesmo tempo a causa que a produz, isto é, sem produção intencional. E, contudo, é isso o que ocorreria na realidade caso nos fosse lícito considerar os seres materiais como coisas em si mesmas, pois então a unidade que constitui o fundamento da possibilidade das formações naturais seria simplesmente a unidade do espaço, que, no entanto, não é fundamento real das produções, mas apenas sua condição formal, embora tenha alguma semelhança com o fundamento real que buscamos, a qual consiste em que nenhuma parte dele pode ser determinada sem relação com o todo (cuja representação se funda, pois, na possibilidade das partes). Entretanto, como pelo menos é possível considerar o mundo material como mero fenômeno concebendo algo, como coisa em si (que não seja fenômeno) a título de substrato, mas atribuindo-lhe uma intuição intelectual correspondente (embora não seja a nossa), então se teria um fundamento real (embora incognoscível para nós) para a natureza a que também pertencemos, e na qual, por isso, teríamos que julgar por leis mecânicas o nela necessário como objeto dos sentidos, porém a concordância e unidade das leis e formas particulares segundo as mesmas que com relação àquelas precisamos julgar contingentes, considerá-las-íamos nela como objetos da razão (e até a natureza inteira como sistema) segundo leis teleológicas, sem que o modo de explicação mecânica fosse excluído pelo teleológico como se se contradissessem entre si.

Disso cabe conhecer também algo que, se pode ser presumido facilmente, é difícil de sustentar e demonstrar com certeza: que embora o princípio de um guia mecânico dos produtos naturais idôneos possa coexistir com o teleológico, não por isso torna supérfluo o último, isto é: numa coisa que temos que julgar como fim natural (num ser organizado) podemos experimentar todas as leis da produção mecânica conhecidas e ainda por conhecer, e até abrigar a legítima esperança de alcançar assim um bom progresso; porém jamais poderemos dispensar-nos de recorrer, para a explicação de semelhante produto, a um fundamento de produção totalmente distinto daquele, a saber: a causalidade por fins, e nenhuma razão humana (nem outra finita análoga por sua qualidade à nossa, embora lhe fosse muito superior em grau) pode alimentar a esperança de entender com base em causas puramente mecânicas a produção sequer de uma mísera grama. De fato, se a união teleológica de causas e fins para a possibilidade de semelhante objeto é totalmente indispensável para a faculdade de julgar, até para estudar essa possibilidade guiando-nos pela experiência, e se para objetos exteriores em sua qualidade de fenômenos não pode ser encontrado um fundamento suficiente que se refira a fins, porém este, que se encontra também na natureza, deve ser buscado no substrato suprassensível desta, do qual, entretanto, nos está vetado todo conhecimento, resulta absolutamente impossível para nós obter razões derivadas da natureza mesma que expliquem as uniões de fins, e por meio da constituição da faculdade de conhecer humana é necessário buscar o fundamento supremo disso num entendimento original como causa do mundo.

§ 78

Da união do princípio do mecanismo universal da matéria com o teleológico na técnica da natureza

Importa infinitamente para a razão não abandonar o mecanismo da natureza em suas criações e não deixá-lo de lado na explicação destas, visto que sem ele não seria possível chegar a conhecimento algum sobre a natureza das coisas. E embora nos seja concedido que um supremo arquiteto criou diretamente as formas da natureza tal como desde sempre existem, ou que predeterminou aquelas que em sua marcha se formam continuamente segundo o mesmo modelo, em nada avança com isso nosso conhecimento da natureza, porque não conhecemos sequer o modo de operar desse ser nem suas ideias que haveriam de conter os princípios da possibilidade dos seres naturais, e não podemos explicar a natureza partindo dele como de cima para baixo (*a priori*). Porém, se partindo das formas dos objetos da experiência, ou seja, de baixo para cima (*a posteriori*), porque cremos encontrar nelas idoneidade, recorrêssemos, para explicá-la, a uma causa que atua por fins, daríamos uma explicação totalmente tautológica e confundiríamos a razão com as palavras, para não dizer que, quando com esse modo de explicação nos perdêssemos no transcendente, onde o conhecimento da natureza não pode nos seguir, a razão se deixaria levar à exaltação poética, quando precisamente sua mais excelsa missão é impedi-la.

Por outro lado, é máxima igualmente necessária da razão o não deixar de lado o princípio dos fins nos produtos da natureza, porque embora não nos faça compreender precisamente como surgiram estes constitui, entretanto, um princípio heurístico para investigar as leis particulares da natureza; até mesmo supondo que não pretendemos fazer uso dele para explicar a natureza mesma, limitando-nos enquanto isso a continuar dando a esses produtos a mera denominação de fins naturais apesar de que aparentemente salientem a unidade intencional de fim, isto é, sem tratar de buscar fora da natureza o fundamento da possibilidade desta. Porém, como ao fim e ao cabo teremos que chegar à questão acerca desta, é igualmente necessário conceber para ela uma espécie de causalidade que não se encontre na natureza, como tem a sua a mecânica das causas naturais, incorporando necessariamente à receptividade de várias e outras formas, distintas daquelas de que é susceptível a matéria em virtude dessas causas, a espontaneidade, além disso, de uma causa original (que, consequentemente, não pode ser matéria), sem a qual não poderia dar-se nenhum fundamento dessas formas. É verdade que a razão tem que proceder com cautela antes de dar esse passo, e não tratar de explicar teleologicamente toda técnica da natureza, isto é, uma aptidão produtiva desta, que revele em si (como nos corpos regulares) idoneidade da figura para nossa mera apreensão, pelo contrário, considerando-a até então como apenas mecanicamente possível; porém, ao excluir totalmente nesse caso o princípio teleológico e continuar atendo-se sempre ao mero mecanismo quando de modo absolutamente inegável se manifesta como referência a outro tipo de causalidade a idoneidade para a investigação racional da possibilidade das formas naturais por suas causas, tem que tornar a razão tão fantástica e errante entre fantasmagorias de faculdades da natureza nem sequer concebíveis, como vimos que a levava à exaltação um modo de explicação meramente teleológico que para nada levava em conta o mecanismo da natureza.

Numa única e mesma coisa da natureza não cabe associar os dois princípios como princípios de explicação (dedução) de um pelo outro, ou seja, como princípios dogmáticos e constitutivos do conhecimento da natureza para a faculdade de julgar determinante. Assim, por exemplo, quando de uma lagarta suponho que deva ser considerada produto do mero mecanismo da matéria (da nova formação que realiza por si mesma quando por causa da putrefação seus elementos são postos em liberdade), já não posso derivar o mesmo produto da mesma matéria considerando-a como uma causalidade de operar por fins. E, vice-versa, se suponho que esse produto é um fim natural, não posso especular com um modo de produção mecânica desse produto e aceitar esse modo como princípio constitutivo para o juízo desse produto por sua possibilidade, combinando assim ambos os princípios, visto que um modo de explicação exclui o outro, mesmo supondo que ambos os fundamentos da possibilidade desse produto se apoiaram objetivamente num só, embora não o levássemos em conta. Caso se queira que um princípio torne possível a conciliação de ambos no juízo da natureza por ele, esse princípio tem que se situar no que se encontra fora de ambos (e, por isso, fora também da possível representação empírica da natureza), mas que contém o fundamento desta, ou seja, no suprassensível, e relacionar a isso cada um dos dois modos de explicação. Sendo assim, como disso não podemos ter mais que o indeterminado conceito de um fundamento que torna possível o juízo da natureza segundo leis empíricas, sem que, de resto, possamos determiná-lo mais de perto por meio de predicado algum, segue-se daí que a conciliação de ambos os princípios não pode se apoiar num fundamento de explicação da possibilidade de um produto por leis dadas, para a faculdade de julgar determinante, mas apenas num fundamento de exposição dela, para a reflexionante. De fato, explicar significa deduzir de um princípio que, por conseguinte, tem que poder ser conhecido e indicado com clareza. Pois bem, o princípio do mecanismo da natureza e o da causalidade desta por fins têm que se conciliar num mesmo produto da natureza num só princípio superior e emanar conjuntamente dele, pois do contrário não poderiam coexistir no estudo da natureza; porém, se esse princípio objetivo-comunitário, que, consequentemente, justifica também a comunidade das máximas de exploração da natureza dependentes dele, é de tal índole que possa ser anunciado, sim, porém jamais reconhecido determinantemente nem indicado claramente para o uso nos casos que se apresentem, não se poderá obter dele uma explicação, ou seja, uma dedução clara e determinada da possibilidade de um produto natural possível segundo aqueles dois princípios heterogêneos. Mas o princípio comunitário da dedução mecânica, por um lado, e da teleológica, por outro, é o suprassensível que temos que atribuir à natureza como fenômeno, e disso não nos podemos fazer, em sentido teórico, o menor conceito afirmativo determinado; consequentemente, não há modo de explicar como segundo isso, na qualidade de princípio, a natureza (segundo suas leis particulares) constitui para nós um sistema que pode ser reconhecido como possível tanto segundo o princípio da produção de causas físicas quanto pelo das coisas finais, ao contrário, se ocorre o caso que se apresentem objetos da natureza que, segundo sua possibilidade, não podem ser concebidos por nós pelo princípio do mecanismo (que sempre tem pretensões sobre um ser da natureza), sem que nos apoiemos em princípios teleológicos, então cabe pressupor tão-somente que, em conformidade com ambos, cabe proceder a explorar com confiança as leis naturais (já que nosso entendimento pode reconhecer a possibilidade de seu produto com base num ou noutro princípio), sem incorrer na aparente contradição que se manifesta entre os princípios do juízo, visto que pelo menos está assegurada a possibilidade de que ambos possam conciliar-se também objetivamente num princípio (por referir-se a fenômenos que pressupõem um fundamento suprassensível).

Consequentemente, embora tanto o mecanismo como o tecnicismo teleológico (intencional) da natureza possam colocar-se, com relação a um mesmo produto e à sua possibilidade, sob um princípio superior comum da natureza segundo leis particulares, o fato de que esse princípio seja transcendente nos impede, dada a limitação de nosso entendimento, que conciliemos ambos os princípios na explicação do mesmo produto da natureza, nem sequer quando a possibilidade intrínseca desse produto só pode ser entendida por meio de uma causalidade por fins (como ocorre com as matérias organizadas). Por conseguinte, não podemos nos valer do princípio anterior da teleologia: que, dada a constituição do entendimento humano, não se pode aceitar, para a possibilidade dos seres organizados da natureza, outra causa a não ser uma que atua intencionalmente, e que o mero mecanismo da natureza não pode ser suficiente para explicar esses seus produtos, sem que com isso pretendamos por meio desse princípio tirar deduções sobre a possibilidade dessas coisas mesmas.

E como esta é apenas uma máxima da faculdade de julgar reflexionante, mas não da determinante, valendo, por isso, apenas subjetivamente para nós, e não objetivamente para a possibilidade dessa mesma classe de coisas (na qual poderiam conciliar-se perfeitamente num só e mesmo fundamento os dois modos de produção), e como, ademais, semelhante produção não poderia ser julgada como produto natural se ao modo de produção teleologicamente concebido não lhe incorporássemos nenhum conceito de um mecanismo da natureza, existente simultaneamente naquela, a máxima supracitada implica ao mesmo tempo a necessidade de uma conciliação de ambos os princípios no juízo das coisas como fins naturais, embora não para colocar um dos dois modos ao invés do outro, totalmente ou em certas partes, visto que em vez do que (pelo menos por nós) apenas é concebido como possível respondendo a uma intenção, não se pode colocar um mecanismo, nem ao invés do que segundo este se reconhece como necessário cabe admitir contingência alguma que necessite um fim como fundamento determinante, mas apenas subordiná-lo um (o mecanismo) ao outro (ao tecnicismo intencional), o que pode ser feito perfeitamente segundo o princípio transcendental da idoneidade da natureza.

É que, quando se concebem fins como fundamentos da possibilidade de certas coisas, é necessário supor também meios cuja lei de ação não necessite para si nada que pressuponha um fim, podendo, consequentemente, ser mecânica e, contudo, causa subordinada de efeitos intencionais. É por isso que, mesmo em produtos orgânicos da natureza, e mais ainda quando, devido à infinita quantidade deles, aceitamos também então (pelo menos mediante hipóteses lícitas) o intencional da união das causas naturais segundo leis particulares como princípio universal da faculdade de julgar reflexionante para a natureza inteira (para o mundo), cabe conceber uma grande e até universal combinação das leis mecânicas com as teleológicas nas produções da natureza, sem confundir os princípios do juízo desta nem colocar um deles ao invés do outro, porque num juízo teleológico a matéria, mesmo quando apenas segundo uma intenção se julga possível a forma que adota, pode também por sua natureza, conforme a leis mecânicas, estar subordinada, a título de meio, àquele fim representado, apesar de que, como o fundamento dessa possível combinação se encontra naquilo que não é nem um nem outro (nem mecanismo nem nexo final), mas sim o substrato suprassensível da natureza, do qual nada sabemos, não podem fundir-se, para nossa razão (humana), os dois modos de representar a possibilidade de tais objetos, mas sim que não podemos julgá-los senão baseados num entendimento supremo segundo a união das causas finais, de modo que, pois, não sofre nenhum menosprezo o modo de explicação teleológico.

Sendo assim, como é totalmente indeterminado, e para nossa razão também indeterminável para sempre, na medida em que contribui o mecanismo da natureza como meio para toda intenção final desta, e como, em virtude do princípio inteligível, anteriormente mencionado, da possibilidade de uma natureza em geral, pode-se supor até que esta é comumente possível por qualquer uma das duas leis universalmente concordantes (as físicas e as das causas finais), apesar de que não possamos conhecer de que modo isso sucede, tampouco sabemos algo de até onde chega o modo de explicação mecânica possível para nós, ao contrário, a única coisa certa é que, por mais longe que nele possamos chegar, sempre terão que ser insuficientes para coisas que conseguimos reconhecer como fins naturais e, consequentemente, dada a constituição de nosso entendimento, nos veremos obrigados a subordinar todos aqueles fundamentos a um princípio teleológico.

Pois bem, nisso se funda a faculdade e (dada a importância que para o uso teórico de nossa razão tem o estudo da natureza segundo o princípio do mecanismo) também a conveniência de explicar todos os produtos e acontecimentos da natureza, inclusive os mais idôneos, até o último extremo do mecânico que alcança nossa capacidade (cujos limites não podemos indicar neste tipo de investigação), porém sem perder nunca de vista que, em suma, em conformidade com a constituição essencial de nossa razão e não obstante essas causas mecânicas, temos que subordinar à causalidade por fins aqueles que unicamente sob o conceito de fim podemos sequer apresentar à razão aos efeitos da investigação mesma.

APÊNDICE

METODOLOGIA DA FACULDADE DE JULGAR TELEOLÓGICA

§ 79

Se a teleologia deve ser tratada como pertencente à teoria da natureza

Toda ciência deve ter seu lugar determinado na enciclopédia de todas as ciências. Se for uma ciência filosófica, seu lugar deve ser designado, ou na parte teórica, ou na prática, da filosofia, e se tem seu lugar na primeira, ou na teoria da natureza, quando estuda o que pode ser objeto da experiência (por conseguinte: na teoria dos corpos, na da alma ou na ciência universal do mundo), ou na teoria de Deus (do fundamento original do mundo como soma de todos os objetos da experiência).

Pois bem, coloca-se a questão sobre qual lugar corresponde à teleologia, se pertence à (propriamente chamada) ciência da natureza ou à teologia. Uma das duas coisas tem que ser, pois nenhuma ciência pode servir de passagem de uma para a outra, porque essa passagem significa apenas a articulação ou organização do sistema e não um lugar nele.

Está claro por si só que não pertence à teologia como parte sua, embora nesta possa-se fazer da teleologia o uso mais importante, pois seu objeto são os produtos da natureza e as causas destes, e ainda que veja as últimas como fundamento situado fora da natureza e acima dela (autor divino), não o faz para a faculdade de julgar determinante, mas sim (unicamente para conduzir, a título de princípio regulador adequado ao entendimento humano, o juízo das coisas do mundo por uma ideia como essa) apenas para a faculdade de julgar reflexionante no estudo da natureza.

Porém, tampouco parece pertencer à ciência da natureza, que para dar razões objetivas dos efeitos naturais necessita de princípios determinantes e não meramente reflexionantes. Na realidade, tampouco para a teoria da natureza ou para a explicação mecânica de seus fenômenos por suas causas eficientes se ganha algo estudando-os pela relação dos fins. A exibição dos fins da natureza em seus produtos, quando constituem um sistema por conceitos teleológicos, corresponde propriamente apenas à descrição da natureza, feita seguindo um guia especial: nela, a razão desempenha uma conveniente função sublime, instrutiva e prática, em muitos aspectos, mas não dá informação alguma sobre a origem e a possibilidade intrínseca dessas formas, de que tem que se ocupar propriamente a ciência teórica da natureza.

Como ciência, a teleologia não pertence, pois, a nenhuma doutrina, mas sim à crítica, e precisamente de uma faculdade especial do conhecimento: a faculdade de julgar. Porém, contendo princípios *a priori* pode e deve indicar o método com que há de julgar sobre a natureza segundo o princípio das causas finais, e assim sua metodologia tem influência pelo menos negativa sobre o modo de proceder na ciência teórica da natureza, como também sobre a posição que esta pode ter na metafísica com relação à teologia como propedêutica desta última.

§ 80

Da necessária subordinação do princípio do mecanismo ao teleológico na explicação de uma coisa como fim natural

A faculdade de partir de um modo de explicação puramente mecânico de todos os produtos da natureza é em si inteiramente ilimitada;

porém, a capacidade de bastar-se com isso apenas não só é muito limitada, mas também claramente limitada, por causa da constituição de nosso entendimento, na medida em que tem a ver com as coisas como fins da natureza, e o é no sentido de que, segundo um princípio da faculdade de julgar, o emprego exclusivo do primeiro procedimento não obtém nada para a explicação desses fins, de modo que o juízo desses produtos deve ser submetido sempre por nós ao mesmo tempo a um princípio teleológico.

É por isso que, com vistas a uma explicação dos produtos naturais, é razoável e até meritório seguir o mecanismo da natureza, até o último extremo em que se possa fazê-lo de modo verossímil, e não abandonar esse intento porque resulta impossível em si coincidir por esse meio com a idoneidade da natureza, mas sim unicamente porque isso é impossível para nós os homens; para isso se exigiria outra intuição que a sensível e determinado conhecimento do substrato inteligível da natureza, com base nos quais se pudesse atribuir um fundamento até do mecanismo dos fenômenos por leis especiais, tudo coisas que excedem por completo nossa capacidade.

Consequentemente, para que o investigador da natureza não trabalhe com pura perda, tem que tomar sempre como fundamento algum modo de organização original quando procede a julgar como fins naturais as coisas cujo conceito se encontra indiscutivelmente fundado (seres organizados), organização que utiliza esse mesmo mecanismo para produzir outras formas organizadas ou para desenvolver as suas para figuras novas (que, contudo, sempre são produzidas partindo desse fim e em conformidade com ele).

É louvável recorrer à grande criação das naturezas organizadas, valendo-se para isso de uma anatomia comparativa, com o propósito de descobrir assim algo parecido a um sistema e precisamente de acordo com o princípio da produção, sem que nos vejamos obrigados a determo-nos no mero princípio do juízo (que não dá informação alguma para o conhecimento de sua produção) e a abandonar desalentados toda pretensão de conhecer a natureza nesse setor. A confluência de tantas espécies animais em certo esquema comum que parece apoiar-se não apenas em seu esqueleto, mas também na disposição das partes restantes, de modo que a admirável simplicidade de contorno pôde produzir tão grande variedade de espécies graças ao encurtamento de umas partes e ao prolongamento de outras, envolvendo umas e desenvolvendo outras, deixa vislumbrar um raio, embora tênue, de esperança de que talvez nesse caso seja perfeitamente possível obter informação com o princípio do mecanismo da natureza, sem o qual não pode haver em absoluto uma ciência da natureza. Essa analogia das formas, que parecem responder a um arquétipo comum apesar de toda sua diversidade, dá maior vigor à suposição de uma verdadeira afinidade entre elas como produzidas por uma mãe comum original, através de uma aproximação gradual de uma espécie animal a outra, a partir daquela em que parece estar mais confirmado o princípio dos fins, a saber: o homem, até o pólipo, e mesmo deste aos musgos e liquens, e, por último, até as fases ínfimas que da natureza podemos perceber, até a matéria bruta, da qual, e de suas forças, parece proceder, de acordo com leis mecânicas (análogas àquelas segundo às quais atua na produção de cristais), toda a técnica da natureza, para nós tão incompreensível nos seres organizados que nos cremos na posição de conceber para eles outro princípio.

Pois bem, o arqueólogo da natureza está autorizado nesse caso a fazer surgir aquela grande família de criaturas (pois assim teria que ser representada se tivesse fundamento a mencionada afinidade que une todas elas) das marcas que nos restaram das mais antigas revoluções da natureza, segundo todo o mecanismo desta pelo conhecido ou suposto. Ele pode fazer com que as entranhas da terra, recém-saída de seu estado caótico (tal como um grande animal), gerem criaturas, ao princípio, de forma menos idônea, e estas, por sua vez, outras que se desenvolveram em conformidade com seu lugar de geração e com suas mútuas relações, até que essa mesma mãe criadora se ancilosa e fossiliza reduzindo então suas partes a determinadas espécies que doravante já não levarão mais adiante sua diferenciação e cuja diversidade continuará sendo a mesma que era ao terminar a operação daquela fecunda energia formadora. Entretanto, ao final dessa mãe universal, será preciso atribuir-lhe uma organização idoneamente imposta a todas essas criaturas, caso contrário nem sequer caberia conceber que, por sua possibilidade, tivessem forma idônea os produtos dos reinos animal e vegetal.* Porém, com isso não se fez senão deslocar o fundamento e não se pode presumir que haja emancipado da condição das causas finais a produção desses dois reinos.

Ainda no que se refere à mutação a que acidentalmente se encontram submetidos certos indivíduos das espécies organizadas, caso se descubra que seu caráter assim modificado se transmite hereditariamente e passa à força geradora, não pode ser julgado razoavelmente senão como eventual desenvolvimento de uma disposição idônea existente originalmente na espécie para a conservação desta por si mesma, porque a geração de um semelhante, dada a idoneidade intrínseca geral de um ser organizado, está muito estreitamente unida à condição de não admitir na força geradora o que, em semelhante sistema de fins, não pertence a uma das disposições originais não desenvolvidas, pois, se esse princípio não for considerado, não se pode saber com certeza se, por sua origem, não serão igualmente contingentes, sem finalidade, muitas das partes da forma que atualmente se encontra numa espécie, de modo que haveria de resultar de aplicação muito duvidosa e de validade somente para o tronco original (mas que ainda não conhecemos) o princípio da teleologia de não julgar inidôneo num ser organizado nada do que se conserva em sua propagação.

Contra aqueles que consideram necessário admitir um princípio teleológico de juízo, ou seja, um entendimento arquitetônico, para todos

---

* A hipótese dessa índole pode ser qualificada de audaz aventura da razão, e poucos haverá entre os mais sagazes investigadores da natureza aos quais ocasionalmente não lhes haja passado pela mente, pois nem sequer é absurda como a *generatio aequivoca*, como se denomina a produção de um ser organizado pela mecânica da matéria bruta inorganizada. Em todo caso, sempre seria *generatio univoca* no sentido mais geral da palavra, na medida em que se produziria apenas uma coisa orgânica com base em outra orgânica, ainda que, dentro da mesma classe, resultasse um ser especificamente distinto do original; por exemplo: se certos animais aquáticos se transformassem paulatinamente, adaptando-se à vida dos lodaçais, para converterem-se depois, por sua vez, em animais terrestres. Não há nisso contradição alguma *a priori*, para o juízo da mera razão; a única coisa que ocorre é que a experiência não nos mostra sequer um só caso desses, pois, segundo ela, todas as gerações que conhecemos são *generationes homonymae*, não apenas *univocae*, ao contrário da geração procedente de matéria inorganizada, e dão lugar, ademais, a um produto homogêneo ao produtor até na organização mesma, enquanto, até onde alcança nosso conhecimento experimental da natureza, não se encontra em parte alguma a *generatio heteronyma*.

esses fins naturais, Hume faz a seguinte objeção: que com a mesma razão caberia perguntar como é possível tal entendimento, isto é, como puderam reunir-se tão idoneamente num ser as distintas faculdades e propriedades que determinam a possibilidade de um entendimento que ao mesmo tempo tem poder de execução. Mas essa objeção é nula, pois toda a dificuldade que envolve a questão relativa à primeira produção de uma coisa que encerra em si fins e apenas por eles é compreensível apoia-se na demanda de unidade do fundamento da união do diverso que se encontra disperso nesse produto, visto que, colocando esse fundamento no entendimento de uma causa produtora como substância simples, fica suficientemente resolvida aquela questão no que tem de teleológico, enquanto se se buscar a causa somente na matéria como agregado de muitas substâncias soltas, falta totalmente a unidade de princípio para a forma intrinsecamente idônea de sua formação, e falar de autocracia da matéria em produções que nosso entendimento só pode compreender como fins é formar uma frase desprovida de sentido.

Daí resulta que aqueles que buscam para as formas objetivamente idôneas da matéria um fundamento supremo de sua possibilidade, sem por isso lhe atribuir entendimento, tendem a considerar o universo como uma substância única e simples que abarca tudo (panteísmo) ou (coisa que não é senão uma explicação mais concreta do anterior) como uma soma de muitas notas inerentes a uma substância única e simples (spinozismo), com o único objetivo de esclarecer aquela condição de toda idoneidade: a unidade do fundamento, com o que se satisfaz, sim, uma condição do problema: a da unidade do nexo final, graças ao mero conceito ontológico de uma substância simples, mas sem mencionar nada para a outra condição: sua relação com sua consequência como fim, relação chamada a determinar mais concretamente para a questão esse fundamento ontológico, com o que de modo algum se contesta toda a questão. Também continua sendo absolutamente impossível contestar (para nossa razão) se não nos representamos como substância simples aquele fundamento original das coisas, se não atribuímos a qualidade dessas coisas à constituição específica das formas naturais nela fundadas, a saber, à unidade de fim, como correspondente a uma substância inteligente, e não nos representamos como relação de causalidade a relação dessa com aquelas formas (por causa da contingência que encontramos em tudo que apenas como fim concebemos possível).

§ 81

Da associação do mecanismo ao princípio teleológico para a explicação de um fim da natureza como produto natural

Assim como, segundo vimos no parágrafo anterior, o mecanismo da natureza não basta por si só para conceber por ele a possibilidade de um ser organizado, mas necessita ser subordinado originalmente a uma causa que atua intencionalmente (pelo menos, dada a constituição de nossa faculdade de conhecer), tampouco o mero fundamento teleológico de semelhante ser basta para considerá-lo ao mesmo tempo e julgá-lo como produto da natureza se não lhe for associado o mecanismo desta, como se fosse o instrumento de uma causa que atua intencionalmente e a cujos fins está subordinada, não obstante, a natureza em suas leis mecânicas. Nossa razão não compreende a possibilidade de semelhante conciliação de dois modos de causalidade totalmente distintos, da natureza em sua legalidade universal com uma ideia que limita essa legalidade a uma forma particular para a qual não contém por si fundamento algum; essa possibilidade se encontra no substrato suprassensível da natureza, do qual não podemos determinar afirmativamente senão o que é o ser em si do qual conhecemos apenas o fenômeno. Porém, nem por isso o princípio perde vigor: Tudo quanto supomos pertencente a essa natureza (*phaenomenon*) e produto dela, temos que concebê-lo também associado a ela segundo leis mecânicas, visto que sem essa classe de causalidade não seriam produtos da natureza, na qualidade de fins seus, os seres organizados.

Pois bem, aceitando (como não poderia ser de outro modo) o princípio teleológico da produção desses seres, só o ocasionalismo ou o preestabilismo podem ser tomados como fundamento da causa de sua forma intrinsecamente idônea: segundo o primeiro, a causa suprema do mundo, em conformidade com sua ideia, dá diretamente a formação orgânica, devido a cada acoplamento, à matéria que neste é mesclada; de acordo com o segundo, se limitou, nos produtos iniciais dessa sua sabedoria, a colocar os germes mediante os quais um ser orgânico produz seu semelhante e a espécie se conserva constantemente, assim como a perda dos indivíduos é compensada continuamente por sua natureza que, ao mesmo tempo, trabalha em sua destruição. Caso se aceite o ocasionalismo da produção de seres organizados, perde-se com isso totalmente a natureza, e com ela todo uso da razão sobre a possibilidade de julgar essa classe de produtos; é por isso que se pode pressupor que ninguém que de algum modo se interessa pela filosofia aceita esse sistema.

Sendo assim, o preestabilismo pode proceder de dois modos, a saber: considerando todo ser orgânico gerado por seu semelhante como educto ou como produto deste. O sistema da geração por mero educto se chama pré-formação individual ou também teoria da evolução; o da geração por produto, sistema da epigênese. O último pode ser qualificado também de sistema da pré-formação genérica, porque a capacidade produtiva do gerador, ou seja, a forma específica, se encontrava pré-formada virtualmente segundo os germes intrínsecos idôneos adjudicados a seu tronco; de acordo com isso, poder-se-ia melhor chamar teoria da involução (ou do encaixar) aquela oposta à da pré-formação individual.

Os paladinos da teoria da evolução, que subtraem todo indivíduo à força formadora da natureza para fazê-lo derivar diretamente da mão do criador, não quiseram arriscar-se, pois, a admitir que isso ocorria de acordo com a hipótese do ocasionalismo, de modo que o acoplamento seria uma mera formalidade sob a qual uma suprema causa inteligente do mundo haveria resolvido formar cada vez um fruto de sua própria mão para deixar à mãe apenas o desenvolvimento e a nutrição deste. Declararam-se pela pré-formação; como se não fosse o mesmo fazer surgir sobrenaturalmente semelhantes formas no princípio do mundo que à medida que este ia avançando, e, graças a uma criação ocasional, não se pouparia antes grande quantidade de expedientes sobrenaturais que seriam exigidos para que o embrião formado no princípio do mundo não tivesse de sofrer tanto tempo, até seu desenvolvimento, das forças destruidoras da natureza e se conservasse incólume, assim como um número incomensuravelmente maior desses seres pré-formados, para que um dia chegassem a desenvolver-se e com eles resultassem inecessárias e sem finalidade, dessa sorte, tantas outras criações. Contudo, queriam deixar algo nesse caso à natureza para não incorrer na completa hiperfísica, que pode prescindir de toda explicação natural, e mesmo obstinando-se em sua hiperfísica até nos casos em que nos abortos (que não havia modo de ter por fins da natureza) encontravam uma admirável idoneidade, ainda que não tivessem outro objeto que inspirar um dia repugnância a um anatomista, por sua idoneidade sem finalidade, e fazê-lo sentir desconcertada admiração, não podiam, contudo, adaptar em absoluto ao sistema da pré-formação a geração de bastardos, pelo contrário, viam-se obrigados a reconhecer que o sêmen do indivíduo masculino, ao qual, de resto, não haviam concedido outra propriedade que a de servir de alimento ao embrião, tinha, ademais, uma força formadora idônea, que, apesar de tudo, não quiseram reconhecer a nenhuma das duas criaturas da mesma espécie, produto de uma geração.

Em contrapartida, mesmo que não se reconhecesse ao defensor da epigênese a grande vantagem que tem sobre o primeiro por causa das bases empíricas para demonstrar sua teoria, a razão já se sentiria de antemão predisposta preferencialmente a seu modo de explicação, porque considera produtora deste, e não meramente desenvolvedora, pelo menos no que se refere à propagação, a natureza com relação às coisas que originalmente só podem ser representadas como possíveis atendendo à causalidade por fins, e assim, recorrendo o menos possível ao sobrenatural, deixa para a natureza desde o primeiro começo tudo o que segue (porém, sem decidir nada sobre esse começo, perante o qual fracassa totalmente a física, embora o aborde com uma cadeia de causas).

Quanto a essa teoria da epigênese, ninguém fez mais por ela que o conselheiro áulico Blumenbach, tanto para demonstrá-la como para fundar os autênticos princípios de sua aplicação, e em parte por haver posto limites a um emprego abusivo dela. Afasta da matéria todo modo de explicação física dessas formações, pois com razão declara ilógico a crença de que a matéria bruta tenha se formado originalmente por si mesma segundo leis mecânicas, que a vida tenha podido surgir da natureza do inerte, e que depois a matéria tenha podido acomodar-se por si mesma à forma de uma idoneidade que se conserva por si mesma; entretanto, sob esse princípio, inescrutável para nós, de uma organização original, deixa ao mesmo tempo ao mecanismo da natureza uma participação indeterminável, embora a uma só vez inegável, e para isso qualifica de impulso formador a capacidade da matéria (diferente da energia formadora, puramente mecânica, que universalmente se encontra nela) num corpo organizado (como se estivesse sob a direção e a orientação da primeira).

§ 82

Do sistema teleológico nas relações exteriores dos seres organizados

Entendo por idoneidade extrínseca aquela em que uma coisa da natureza serve a outra como meio para um fim. Pois bem, coisas que não têm idoneidade intrínseca ou que não a pressupõem para sua possibilidade, como a terra, o ar, a água, etc., podem, entretanto, ser idôneas extrinsecamente com relação a outros seres; mas estes têm que ser sempre seres organizados, isto é, fins da natureza, pois do contrário tampouco aqueles poderiam ser julgados meios. Assim, a água, o ar e as terras não podem ser considerados meios para a formação das montanhas, porque estas nada contêm em si que requeira, para sua possibilidade segundo fins, um fundamento com relação ao qual sua causa possa ser representada em algum momento sob o predicado de meio (que sirva para esses fins).

A idoneidade extrínseca é um conceito totalmente distinto do da intrínseca, que está associado à possibilidade de um objeto, prescindindo de que seja ou não fim sua realidade. De um ser organizado cabe perguntar ainda: para que existe? Não é o caso de coisas em que apenas se reconhece o efeito do mecanismo da natureza, visto que naqueles já nos representamos, para sua possibilidade intrínseca, uma causalidade segundo fins, um entendimento criador, e relacionamos essa capacidade ativa a seu motivo determinante: a intenção. Existe unicamente uma só idoneidade extrínseca que coincide com a intrínseca da organização e que, sem que possa entrar em questão para que fim precisa haver existido esse ser assim organizado, serve, contudo, na relação exterior de meio a fim: é a organização dos dois sexos em suas mútuas relações para a propagação de sua espécie, já que nesse caso, assim como no de um indivíduo, cabe sempre perguntar ainda: para que existe esse casal? A resposta é: antes de mais nada, constitui um todo organizador, embora não organizado num só corpo.

Pois bem, se perguntamos para que existe uma coisa, a resposta será uma de duas: sua existência e sua produção não têm relação alguma com uma causa que atua por fins, e então se entende sempre que sua origem está no mecanismo da natureza; ou então: há algum motivo intencional de sua existência (como a de todo ser natural contingente), ideia que dificilmente pode ser separada do conceito de coisa organizada, porque uma vez que temos que atribuir à sua possibilidade uma causalidade de causas finais e uma ideia que serve de fundamento a esta, tampouco podemos conceber mais que como fim a existência desse produto, pois se chama fim o efeito representado cuja representação é ao mesmo tempo o motivo que decidiu a causa eficiente inteligente a produzi-lo. Por conseguinte, nesse caso pode-se dizer: o fim da existência de semelhante ser natural está nele mesmo, isto é, não é apenas fim, mas também fim final, ou então: este está fora dele em outros seres da natureza, ou seja, existe idoneamente, não como fim final, mas necessariamente como meio ao mesmo tempo.

Porém, se percorrermos toda a natureza, não encontraremos nela, como natureza, nenhum ser que possa aspirar à excelência de ser fim final da criação, e até pode ser demonstrado *a priori* que aquilo que por acaso poderia ser fim último para a natureza jamais pode ser, contudo, como coisa da natureza, quaisquer que sejam as notas e as propriedades imagináveis com que se lhe queira dotar, um fim final.

Examinando o reino vegetal, poder-se-ia primeiramente ser levado a pensar, diante da imensa fecundidade com que se propaga sobre quase todos os terrenos, que se trata de mero produto do mecanismo da natureza, que ela mostra nas formações do reino mineral; porém, um conhecimento mais exato da organização indescritivelmente sábia desse reino não nos permite insistir nesse pensamento, mas nos leva a perguntar: para que existem essas criaturas? Se respondermos: para o reino animal, que se alimenta delas para que possa em tão diversas espécies se espalhar pela terra, surge então outra pergunta: para que existem na terra esses animais herbívoros? A resposta poderia ser: para os predadores, que só podem alimentar-se do que tem vida. Por último, se pergunta: para que servem estes, juntamente com os anteriores reinos da natureza? Para o homem e os múltiplos usos que seu entendimento o ensina a fazer de todas as criaturas; e ele é o fim último da criação nesta terra, porque é nela o único ser que pode formar um conceito dela, e de um agregado de coisas idoneamente formadas pode, mediante sua razão, fazer um sistema de fins.

Poder-se-ia seguir também o caminho aparentemente oposto, que toma o cavalheiro Lineu, e dizer: os animais herbívoros existem para moderar o exuberante crescimento do reino vegetal, que causaria a extinção de muitas de suas espécies, os carnívoros, para pôr limites à voracidade daqueles, e, por último, o homem, para que, perseguindo aqueles e fazendo diminuir seu número, imponha certo equilíbrio entre as forças produtivas e as destrutivas da natureza. E desse modo o homem, por mais que em certo aspecto possa ser apreciado como fim, voltaria, em outro, à categoria de meio.

Elevando a princípio uma idoneidade objetiva da diversidade das espécies das criaturas da terra e suas recíprocas relações, na qualidade de seres construídos idoneamente, resulta conforme à razão conceber, por sua vez, nessas relações certa organização e um sistema de todos os reinos da natureza por causas finais. Contudo, a experiência parece contradizer francamente nesse caso a máxima racional, sobretudo no que se refere a um fim último da natureza, exigido, em última análise, para que seja possível tal sistema, e que não podemos atribuir mais que ao homem; tanto é assim que, com relação a este, como uma de tantas espécies animais, a natureza não abriu a menor exceção nem no que se refere às forças destruidoras nem às criadoras, ao submetê-lo todo a um mecanismo delas sem uma finalidade.

Numa disposição para formar intencionalmente um todo idôneo dos seres naturais da terra, o primeiro seria sem dúvida seu habitáculo: o solo e o elemento em que houvessem de prosperar; entretanto, um conhecimento mais exato da constituição dessa base de toda produção orgânica não dá indícios senão de causas que atuam com ausência de toda intenção, e até que, pelo contrário, são mais devastadoras que fomentadoras da produção, da ordem e dos fins. A terra e o mar contêm não apenas testemunhos de antigas e formidáveis devastações, que os afetaram e a todas as criaturas que neles havia, mas também toda a sua estrutura – as camadas daquela e os limites deste – tem totalmente o aspecto de ser produto de onipotentes forças selvagens de uma natureza que trabalha em estado caótico. Por mais idôneas que possam parecer atualmente a forma, a estrutura e a inclinação das terras para recolher as águas do ar, para os mananciais entre as camadas de terra da mais diversa índole (para distintos produtos) e o curso dos rios, uma investigação mais minuciosa de tudo isso demonstra que foram produzidos apenas como efeito de erupções, umas de fogo, outras de água, ou também de elevações do nível do oceano, tanto no que se refere à primeira criação dessa figura como, sobretudo, à reiterada transformação dela, simultânea ao desaparecimento de suas primeiras produções orgânicas*. Pois bem, se o habitáculo, o solo materno (da terra) e o regaço materno (do mar), não faz vislumbrar para a criação de todas essas criaturas mais que um mecanismo totalmente inintencional, como e com que direito podemos exigir e sustentar para estas outra origem? Embora o homem não pareça ter estado compreendido nessas revoluções, como demonstra o exame mais exato de todos aqueles cataclismos da natureza (segundo o juízo de Camper), é, entretanto, tão dependente das demais criaturas da terra que, caso se conceda que existe um mecanismo da natureza que as domina universalmente a todas, também haverá que se considerar que o homem está compreendido sob esse

---

* Se há de se conservar o nome de história natural já adotado para a descrição da natureza, o que a primeira denominação indica literalmente, a saber: uma representação do estado antigo da terra (sobre o qual, embora não caiba esperar uma certeza, podem-se arriscar suposições com bom fundamento), pode-se qualificar de arqueologia da natureza em oposição à arte, pertencendo à primeira as petrificações e à segunda as pedras talhadas, etc. De fato, como nela se trabalha constantemente (com o nome de teoria da terra), embora com justificada lentidão, esse nome não se daria a uma investigação puramente imaginária da natureza, mas sim a uma investigação a que nos convida e incita a mesma natureza.

mecanismo, embora sua inteligência lhe tenha permitido (pelo menos em grande parte) salvar-se de suas devastações.

Porém, esse argumento parece demonstrar mais do que continha a intenção para a qual foi formulado, ou seja, não apenas que o homem não pode ser um fim último da natureza, e, pela mesma razão, o agregado das coisas naturais organizadas que há na terra não pode ser um sistema de fins, mas também que os produtos naturais, antes tidos por fins naturais, não têm outra origem senão o mecanismo da natureza.

Mas na solução anterior da antinomia dos princípios do modo de produção mecânico e do teleológico, vimos que, – como esses princípios são apenas os da faculdade de julgar reflexionante com relação à natureza que se forma segundo suas leis particulares (embora não tenhamos a chave para decifrar seu encadeamento sistemático), princípios que não determinam por si sós sua origem, senão que dizem simplesmente que, dada a constituição de nosso entendimento e de nossa razão, não podemos conceber a origem dessa classe de seres a não ser atendo-nos a causas finais –, não apenas nos é permitido o máximo esforço possível, e até audácia nas tentativas de explicar mecanicamente esses seres, mas também que a razão nos incita a fazê-lo, apesar de que saibamos que com isso jamais teremos o bastante, por causa de motivos subjetivos da especial índole e limitação de nosso entendimento (e não porque o mecanismo da produção resulte em si contrário a uma origem por fins); e que, por último, no princípio suprassensível da natureza (tanto da alheia a nós como da nossa) pode haver perfeitamente a possibilidade de conciliar os dois modos de representar a possibilidade da natureza, considerando que o modo de representação por causas finais não é mais que uma condição subjetiva do uso de nossa razão quando pretende que não se postule o juízo dos objetos apenas na qualidade de fenômenos, mas que exige que esses fenômenos junto com seus princípios estejam relacionados ao substrato suprassensível, com o objetivo de encontrar possíveis leis certas da unidade deles, que não podem fazer-se representáveis a não ser por meio de fins (dos quais têm a razão alguns que são supra-sensíveis).

§ 83

Do fim último da natureza como sistema teleológico

Mostramos no que precede que, segundo princípios de razão, não para a faculdade de julgar determinante, mas sim para a reflexionante, temos causa suficiente para julgar o homem não apenas como fim natural, assim como todos os seres organizados, mas também como fim último da natureza nesta terra, com relação ao qual todas as demais coisas naturais constituem um sistema de fins. Sendo assim, se no próprio homem é necessário encontrar aquilo que a título de fim há que fomentar mediante seu vínculo com a natureza, esse fim tem que ser ou de tal índole que possa ser satisfeito pela natureza e por sua ação benéfica, ou que seja a aptidão e a habilidade para toda classe de fins para os quais possa ser utilizada por ele a natureza (exterior e interiormente). O primeiro fim da natureza seria, então, a felicidade, e o segundo a cultura do homem.

O conceito da felicidade não é tal que o homem possa abstraí-lo de seus instintos, derivando-o dessa forma da animalidade que há no mesmo, mas sim uma mera ideia de um estado, à qual ele pretende tornar adequado o último em condições meramente empíricas (o que é impossível). Se ele mesmo a projeta, e de modo tão diverso, por meio de seu entendimento, complicado com a imaginação e os sentidos, e seu entendimento varia inclusive tao amiúde que, se a natureza estivesse totalmente submetida ao seu alvedrio, não poderia adotar em absoluto nenhuma lei universal e firme determinada, para coincidir com esse conceito vacilante e, desse modo, com o fim que cada um se propõe arbitrariamente. Porém, mesmo que reduzíssemos este à verdadeira necessidade natural, em que nossa espécie coincide em todos os aspectos consigo mesma, ou, por outro lado, aumentássemos à vontade a habilidade para alcançar fins imaginados, jamais alcançaria o homem o que ele entende por felicidade nem o que na realidade é seu próprio fim natural último (não fim da liberdade), pois sua natureza não é tal que se detenha e fique satisfeita ao chegar a algum ponto de posse e gozo. Por outro lado, a natureza está muito longe de tê-lo tomado por favorito especial, ao contrário, em seus efeitos destruidores (peste, fome, inundações, geadas, ataques de outros animais grandes e pequenos, etc.), o respeitou tão pouco como a qualquer outro animal, e, além disso, o absurdo das inclinações naturais que há nele o faz sofrer penas que ele mesmo concebeu, além das que lhe depara sua própria espécie com a opressão dos dominadores, a barbárie das guerras, etc., ao mesmo tempo em que ele mesmo, no que dele depende, trabalha na destruição de sua própria espécie, até o ponto em que, mesmo supondo que a natureza exterior a nós nos fosse sumamente benéfica e seu fim estivesse voltado à felicidade de nossa espécie, esse fim não se alcançaria num sistema deles neste mundo porque a natureza que há em nós não seria acessível a essa felicidade. Por conseguinte, o homem nunca é mais que um membro na cadeia de fins naturais, e ainda que seja princípio com relação a mais de um fim, ao qual parece haver-lhe destinado a natureza em sua disposição, elevando-se ele mesmo a tal condição, seguirá sendo sempre ao mesmo tempo meio para a conservação da idoneidade no mecanismo dos membros restantes. Em sua qualidade de ser único da terra que possui entendimento, ou seja, uma faculdade de colocar-se fins arbitrariamente, é, sem dúvida, dono titular da natureza e, considerando esta como sistema teleológico, fim último da natureza, em virtude de sua destinação; mas sempre de modo condicionado, a saber: se entende e tem a vontade de dar a esta e a si mesmo uma relação de fins tal que possa bastar-se a si mesmo, independentemente da natureza, e ser, assim, fim final que, contudo, nem sequer tem que ser buscado na natureza.

Porém, para descobrir em que aspecto do homem havemos de situar pelo menos aquele fim último da natureza, temos que buscar o que pode fazer a natureza para prepará-lo e o que pode fazer ele mesmo para ser fim final, e separar isso de todos os fins cuja possibilidade se apoia em coisas que apenas da natureza cabe esperar. Do último tipo é a felicidade na terra, entendendo por ela a soma de todos os fins do homem possíveis mediante a natureza alheia a ele e a sua interior; é a matéria de todos seus fins na terra, e se o homem faz dela todo seu fim incapacita-se para atribuir à sua própria existência um fim final e para acomodar-se a esse fim. Consequentemente, de todos seus fins na natureza resta apenas a condição formal subjetiva, a saber: a aptidão para colocar fins a si mesmo e (sendo, em virtude de sua destinação a um fim, independente da natureza) usar da natureza como meio, em conformidade com as máximas dos mesmos fins livres próprios dele, coisa que pode realizar a natureza em atenção ao fim final, situado fora dela, e que, por conseguinte, pode ser considerado seu fim último. Lograr que um ser racional seja apto para quaisquer fins (por conseguinte, em sua liberdade) se chama cultura; portanto, somente ela pode ser o último fim atribuído com causa à natureza com relação ao gênero humano (não sua própria felicidade na terra, nem sequer o fato de que proporciona o instrumento mais excelente para pôr ordem e harmonia na natureza irracional exterior ao homem).

Porém, nem toda cultura é suficiente para este último fim. A da habilidade é, evidentemente, a condição subjetiva mais excelente da aptidão para a consecução de qualquer fim; mas não é suficiente para estimular a vontade na determinação e eleição de seus fins, coisa que, em toda sua extensão, corresponde essencialmente a uma aptidão para fins. A última condição da aptidão, que se poderia qualificar de cultura da disciplina, é negativa e consiste em emancipar a liberdade do despotismo dos apetites, os quais, encadeando-se a certas coisas naturais, nos tornam incapazes de eleger por nós mesmos porque transformamos em correntes os instintos que nos deu a natureza como guias para que não descuidássemos, e menos ainda prejudicássemos, o destino do animal que há em nós, embora deixando-nos liberdade suficiente para esticá-los ou afrouxá-los, alongá-los ou encurtá-los, segundo exijam os fins da razão.

A habilidade não pode desenvolver-se bem na espécie humana se não for mediante a desigualdade entre os homens, visto que em seu maior número trabalham estes para as necessidades da vida de um modo por assim dizer mecânico, sem necessitar especialmente arte para isso, proporcionando assim comodidades e ócio a outros que elaboram as partes menos necessárias da cultura (ciência e arte) e que mantém aqueles num estado de opressão, trabalho penoso e pouco gozo, embora posteriormente também vá se estendendo paulatinamente a essa classe muito da cultura da classe superior. Porém, à medida que esta progride (até um nível que se chama luxo, quando a inclinação ao supérfluo prevalece já sobre o indispensável), aumentam também com igual força as penas de ambas as classes: numa pela opressão externa, e noutra por sua intrínseca exigência; porém, a calamidade mais patente está associada ao desenvolvimento das disposições naturais da espécie e, contudo, nele se alcança o fim da natureza mesma, embora não seja nosso fim. A condição formal única em que a natureza pode alcançar esse seu desígnio final é aquela organização das relações recíprocas dos homens em que para impedir atentados mútuos à liberdade se dá poder legal a um conjunto que se chama sociedade civil, pois apenas nela se pode alcançar o desenvolvimento máximo das disposições naturais; porém, mesmo que os homens fossem bastante sábios para encontrá-la e bastante cordatos para submeter-se à sua coerção, exigir-se-ia ainda um todo cosmopolita, isto é, um sistema de todos os Estados que correm o risco de prejudicar-se mutuamente. Na falta dele e levando em conta os obstáculos que até à possibilidade de semelhante projeto oporiam a avidez, a ambição e o afã de domínio, sobretudo de quem tem o poder em suas mãos, resulta inevitável a guerra (na qual alguns Estados se dissolvem dividindo-se em outros menores, e outras vezes um Estado se incorpora a outros menores aspirando formar um todo maior), à qual, assim como é uma tentativa indeliberada por parte dos homens (excitada por indômitas paixões), embora muito recôndita e talvez deliberada por parte da suprema sabedoria, não para fundar, mas sim para preparar a conciliação da legalidade com a liberdade dos Estados que constitua assim um sistema destes baseado na moral, e apesar dos horrorosos sofrimentos que causa ao gênero humano, e daqueles, acaso maiores, a que durante a paz obriga o estar preparado para a guerra, é, contudo, um incentivo a mais (quando se afasta cada vez mais a esperança de que a inatividade militar garanta a felicidade da nação) para desenvolver até o grau máximo todos os talentos que servem para a cultura.

Quanto à disciplina das inclinações para as quais resulta totalmente idônea a disposição natural com vistas à nossa destinação como espécie animal, mas que tanto dificultam o desenvolvimento da humanidade, também nesta segunda exigência da cultura se mostra, contudo, uma aspiração idônea da natureza a um aperfeiçoamento que nos torne acessíveis a fins mais elevados do que a natureza mesma pode proporcionar. É indiscutível que o refinamento do gosto levado até a idealização deste, e até mesmo o luxo nas ciências, como sustento para a vaidade, derramam sobre nós exorbitante quantidade de males por causa das inclinações assim provocadas que é impossível satisfazer; mas tampouco se pode negar que o fim da natureza é impor-se cada vez mais à rudez e violência daquelas inclinações que mais pertencem ao animal que há em nós e constituem o maior obstáculo para alcançar o aperfeiçoamento próprio de nossa destinação superior (as inclinações do gozo) e dar margem ao desenvolvimento da humanidade. As belas artes e as ciências, ao provocar um agrado suscetível de comunicação universal, e ao polir e refinar o homem para a sociedade, se não o tornam moralmente melhor, civilizam-no, ampliam-se muitíssimo às custas da tirania do sensualismo e preparam assim o homem para um regime em que apenas impera a razão; enquanto os males com que nos aflige em parte a natureza e em parte o intratável egoísmo dos homens mobilizam, acrescentam e temperam as forças da alma para não sucumbir a eles, fazendo-nos sentir assim uma aptidão, escondida em nós, para fins superiores*.

§ 84

Do final da existência de um mundo, isto é, da criação mesma

Fim final é aquele que não necessita outro como condição de sua possibilidade.

Se como razão explicativa da idoneidade da natureza se aceita o mero mecanismo desta, não cabe perguntar para que existem as coisas no mundo, pois então, segundo esse sistema idealista, apenas é questão da possibilidade física das coisas (e concebê-las como fins seria mera sutileza sem objeto), e tanto se se atribui essa forma das coisas ao acaso ou à necessidade cega,

---

* Fácil é decidir que valor teria para nós uma vida se para avaliá-lo considerássemos apenas o que fruímos (o fim natural da soma de todas as inclinações: a felicidade): seria menos que nada, pois quem quereria voltar a viver novamente nas mesmas condições, nem sequer segundo um plano novo, traçado por si mesmo (embora conforme o curso da natureza), mas que estivesse unicamente voltado para o gozo? Já indicamos anteriormente que valor encerra a vida levada de acordo com o desígnio que a natureza tem para conosco, e qual há naquele que se faz (não que apenas se frui), quando, ao fim e ao cabo, nunca somos mais que meios para indeterminados fins finais. Por conseguinte, não resta mais que o valor que nós mesmos damos a nossa vida pelo que não apenas fazemos, mas que fazemos idoneamente com independência da natureza até o ponto em que até a existência desta somente com essa condição pode ser fim.

aquela pergunta seria vazia. Em contrapartida, se tomamos como real o nexo final do mundo e aceitamos para ele um tipo especial de causalidade, a saber: o de uma causa que atua com intenção, já não podemos deter-nos na questão: para que certas coisas do mundo (os seres organizados) têm tal ou qual forma, ou estão postas em tal ou qual relação no que diz respeito a outras da natureza?, mas sim, uma vez concebido um entendimento que precise ser considerado como causa da possibilidade dessas formas, tal como realmente se encontram em coisas, também há que se perguntar nele pelo motivo objetivo que pode ter levado esse entendimento produtivo a atuar deste modo e que então é o fim final para o qual essas coisas existem.

Disse anteriormente que o fim final não é um fim para cuja realização e produção em conformidade com sua ideia não é suficiente a natureza, porque é incondicionado. De fato, nada existe na natureza (como ser sensível) para o qual o fundamento determinante que nela se encontra não seja sempre, por sua vez, condicionado, e isso vale não apenas para a natureza exterior a nós (da material), mas também para a que está em nós (da que pensa), entendendo-se bem que apenas considero em mim o que é natureza. Porém, uma coisa que por causa de sua qualidade objetiva há de existir necessariamente como fim final de uma causa inteligente tem que ser de tal índole que na ordenação de fins não dependa de outra condição que a de sua ideia.

Pois bem, apenas temos no mundo uma classe de seres cuja causalidade é teleológica, isto é, voltada para fins, e ao mesmo tempo de tal índole que a lei segundo a qual hão de determinar-se fins seja representada por eles mesmos como incondicionada e independente das condições naturais, porém como necessária em si. O ser dessa classe é o homem, mas considerado como númeno, o único ser natural em quem, do lado de sua própria constituição, podemos reconhecer uma faculdade suprassensível (a liberdade) e até a lei da causalidade, juntamente com o objeto desta última, que ele pode propor-se como fim supremo (o supremo bem no mundo).

Sendo assim, do homem (e também de todo ser racional do mundo), na qualidade de ser moral, não se pode formular a pergunta ulterior: para que (*quem in finem*) existe? Sua existência tem em si mesma o fim supremo, ao qual, até onde lhe seja possível, pode submeter toda a natureza, ou, pelo menos, perante o qual não se deve considerar submetido a nenhuma influência da natureza. Pois bem, enquanto as coisas do mundo, como seres dependentes por sua existência, necessitam uma causa suprema que atue por fins, é o homem fim final da criação, pois sem este não estaria completamente fundada a cadeia de fins subordinados entre si, e apenas no homem (mas também apenas nele a título de sujeito da moralidade) cabe encontrar a legislação incondicionada com relação a fins, que o torna, pois, exclusivamente capaz de ser fim final, ao qual se encontra subordinada teleologicamente toda a natureza.

§ 85

Da teologia física

A teologia física é a tentativa da razão de deduzir dos fins da natureza (que só podem ser conhecidos empiricamente) a causa suprema da natureza e suas propriedades. Uma teologia moral (teologia ética) seria a tentativa de deduzir do fim moral dos seres racionais da natureza (que pode ser conhecido *a priori*) aquela causa e suas qualidades.

Como é natural, a primeira precede à segunda, pois se das coisas do mundo queremos tirar conclusões teleologicamente, precisam ocorrer primeiramente fins da natureza para os quais haveremos de buscar depois um fim final e posteriormente, para este, o princípio da causalidade dessa causa suprema.

Pelo princípio teleológico podem e devem efetuar-se muitas investigações da natureza sem que haja motivo para perguntar em que se funda a possibilidade de atuar idoneamente, que encontramos em vários dos produtos da natureza. Sendo assim, se também se quer ter deles um conceito, não dispomos em absoluto para isso de conhecimento algum que vá além da única máxima da faculdade de julgar reflexionante de que, mesmo quando não nos fosse dado mais que um só produto orgânico da natureza, não poderíamos conceber para ele, dada a constituição de nossa faculdade de conhecer, outro fundamento que o de uma causa da natureza mesma (seja de toda a natureza, seja dessa única porção dela) que, mediante um entendimento, contenha a causalidade para esse produto, princípio de juízo, que, se não nos leva um ápice mais adiante na explicação das coisas da natureza e de sua origem, nos abre, contudo, perspectivas além da natureza para poder determinar talvez de modo mais preciso o conceito de resto tão estéril de um ser original.

Pois bem, eu digo que a teologia física, por mais longe que possa ser levada, nada pode nos revelar de um fim final da criação, pois nem sequer chega a presumi-lo. Consequentemente, pode, sim, justificar o conceito de uma causa inteligente do mundo como único conceito subjetivo apto para a constituição de nossa faculdade de conhecer, sobre a possibilidade das coisas que podemos tornar compreensíveis para nós segundo fins, mas não determinar mais esse conceito em sentido teórico nem prático, e seu intento não alcança sua intenção de fundar uma teologia, mas continua sempre sendo apenas uma teleologia física, porque a relação final nunca é considerada nela, nem tem que sê-lo, mais que como condicionada na natureza, e, por isso, nem sequer pode considerar a questão relativa ao fim para o qual existe a natureza mesma (cujo fundamento tem que ser buscado fora da natureza), de cuja ideia determinada depende, contudo, o conceito determinado daquela causa superior inteligente do mundo e, por conseguinte, a possibilidade de uma teologia.

Para que servem no mundo umas coisas a outras; para que o múltiplo de uma coisa seja bom para esta coisa mesma; e até como há fundamento para supor que no mundo nada é em vão, ao contrário, que tudo é bom para algo na natureza, contanto que certas coisas existam (como fins), para o qual, consequentemente, nossa razão não tem, para a faculdade de julgar outro princípio da possibilidade do objeto de seu inevitável juízo teleológico que o de subordinar à arquitetônica de um autor inteligente do mundo o mecanismo da natureza – tudo isso faz o exame teleológico do mundo às mil maravilhas e de modo insuperavelmente admirável; porém, como são apenas empíricos os dados, e, por isso, os princípios, para determinar esse conceito de uma causa inteligente do mundo (como supremo artista), não permitem deduzir outras propriedades além das que em seus efeitos nos revela a experiência, a qual, como nunca pode abarcar toda a natureza como sistema, tem que conduzir amiúde a razões demonstrativas que (aparentemente) se contradizem a si mesmas e a esse conceito, e mesmo que fôssemos capazes de dominar empiricamente o sistema todo, na medida em que se refere à mera natureza, jamais poderíamos elevar-nos, acima da natureza, ao fim de sua própria existência e, com ele, ao conceito determinado daquela inteligência superior.

Reduzindo o problema cuja solução incumbe à teologia física, parece fácil resolvê-lo assim, se estendermos o conceito de divindade a todos e a cada um dos seres inteligentes por nós concebidos (podem ser um ou vários) que têm muitas e muito grandes propriedades, porém não precisamente todas as exigidas para fundamentar uma natureza coincidente com o fim máximo possível, ou se não se levar em conta que numa teoria se recorre a aditamentos arbitrários para suprir a falta de razões demonstrativas, e se crê que, tendo apenas fundamento para supor muita perfeição (e o que é muito para nós?), estamos autorizados a admitir todas as perfeições possíveis, então a teleologia física adquirirá importantes direitos para aspirar à glória de fundamentar uma teologia. Por outro lado, caso se exija que indiquemos o que nos induziu e também autorizou a recorrer a tais substituições, em vão buscaremos razões para justificar-nos nos princípios do uso teórico da razão, o qual exige categoricamente que para explicar um objeto da experiência não lhe atribuamos mais propriedades que os dados empíricos que cabe encontrar para sua possibilidade. Num exame mais minucioso, veríamos que, propriamente, há em nós *a priori* como fundamento uma ideia de um ser supremo apoiada em outro uso da razão, completamente distinto (o prático), ideia que nos impulsiona até o conceito de uma divindade para suprir a defeituosa representação que da causa original dos fins da natureza nos oferece uma teologia física, e não imaginaríamos falsamente que tivéssemos obtido essa ideia e, com ela, uma teologia, mediante o uso teórico-racional do conhecimento físico do mundo, e muito menos que tivéssemos demonstrado sua realidade.

Não se pode repreender muito os antigos porque imaginavam seus deuses como limitados em parte em suas capacidades e em parte em suas intenções e caprichos, de modo muito diversamente variados, mas todos eles, sem excetuar o mais alto de todos, de modo sempre humano. É que, examinando a disposição e marcha das coisas na natureza, encontravam motivo suficiente para admitir como causa delas algo mais que o mecânico, e para supor, por trás da mecânica deste mundo, intenções de certas causas superiores que não podiam conceber que fossem mais que sobre-humanas. Porém, como encontravam muito misturado nela o bom e o mau, o, pelo menos no nosso modo de ver, conveniente e o inconveniente, e não podiam admitir, com vistas à ideia arbitrária de um criador sumamente perfeito, que no fundo estivessem escondidos fins sábios e benéficos, dos quais não viam a prova, dificilmente podia ser outro seu juízo da causa suprema do mundo, na medida em que muito coerentemente se atinham, para formulá-lo, às máximas do uso meramente teórico da razão. Outros, que na qualidade de físicos queriam ser ao mesmo tempo teólogos, creram dar satisfação à razão proporcionando a unidade absoluta do princípio das coisas naturais mediante a ideia de um ser, do qual, como substância única, todas aquelas coisas seriam determinações inerentes, e consideraram que nessa substância, como sujeito, sem ser causa do mundo em virtude de entendimento, havia que encontrar todo o entendimento dos seres do mundo, ser, em consequência, que, sem criar nada atendendo a fins, constituiria o ponto em que por necessidade tinham que ligar-se idoneamente todas as coisas, por causa da unidade do sujeito, do qual não são estas senão meras determinações. Assim inauguraram o idealismo das causas finais ao transformar a unidade, tão dificilmente obtenível dessa sorte, de grande quantidade de substâncias unidas idoneamente, atribuindo-a, não à dependência causal de uma substância, mas sim à de uma inerência numa substância. Daí em diante, esse sistema, considerado como panteísmo em atenção aos seres do mundo inerentes, e (posteriormente) como spinozismo atendendo ao único sujeito, subsistente a título de ser original, mais que resolver a questão do fundamento primeiro da idoneidade da natureza, o que fez foi declarar nula essa questão ao considerar que o último conceito, despossuído de toda sua realidade, era propriamente uma mera interpretação errônea de um conceito ontológico universal de uma coisa.

Valendo-nos de meros princípios teóricos do uso da razão (único fundamento da teologia física), jamais poderemos obter, pois, um conceito de divindade que baste para nosso juízo teleológico da natureza, pois já decidimos que ou toda teleologia era mera ilusão da faculdade de julgar no juízo do nexo causal das coisas, e nos refugiamos no princípio único de um mero mecanismo da natureza, parecendo-nos que esta contém apenas uma referência universal a fins por causa da unidade da substância, da qual não era a natureza senão a diversidade de determinações dessa substância; ou então, se em vez desse idealismo das causas finais queremos continuar adictos ao princípio do realismo desse tipo especial de causalidade, podíamos atribuir os fins naturais a muitos seres originais inteligentes ou a um só, e enquanto para fundamentar o conceito desse ser não dispomos senão de princípios de experiência tomados do nexo final real do mundo, nada nos ajudará, de um lado, contra a ambiguidade que em muitos exemplos apresenta a natureza em matéria de unidade de fins, e, por outro lado, o conceito de uma única causa inteligente, justificado em nosso modo de obtê-lo com base em mera experiência, nunca poderá ser deduzido desta de modo bastante determinado para uma teologia de algum modo (teórica ou praticamente) utilizável.

É bem verdade que a teleologia nos induz a buscar uma teologia; porém, não pode proporcioná-la por mais longe que avancemos na exploração da natureza por meio da experiência nem mesmo se para a relação de fins nela descoberta nos valêssemos de ideias de razão (que teriam que ser teoricamente para os problemas físicos). De que serve – se nos objetaria com razão – que para todas essas organizações tomemos como fundamento um entendimento, para nós imenso, e façamos com que governe este mundo de acordo com fins? Pois a natureza nada nos diz, nem poderá jamais dizer-nos, da intenção última sem a qual não podemos conceber um ponto de referência comum a todos esses fins naturais nem um princípio teleológico suficiente, em parte, para conhecer os fins todos num sistema, e, em parte, para conceber do entendimento supremo como causa dessa natureza um conceito que possa servir de norma para nossa faculdade de julgar que reflete teleologicamente sobre ela. Teríamos então um entendimento artístico para fins dispersos mas não uma sabedoria para um fim final, o qual, entretanto, tem que conter o motivo determinante daqueles. E, na ausência de um fim final, que só a razão pura *a priori* pode proporcionar (porque todos os fins do mundo estão empiricamente condicionados e não podem conter senão o bom para tal ou qual intenção contingente, porém não o absolutamente bom), a falta do único que poderia nos ensinar quais propriedades, qual grau e quais relações das causas supremas da natureza necessitamos imaginar para julgá-la como sistema teleológico, como e com que direito podemos então ampliar à vontade nosso limitadíssimo conceito daquele entendimento original, que podemos fundar em nosso escasso conhecimento do mundo, e do poder desse ser original para traduzir em realidades suas ideias, e completá-lo até a ideia de um ser infinito onisciente? Para fazê-lo teoricamente, exigir-se-ia que tivéssemos a onisciência para conhecer os fins da natureza em toda sua engrenagem, e que pudéssemos conceber, além disso, todos os demais planos possíveis da natureza, comparados com os quais o primeiro teria que ser considerado fundadamente como o melhor, visto que sem esse conhecimento completo do efeito não podemos inferir um conceito determinado da causa suprema, o qual só pode ser encontrado no de uma inteligência infinita em todo aspecto, isto é, no conceito de uma divindade, que nos proporciona uma base para a teologia.

Por conseguinte, ampliando até onde for possível, de acordo com o princípio que acabamos de mencionar, a teleologia física, poderemos dizer que, em virtude da constituição e dos princípios de nossa faculdade de conhecer, a natureza, naquelas suas disposições idôneas que nos são conhecidas, não pode ser concebida por nós mais que como produto de um entendimento a que está submetida. O que jamais poderá revelar-nos a investigação teórica da natureza é se esse entendimento terá tido, ademais, uma intenção final (que, consequentemente, já não se encontraria na natureza do mundo dos sentidos) com a totalidade da natureza e de sua produção, ao contrário, por maior que seja o conhecimento que dela tenhamos, ficará sempre sem solução se essa causa suprema é em todos os aspectos fundamento original das formas da natureza que respondem a um fim final, ou o é, pelo contrário (por analogia com o que qualificamos de instinto artístico nos animais), mediante um entendimento pela mera necessidade de sua natureza determinado a produzir essas formas; sem que por isso seja necessário atribuir-lhe a menor sabedoria, e muito menos sabedoria suprema e unida a todas as demais propriedades requeridas para a perfeição de seu produto.

Por conseguinte, a teologia física é uma teleologia física mal entendida, utilizável apenas como preparação (propedêutica) para a teologia, e mesmo para esse objeto unicamente suficiente caso se adicione a ela outro princípio em que possa apoiar-se, mas não por si mesma como poderia dar a entender seu nome.

§ 86

Da teologia ética

Ao refletir sobre a existência das coisas do mundo e sobre a deste mesmo, há um juízo ao qual não pode subtrair-se sequer o entendimento mais comum: que todas as mais diversas criaturas, por maior que seja a arte de sua disposição e por mais variadas e idôneas que sejam suas mútuas relações, e até mesmo a totalidade de tantos sistemas de criaturas, que indevidamente qualificamos de mundos, para nada existiriam se neles não houvesse homens (seres racionais em geral); isto é, que sem homens toda a criação seria mero deserto e careceria de razão de ser e de fim final. Entretanto, a existência de todo o resto do mundo não adquire pela primeira vez seu valor graças a sua relação com a capacidade de ser conhecido (com a razão teórica), como se existisse para que houvesse alguém que o contemplasse e, visto que essa contemplação do mundo não tornaria representáveis para esse alguém mais do que coisas sem fim final, o fato de que o mundo seja conhecido não lhe confere valor algum, e é preciso supor para ele um fim final com relação ao qual tenha valor a mesma contemplação do mundo. Tampouco podemos estimar esse valor absoluto pelo sentimento de agrado, ou a soma deles, como se com relação a ele concebêssemos dado um fim final à criação, e tampouco, pois, pelo bem-estar, o gozo (corporal ou espiritual), numa palavra: pela felicidade, visto que o fato de que o homem, quando existe, a tenha para si como fim final, não proporciona nenhum conceito de por que ele existe, nem de que valor ele tem para tornar-lhe agradável sua existência. Por conseguinte, é necessário pressupor já que ele é o fim final da criação, se quisermos ter um fundamento racional de que a natureza, considerando-a como um todo absoluto segundo princípios dos fins, tenha que acomodar-se à sua felicidade. Será, pois, unicamente a faculdade de desejar, mas não aquela que o torna dependente da natureza (por impulsos sensíveis), nem aquela para a qual o valor de sua existência se baseia no que recebe e frui, mas sim o valor que ele unicamente a si mesmo pode dar, e que consiste no que ele faz, em como e segundo que princípios opera, não como membro da natureza, mas sim na liberdade de sua faculdade de desejar; isto é, uma vontade boa é a única coisa graças à qual sua existência pode ter um valor absoluto e, em relação a este, um fim final a existência do mundo.

Da mesma forma, o mais comum dos juízos coincide totalmente com o seguinte: que o homem apenas a título de ser moral pode ser fim final da criação – essa coincidência se produz com a condição única de que o juízo seja dirigido a essa pergunta e convidado a resolvê-la. De que serve que se diga que este homem tem tanto talento, e até que com ele desenvolva grande atividade e que graças a ele exerça uma influência proveitosa sobre o ente comunal, tendo, consequentemente, um grande valor tanto para sua situação de felicidade como também para o proveito dos demais, se não possui uma vontade boa? Contemplando-o em seu interior, resulta um objeto desprezível, e caso não se queira que a criação em todas as suas partes careça de fim final, ele, que como homem pertence também a ela, tem que perder, num mundo moral submetido a leis morais, e em virtude dessas mesmas leis, seu fim subjetivo (a felicidade) na sua qualidade de homem mau, e apenas com essa condição pode conciliar-se sua existência com o fim final.

Sendo assim, se no mundo encontramos disposições de fins e, como exige inevitavelmente a razão, submetemos a um fim supremo incondicionado, isto é, a um fim final, os que são apenas condicionados, vê-se facilmente, em primeiro lugar, que se trata então, não de um fim da natureza (dentro dela) na medida em que esta existe, mas sim do fim de sua existência com todas as suas organizações, ou seja: do fim último da criação, e neste, também propriamente da condição suprema, da única em que pode ter lugar um fim final (isto é, o motivo que determina um entendimento supremo a produzir os seres do mundo).

Pois bem, como somente a título de ser moral reconhecemos o homem como fim da criação, temos, em primeiro lugar, um fundamento para considerar pelo menos a condição principal, o mundo, como um todo relacionado por fins e como sistema de causas finais, e, sobretudo (para relacionar, condição necessária para nós em virtude da constituição de nossa razão, os fins da natureza a uma causa inteligente do mundo) um princípio para conceber a índole e as propriedades dessa causa primeira como fundamento supremo no reino dos fins e determinar assim seu conceito, coisa que não alcançava a teleologia física, que só podia dar lugar a conceitos indeterminados desse princípio, e, por isso, tão inapropriados para o uso teórico como para o prático.

Com base nesse princípio, assim determinado, da causalidade do ser original, teremos que considerar este não apenas como inteligência e como legislador para a natureza, mas também como chefe superior legislativo num reino moral de fins. Com relação ao bem supremo, possível unicamente sob o regime desse princípio, ou seja, com a existência de seres racionais sob leis morais, conceberemos esse ser original como onisciente, de modo que não lhe esteja oculto nem sequer o mais íntimo dos sentimentos (o que constitui o verdadeiro valor moral dos atos dos seres racionais do mundo); como todo-poderoso, para que possa fazer com que toda a natureza se adapte a esse fim supremo; como infinitamente bondoso e ao mesmo tempo justo, porque essas duas propriedades (unidas: a sabedoria) constituem as condições da causalidade de uma causa suprema do mundo como bem supremo sob leis morais; e podemos igualmente conceber nele todas as demais propriedades transcendentais, como a eternidade, a ubiquidade, etc. (pois a bondade e a justiça são propriedades morais) exigidas com relação a esse fim final. Desse modo, a teleologia moral supre a falta da física, e funda pela primeira vez a teologia, pois a última, se procedesse consequentemente sem tomar emprestado às escondidas algo da primeira, não poderia fundar por si só mais do que uma demonologia incapaz de conceito algum determinado.

Porém, o princípio de relacionar o mundo, por causa da destinação moral de certos seres dele, a uma causa suprema como divindade se faz não apenas para completar o argumento físico-teológico, tomando-o, consequentemente, como fundamento, mas também é por si só suficiente para isso e concentra a atenção nos fins da natureza e na investigação da grande arte que de modo incompreensível se encontra escondida atrás de suas formas, para proporcionar incidentalmente uma confirmação nos fins da natureza para as ideias que procura a pura razão prática, visto que o conceito de seres do mundo sob leis morais é um princípio *a priori* de acordo com o qual o homem tem necessariamente que julgar. E a razão considera também como princípio necessário para ela para o juízo teleológico da existência das coisas o fato de que, ademais, se em todos os aspectos há uma causa do mundo que atua deliberadamente e voltada a um fim, aquela relação moral tem que ser a condição da possibilidade de uma criação de modo igualmente necessário que a relação por leis físicas (sempre que aquela causa inteligente tenha também um fim final). Pois bem, o que importa é saber se para a razão (especulativa ou prática) há algum motivo suficiente para atribuir um fim final à causa suprema que atua segundo fins, pois *a priori* podemos estar certos que, dado o caráter subjetivo de nossa razão, e como queira que possamos conceber a razão de outros seres, esse fim não pode ser outro que o homem sob leis morais, enquanto, pelo contrário, os fins da natureza na ordem física não podem ser conhecidos *a priori* e, sobretudo, não pode ser compreendido de nenhum modo que possa existir uma natureza sem fins.

COMENTÁRIO

Suponhamos um homem nos momentos em que seu espírito se encontra disposto para a sensação moral. Se, rodeado de uma natureza bela, encontra-se no sereno e tranquilo gozo de sua existência, sentirá em si uma necessidade de estar por isso agradecido a alguém. Ou então, se em outra ocasião se vê na mesma disposição de ânimo, acossado por deveres que não pode nem quer cumprir a não ser à custa de um sacrifício voluntário, sentirá então em si uma necessidade de ter levado algo a cabo por mandato e obedecendo a um superior. Ou então se irrefletidamente cometeu alguma infração contra seu dever, pela qual não lhe caiba responsabilidade alguma perante os homens, então as severas recriminações que se formulará a si mesmo falar-lhe-ão em seu interior como vozes de juiz a quem tivesse que prestar conta disso. Numa palavra: necessita uma inteligência moral com o objetivo de que, para o fim para o qual existe, tenha um ser que de acordo com este seja a causa dele e do mundo. Em vão pretender-se-ia colocar artificiosamente motivos por trás desses sentimentos, pois se encontram intimamente vinculados às nossas mais puras intenções morais, porque a gratidão, a obediência e a humildade (submissão ao merecido castigo) são predisposições especiais de ânimo para o dever, e nesse caso o espírito inclinado a alargar sua intenção moral limita-se a pensar voluntariamente um objeto que não está no mundo, para demonstrar na medida do possível também seu dever com relação a ele. Por conseguinte, é possível pelo menos, e o fundamento disso se encontra também no modo de pensamento moral, representar-se uma necessidade puramente moral da existência de um ser sob o qual nossa moralidade ganha mais força ou também (pelo menos segundo nossa representação) maior alcance, ou seja: supor um novo objeto em que se exercitar, isto é, um ser situado fora do mundo e que dê leis morais, sem preocupar-nos de modo algum com sua demonstração teórica, e menos ainda com considerações egoístas, por um motivo puramente moral, livre de toda influência estranha (e, por conseguinte, evidentemente apenas subjetivo), atendendo ao mero louvor de uma pura razão prática de per si legisladora. E embora essa disposição de ânimo se apresente raras vezes ou não dure muito tempo, ao contrário, seja passageira e sem efeito duradouro, ou então passaria se não dedicássemos alguma reflexão ao objeto representado em semelhante fantasmagoria ou se não nos esforçássemos em trazê-lo sob conceitos claros, é inegável que o fundamento disso é a disposição moral que há em nós, como princípio subjetivo de não se limitar na contemplação do mundo a julgar sua idoneidade por causas naturais, pelo contrário, atribuindo-a a uma causa suprema que rege a natureza por princípios morais. Acrescente-se a isso que nos sentimos compelidos pela lei moral a aspirar a um fim supremo universal, embora sintamos que nós e toda a natureza somos incapazes de alcançá-lo; que apenas aspirando a isso podemos julgar que somos conformes ao fim final de uma causa inteligente do mundo (caso exista); e assim existe um puro motivo moral da razão prática para supor essa causa (pois isso pode ser feito sem contradição) pelo menos para que não corramos o perigo de considerar totalmente vão em seus efeitos esse esforço e abandoná-lo desalentados.

Tudo isso quer dizer apenas que, se primeiro o temor pôde produzir deuses (demônios), foi a razão a que mediante seus princípios morais conseguiu formar pela primeira vez o conceito de Deus (muito embora, como sói ocorrer, se soubesse muito pouco da teleologia da natureza, ou se tivesse também muita insegurança ante a dificuldade de conciliar com base num princípio suficientemente garantido os fenômenos contraditórios que se oferecem nesse caso); e que a íntima fixação de destino moral para a existência humana supriu o que faltava ao conhecimento da natureza, visto que induziu a pensar para o fim final da existência de todas as coisas (para o qual o princípio apenas eticamente resulta satisfatório para a razão) a causa suprema com os atributos que lhe permitem submeter toda a natureza àquela intenção única (para a qual esta é mero instrumento), isto é, concebendo-a como divindade.

§ 87

Da demonstração moral da existência de Deus

Há uma teleologia física que nos oferece um argumento suficiente para que nossa faculdade de julgar teoricamente reflexionante suponha a existência de uma causa inteligente do mundo; porém, em nós mesmos, e mais ainda no conceito de um ser racional dotado de liberdade (sua causalidade), encontramos também uma teleologia moral, mas esta, porque determina em nós mesmos *a priori* a referência a um fim junto com a lei desta, podendo portanto ser reconhecida como necessária, não necessita esse objeto para a legalidade interior nenhuma causa inteligente situada fora de nós, tampouco como para o que julgamos idôneo nas propriedades geométricas das figuras (para todo possível exercício artístico) temos que ir buscar um entendimento supremo que lhes confira essa idoneidade. Mas essa teleologia moral nos afeta como seres do mundo, unidos, por conseguinte, a outras coisas do mundo; e precisamente as mesmas leis morais nos impõem como preceito que dirijamos nosso juízo às últimas, ou como fins ou como objetos com relação aos quais nós mesmos somos fins finais. Pois bem, dessa teleologia moral, que versa sobre a referência de nossa própria causalidade a fins e até a um fim final que tem que ser perseguido por nós no mundo, e igualmente sobre a possibilidade extrínseca de sua execução (para o que nenhuma teleologia física pode dar-nos instrução alguma), parte agora à necessária questão de se obriga nosso juízo racional a sair do mundo e buscar, para a referência da natureza ao moral que há em nós, um princípio supremo inteligente, a fim de representar também a natureza com referência à legislação interna moral e sua possível execução como idônea para nós. Por conseguinte, há em todo caso uma teleologia moral e esta se une à nomotética da liberdade, por um lado, e à da natureza, por outro, tão necessariamente como a legislação civil se une à questão acerca de onde se deve buscar o poder executivo, e em geral em tudo aquilo em que a razão deve indicar um princípio da realidade de certa ordem legal das coisas, possível somente segundo ideias. Vamos expor, primeiro, o progresso da razão a partir daquela teleologia moral e sua referência à física até a teologia, para depois tecer considerações acerca da possibilidade e da validade desse modo de conclusão.

Se considerarmos que a existência de certas coisas (ou sequer de certas formas das coisas) é contingente, ou é possível unicamente com base em outra coisa que é sua causa, cabe que para essa causalidade busquemos o fundamento supremo, e, por isso, para o condicionado o fundamento incondicionado, ou na ordem física, ou na teleológica (segundo o *nexus effectivus* ou o *finalis*). Isto é, cabe perguntar: qual é a causa suprema produtora, o que é o fim supremo (absolutamente incondicionado), ou seja, o fim final de que produz tal produto ou todos os seus em geral? Ao dizer isso, pressupomos, evidentemente, que essa causa é capaz de uma representação de fins, ou seja, que é um ser inteligente, ou, pelo menos, que deve ser concebido por nós como atuando segundo as leis de semelhante ser.

Sendo assim, na investigação da ordem mencionada em segundo lugar, há um princípio ao qual se vê obrigada a dar seu assentimento até a razão humana mais comum: se se quiser que haja em todos os aspectos um fim final que a razão tenha que dar *a priori*, este não poderia ser outro que o homem (qualquer ser racional do mundo*), visto que (a juízo de todos), se o mundo constasse de meros seres inertes, ou em parte viventes porém irracionais, a existência desse mundo não teria valor algum, porque nele não existiria nenhum ser que tivesse o menor conceito de um valor. E se, pelo contrário, houvesse também seres racionais, cuja razão, entretanto, apenas estivesse em condições de atribuir valor à existência das coisas em sua relação com a natureza (com seu bem-estar), mas não de procurá-lo originalmente (na liberdade), haveria, sim, fins (relativos) no mundo, porém nenhum fim final (absoluto), porque sempre careceria de fim a existência de semelhantes seres racionais. Mas as leis morais têm a propriedade característica de prescrever à razão algo como fim sem condição, ou seja, precisamente como requer o conceito de fim final, e a existência de semelhante razão, que pode ser para si mesma a lei suprema na relação a um fim, dito com outras palavras: a existência de seres racionais sob leis morais é a única coisa que pode ser concebida como fim final da existência de um mundo. Pelo contrá-

* Digo deliberadamente: sob leis morais. Não é o homem segundo leis morais, isto é, aquele que se comporta em conformidade com elas, o fim final da criação, visto que com a última expressão diríamos mais do que sabemos, a saber, que um autor do mundo teria o poder de fazer com que o homem se comportasse a todo momento conforme as leis morais, o que pressupõe um conceito de liberdade e de natureza (da última cabe apenas conceber um autor exterior) que precisaria conter um conhecimento do substrato sensível da natureza e da identidade desse substrato com o que no mundo torna possível a causalidade mediante liberdade, e esse conhecimento vai muito além daquele de que é capaz nossa razão. Apenas de homens sob as leis morais podemos dizer, sem ultrapassar os limites de nosso conhecimento: sua existência constitui o fim final do mundo. Isso concorda também perfeitamente com o juízo da razão humana que reflete moralmente sobre o curso do mundo. Também cremos vislumbrar no mal os rastros de uma sábia referência a fins, quando o que vemos é somente que o perverso malvado não morre antes de haver sofrido a bem merecida pena de seus malfeitos. Segundo nossos conceitos de causalidade livre, descansa em nós o comportamento bom ou mau; mas estimamos a suprema sabedoria do regime do mundo em que as leis morais dispõem a ocasião para o primeiro e sancionam o resultado de ambos. Neste último consiste propriamente a glória de Deus, que não sem razão foi qualificada pelos teólogos de fim último da criação. É de observar-se ainda que com a palavra criação, quando nos servimos dela, não entendemos senão o que aqui dissemos, a saber: a causa da existência de um mundo ou das coisas que há nele (substâncias); como o implica igualmente o verdadeiro conceito da palavra (actuatio substantiae est creatio), o qual, portanto, não implica já o pressuposto de uma causa que atua livremente e, por conseguinte, inteligente (cuja existência vamos demonstrar em seguida).

rio, caso não ocorra assim, não há fim algum na causa para a existência do mundo, ou essa existência tem por fundamento fins sem fim final.

A lei moral, a título de condição formal da razão para o uso de nossa liberdade, nos obriga por si só, sem depender de fim algum como condição material; mas também nos determina, e precisamente *a priori*, um fim final, ao qual temos que aspirar obrigatoriamente, e este é o mais alto bem possível no mundo por meio da liberdade.

A condição subjetiva sob a qual pode o homem (e segundo nossos conceitos também todo ser racional finito) colocar para si um fim final sob a lei mencionada é a felicidade. Assim, o mais alto bem físico possível no mundo, e que a título de fim final é necessário fomentar na medida em que dependa de nós, é a felicidade, sob a condição objetiva de que o homem coincida com a lei da moralidade, no sentido de que seja digno de ser feliz.

Porém, segundo todas nossas faculdades racionais, é impossível que possamos representar-nos como unidos por meras causas naturais e como adequados à ideia do fim final pensado esses dois requisitos do fim final que a lei moral nos impõe. Ou seja, que o conceito da necessidade prática desse fim pela aplicação de nossas faculdades não coincide com o conceito prático da possibilidade física de sua obtenção, se não associarmos à nossa liberdade outra causalidade (a de um meio) que a da natureza.

Por conseguinte, temos que supor uma causa moral do mundo (um autor do mundo) para propor-nos um fim último em conformidade com a lei moral, e, até onde seja necessário admitir o último (isto é, no mesmo grau e pelo mesmo fundamento), será necessário também admitir o primeiro, a saber: que há um Deus*.

Essa prova que com facilidade pode acomodar-se à forma da precisão lógica não quer dizer que seja igualmente necessário supor a existência de Deus que reconhecer a validade da lei moral, ou seja, que quem não pudesse convencer-

---

* Este argumento moral não pretende oferecer uma demonstração de validade objetiva da existência de Deus, nem demonstrar que há um Deus a quem duvida da existência deste, pelo contrário, que se quer pensar consequentemente na moral, tem que incluir entre as máximas de sua razão prática a admissão dessa tese. Tampouco queremos dizer com isso que seja necessário para a moralidade supor a felicidade de todos os seres racionais do mundo em conformidade com sua moralidade, mas sim que é necessário por ela. Ou seja, é um argumento subjetivamente suficiente, para seres morais.

se do primeiro poderia julgar que fica eximido das obrigações da segunda. Não! A única coisa que haveria que abandonar em tal caso seria a persecução do fim final do mundo, alcançável pela última (de uma felicidade dos seres racionais harmonicamente compatível com a observância das leis morais, como bem supremo do mundo); entretanto, todo ser racional teria que continuar reconhecendo-se estritamente obrigado pelo preceito dos bons costumes, pois as leis destes são formais e incondicionalmente imperativas, sem atender a fins (como matéria da vontade). Porém, o requisito do fim final, tal como a razão prática o prescreve aos seres do mundo, é um fim irresistível colocado neles por sua natureza (de seres finitos), fim que a consciência submete apenas à lei moral como condição inviolável ou, também, que quer se cumpra universalmente de acordo com essa lei, convertendo assim em fim final a persecução da felicidade de acordo com a moralidade. Pois bem, a lei moral manda perseguir este fim em tudo quanto esteja ao nosso alcance (na medida em que se refere aos seres do mundo), qualquer que seja o resultado desse esforço. O cumprimento do dever consiste na forma da vontade séria, não nas causas indiretas do êxito.

Supondo, pois, que movido em parte pela debilidade de todos os argumentos especulativos tão enaltecidos, em parte por várias irregularidades que houvesse encontrado na natureza e no mundo dos sentidos, um homem se deixasse vencer pela tese de que Deus não existe, considerar-se-ia indigno a seus próprios olhos se por isso pretendesse que as leis do dever fossem apenas imaginárias, inválidas e sem força para obrigar, podendo, consequentemente, infringi-las sem temor. E o mesmo homem, se depois pudesse convencer-se do que ao princípio havia posto em dúvida, seguiria sendo indigno segundo esse modo de pensamento, embora cumprisse seu dever, porém por temor ou contando com uma recompensa, sem ânimo para render culto ao dever, apesar de que em seu cumprimento fosse tão estrito quanto se pudesse exigir. Pelo contrário, se sendo crente obedece sincera e desinteressadamente à sua consciência e, não obstante, todas as vezes que postula, como tentativa, o caso de que um dia chegasse a convencer-se de que não há Deus, crê-se em seguida livre de toda obrigação moral, tem que ser má a qualificação de sua íntima disposição moral.

Podemos supor, por conseguinte, um homem íntegro (por exemplo: Spinoza), que está firmemente convencido de que não há Deus nem vida futura (pois à mesma consequência conduz este segundo extremo quanto ao objeto da moralidade), como julgará sua própria intrínseca destinação a um fim pela lei moral a que em seus atos rende culto? Não pede que sua observância lhe proporcione vantagem alguma neste nem em outro mundo, pelo contrário, desinteressadamente quer apenas praticar o bem, e a isso encaminha todas as suas forças aquela santa lei. Porém, seu esforço é limitado, e da natureza pode esperar, sim, algum outro auxílio eventual, mas nunca uma coincidência legal e sujeita a regras constantes (tal como são e devem ser intrinsecamente as regras a que ele se atém) para o fim a cuja realização se sente, entretanto, obrigado e impulsionado. O engano, a violência e a inveja o espreitarão a todo momento, embora ele seja sincero, pacífico e benevolente, e verá que os demais homens probos que encontra, por mais dignos que sejam de ser felizes, são submetidos pela natureza, que não repara nisso, a todos os males da miséria, doenças e morte prematura, como os demais animais da terra, e assim seguirão até que todos (sinceros ou não, o que nesse caso dá no mesmo) acabem na vasta cova, e eles, que puderam crer que eram fim final da criação, serão lançados outra vez ao abismo do caos sem fim da matéria do qual haviam sido retirados. Portanto, esse homem bem intencionado não tinha mais remédio senão renunciar ao fim, impossível, que tinha e queria ter presente na observância das leis morais; porém, se até nesse caso quer obedecer ao chamado de sua intrínseca destinação moral, sem debilitar o respeito que lhe inspira a lei moral ao acatá-la diretamente (como ocorreria caso reduzisse a nada o único fim final ideal apropriado às altas exigências desta e não poderia fazê-lo sem cometer um atentado ao sentimento moral), necessita no aspecto prático, isto é, para formar pelo menos um conceito da possibilidade do fim final que a moral lhe prescreve, supor a existência de um autor moral do mundo, isto é, de Deus, e pode fazê-lo perfeitamente porque, pelo menos, não há nisso contradição.

§ 88

Limitação da validade da prova moral

A razão pura como faculdade prática, isto é, como faculdade de determinar mediante ideias (conceitos racionais puros) o livre uso de nossa causalidade, não apenas contém na lei moral um princípio regulador de nossos atos, mas também com ela oferece ao mesmo tempo um princípio subjetivo-constitutivo no conceito de um objeto, princípio que apenas a razão pode conceber e que há de traduzir-se em realidade por nossos atos no mundo de acordo com essa lei. Por conseguinte, a ideia de um fim final no uso da liberdade segundo leis morais tem realidade subjetivo-prática. Estamos determinados *a priori* pela razão a perseguir com todas as forças o supremo bem do mundo, que consiste na associação do máximo bem físico dos seres racionais do mundo com a suprema condição do bem neles, isto é, da felicidade universal com a moralidade mais estritamente conforme a lei. Nesse fim final, a possibilidade de uma parte, a saber: da felicidade, está condicionada empiricamente, quer dizer, depende da constituição da natureza (de se coincide ou não com esse fim) e é problemática no aspecto teórico, enquanto a outra parte, a saber: a moralidade, para a qual estamos livres da cooperação da natureza, consta *a priori* segundo sua possibilidade e é dogmaticamente segura. Portanto, para a realidade teórica objetiva do conceito do fim final dos seres racionais do mundo, exige-se que não apenas tenhamos um fim final que nos tenha sido proposto *a priori*, mas que, ademais, a criação, isto é, o mundo mesmo tenha por sua existência um fim final, que se pudesse ser demonstrado *a priori* acrescentaria a realidade objetiva à subjetiva do fim final. De fato, se a criação tem em todos os aspectos um fim final, não podemos concebê-lo de outra forma que coincidindo com o moral (o único que torna possível o conceito de fim). Sendo assim, é certo que no mundo encontramos fins, e a teleologia física apresenta-os em tal medida que, se a razão tivesse que julgar em conformidade, teríamos fundamento para admitir em última análise como princípio da investigação da natureza que nada há nesta sem fim; porém em vão buscaríamos nela mesma seu fim final. Dessa forma, este só pode e deve ser buscado, inclusive em virtude de sua possibilidade objetiva, em seres racionais, assim como sua ideia apenas na razão se encontra. Porém, a razão prática dos seres racionais não se limita a indicar esse fim final, mas também determina esse conceito com relação às únicas condições sob as quais se pode conceber por nós um fim final da criação.

Coloca-se agora a questão de saber se a realidade objetiva do conceito de fim final da criação não pode ser exposta também de modo suficiente para as exigências teóricas da razão pura, se não apoditicamente para a faculdade de julgar determinante, pelo menos suficientemente para as máximas da faculdade de julgar teórico-reflexionante. É o mínimo que se pode exigir da filosofia especulativa, que se jacta de associar o fim moral aos naturais mediante a ideia de um fim único; entretanto, até esse mínimo é muito mais do que jamais poderá alcançar.

Atendo-nos ao princípio da faculdade e julgar teórico-especulativa, diríamos: se temos um fundamento para supor para os produtos idôneos da natureza uma causa suprema desta, sua causalidade com respeito à realidade da natureza (a criação) tem que ser concebida de outro modo que o requerido para o mecanismo da natureza, ou seja, como causalidade de um entendimento, este ser original nos servirá de fundamento suficiente não apenas para conceber em todos os aspectos fins na natureza, mas também um fim final, e se não para expor a existência de semelhante ser, pelo menos (como se fazia na teleologia física) para convencer-nos de que podemos tornar compreensível para nós a possibilidade de tal mundo não apenas segundo fins, mas também pela única circunstância de que atribuímos um fim final à sua existência.

Porém, fim final é unicamente um conceito de nossa razão prática e não pode ser deduzido de nenhum dado da experiência para ser aplicado ao juízo da natureza, nem tampouco pode referir-se ao conhecimento desta. Não se pode fazer desse conceito outro uso que para a razão prática segundo leis morais, e o fim final da criação é aquela constituição do mundo, que coincide com a única coisa que podemos indicar determinantemente por leis, a saber: com o fim final de nossa razão prática, e apenas até onde haja de ser prática. Pois bem, graças à lei moral que nos impõe este último fim, temos no aspecto prático, ou seja: para aplicar nossas forças à obtenção desse fim, um fundamento para admitir sua possibilidade (a de sua execução) e, por isso, também uma natureza das coisas coincidente com ele (porque sem a adesão da natureza a uma condição que não depende de nós, resultaria impossível obter esse fim). Temos, portanto, um fundamento moral para imaginar que um mundo é também fim final da criação.

Mas isso ainda não basta para que da teleologia moral possamos inferir uma teologia, isto é, a existência de um autor moral do mundo, senão apenas um fim final da criação dessa sorte determinado. Sendo assim, que para essa criação, isto é, para a existência das coisas respondendo a um fim final, se tenha que supor necessariamente como autor do mundo, em primeiro lugar, um ser inteligente, porém, em segundo lugar, não apenas inteligente (como para a possibilidade das coisas da natureza que nos víamos em condição de julgar como fins), mas ao mesmo tempo moral, ou seja, um Deus, é uma segunda conclusão de tal índole que revela ter sido formulada meramente para a faculdade de julgar segundo conceitos da razão prática e, como tal, para a faculdade de julgar reflexionante, não para a determinante. De fato, não podemos ter a presunção de conhecer que, embora em nós a razão moral-prática seja, por seus princípios, essencialmente diferente da técnico-prática, assim tenha que ser também na causa suprema do mundo considerada como inteligência, nem que para o fim final se exija um tipo especial de causalidade dessa causa distinto do que serve apenas para fins da natureza; portanto, tampouco de que em nosso fim final não tenhamos apenas um fundamento moral para supor um fim final da criação (como efeito), mas também um ser moral como fundamento original da criação. Mas podemos dizer sim: que, dada a constituição de nossa faculdade racional, não podemos tornar compreensível para nós a possibilidade de tal idoneidade referida à lei moral e ao seu objeto, como é a desse fim final, sem um autor do mundo e reitor que ao mesmo tempo seja legislador moral.

Por conseguinte, a realidade de um autor supremo moral-legislador está apenas suficientemente exposta para o uso prático de nossa razão, sem determinar nada teoricamente com respeito à existência daquele, visto que, para a possibilidade de seu fim (o qual, mesmo sem isso, nos é imposto já pela legislação própria da razão), necessita uma ideia mediante a qual se elimine do mundo (de modo suficiente para a faculdade de julgar reflexionante) o obstáculo procedente da capacidade de observar essa lei por meros conceitos naturais, e essa ideia adquire assim realidade prática, apesar de que para o conhecimento especulativo careça em absoluto de todo meio de proporcioná-la no aspecto teórico para a explicação da natureza e a determinação da causa suprema. Para a faculdade de julgar teórico-reflexionante, a teleologia física demonstra suficientemente, com base nos fins da natureza, uma causa inteligente do mundo; para a prática, a teleologia moral alcança isso mediante o conceito de um fim final que no aspecto prático se vê em condição de atribuir à criação. Sendo assim, a realidade objetiva da ideia de Deus, como autor moral do mundo, não pode ser exposta mediante fins físicos unicamente, embora, associando o conhecimento destes ao da moral, aqueles fins físicos adquiram grande importância (em virtude da máxima da razão pura: unidade de princípios, até onde caiba observá-la) para vir em apoio à realidade prática dessa ideia graças à qual tem já em sentido teórico para a faculdade de julgar.

Nesse ponto convém alertar contra uma má inteligência que se produz com facilidade, e ter muito presente: em primeiro lugar, que apenas por analogia podemos conceber essas propriedades do ser supremo, pois como iríamos investigar sua natureza se a experiência nada semelhante pode nos mostrar? Em segundo lugar, que por analogia podemos unicamente concebê-las, mas não conhecê-las nem atribuí-las teoricamente, visto que, para a faculdade de julgar determinante, no aspecto especulativo de nossa razão, isso seria necessário para compreender que é em si a causa suprema do mundo. Em contrapartida, a única coisa que temos que buscar nesse caso é que conceito podemos fazer-nos dele segundo a constituição de nossas faculdades de conhecimento, e se havemos de supor sua existência para conferir mesmo que seja apenas realidade prática a um fim que a pura razão prática, sem nenhum desses pressupostos, nos impõe *a priori* que obtenhamos colocando nisso todas as nossas forças, ou seja, unicamente para que possamos conceber como possível um efeito proposto. Entretanto, cabe a possibilidade de que esse conceito seja transcendente para a razão especulativa, e, ademais, que as propriedades que dessa sorte atribuímos ao ser pensado encerrem em si, objetivamente consideradas, um antropomorfismo; enfim, tampouco usamo-las com o propósito de determinar a natureza desse ser, inalcançável para nós, senão para determinarmos dessa forma nós mesmos e nossa vontade. Assim como qualificamos uma causa pelo conceito que temos do efeito (porém apenas no que diz respeito à sua relação com este), sem pretender determinar intrinsecamente a constituição interna dela por meio das propriedades dessa causa, que única e exclusivamente pela experiência têm que nos ser dadas e conhecidas; assim como por exemplo, atribuímos à alma, entre outras, uma *vis locomotiva*, porque realmente se produzem no corpo movimentos cuja causa está nas representações daquela, sem que por isso pretendamos atribuir-lhe o único modo em que conhecemos forças motrizes (a saber: por atração, pressão, choque, ou seja, movimento que sempre pressupõe um ente dotado de extensão): assim também teremos que supor algo que contenha o fundamento da possibilidade e da realidade prática, isto é, da realizabilidade de um fim final moral necessário; porém, isso, atendendo à índole do efeito que disso esperamos, podemos concebê-lo como um ser sábio que rege o mundo segundo leis morais, e, em conformidade com a índole de nossas faculdades de conhecimento, teremos que conceber como causa das coisas, distinta da natureza, o único objeto de expressar como objeto de nossa razão prática a posição desse ser que excede todas as nossas faculdades de conhecimento, embora sem que por isso lhe atribuamos dessa forma teoricamente a única causalidade desse tipo conhecida por nós, a saber: um entendimento e vontade, e sem pretender sequer distinguir objetivamente a causalidade concebida nele com respeito àquilo que para nós é fim final por estar nesse mesmo ser, da causalidade com relação à natureza (e suas próprias determinações de fins), mas apenas podemos supor que essa diferença é necessária subjetivamente para a índole de nossa faculdade de conhecer e como válida para a faculdade de julgar reflexionante, não para a objetivamente determinante. Porém, se o que importa é o prático, esse princípio regulador (para a prudência ou sabedoria) de operar de acordo com aquilo, a título de fim, que atendo-nos à índole de nossas faculdades de conhecimento pode ser concebido por nós unicamente de certo modo, é ao mesmo tempo constitutivo, isto é, determinante na ordem prática; entretanto, o mesmo, a título de princípio para julgar a possibilidade objetiva das coisas, de modo algum é teoricamente determinante (no sentido de que também ao objeto corresponde o único modo de possibilidade que corresponde à nossa faculdade de pensar), mas mero princípio regulador para a faculdade de julgar reflexionante.

COMENTÁRIO

Não é esta prova moral um argumento de nova invenção, ao contrário, em todo caso, objeto de uma explicação nova, visto que já desde a primeira germinação da humana faculdade de razão se encontrava nesta, tendo-se limitado a desenvolver-se cada vez mais correndo paralelamente ao cultivo progressivo dessa faculdade. Na medida em que os homens começaram a refletir sobre o justo e o injusto, numa época em que ainda prescindiam com indiferença da idoneidade da natureza e a utilizavam sem conceber nela mais que o curso ordinário desta, teve que se impor inevitavelmente o seguinte juízo: que, por fim, de modo algum havia de resultar indiferente que um homem se tenha portado sincera ou falsamente, justa ou violentamente, apesar de que até o fim de seus dias não se descobrisse, pelo menos visivelmente, que suas virtudes fossem premiadas com a felicidade ou que seus crimes fossem castigados. É como se houvessem percebido em seu interior uma voz que lhes dissesse que as coisas tinham que ocorrer de outro modo; consequentemente, deviam ter recôndita a representação, ainda que vaga, de algo que se sentiam obrigados a perseguir, algo que não se conciliava com aquele resultado, ou com o qual, se houvesse que considerar o curso do mundo como a única ordem das coisas, não encontravam como conciliar essa intrínseca disposição finalista de seu espírito. Sendo assim, por mais deturpado que em muitos aspectos fosse o modo como se representavam como havia de se resolver semelhante irregularidade (muito mais irritante para o espírito humano que o cego acaso, que porventura se quisesse tomar como princípio para o juízo da natureza), jamais poderiam imaginar, para a possibilidade de conciliar a natureza com sua íntima lei moral, outro princípio que uma causa suprema que regesse o mundo segundo leis morais, visto que constitui uma contradição que se lhes houvesse imposto como dever um fim final, e que fora deles estivesse sem fim final algum uma natureza, na qual, entretanto, havia de transformar-se em realidade aquele fim. Pois bem, por mais absurdas que fossem as elucubrações que fizeram sobre a índole intrínseca dessa causa do mundo, continuava sendo a mesma aquela posição moral do regime do mundo, a qual está ao alcance de toda razão, até da mais inculta, considerando-a no aspecto prático, enquanto, pelo contrário, a especulativa está muito longe de poder seguir sua marcha. Ademais, tudo induz a supor que esse interesse moral tenha despertado antes de mais nada a atenção para a beleza e os fins da natureza, que logo haviam de constituir excelentes meios para fortalecer aquela ideia, embora não para fundá-la, e muito menos para abandoná-la, porque mesmo a investigação dos fins da natureza unicamente com relação ao fim final adquire aquele interesse imediato que em tão grande medida se mostra na admiração que provoca prescindindo de qualquer vantagem que dela possa ser obtida.

§ 89

Da utilidade do argumento moral

O limitar a razão com relação a todas as nossas ideias do suprassensível às condições de seu uso prático, no que respeita à ideia de Deus, tem a vantagem inegável de impedir que a teologia se erija em teosofia (em conceitos transcendentes que extraviam a razão) ou degenere em demonologia (modo de representação antropomórfica do ser supremo); que a religião caia na teurgia (exaltado delírio de poder ter a sensação de outros seres supra-sensíveis e, por sua vez, influência sobre eles) ou na idolatria (delírio supersticioso de poder tornar o ser supremo propício para si com base em outros meios que não sejam as intenções morais)*.

É que se se concede à vaidade ou presunção de subtrair o direito de determinar teoricamente (e ampliando o conhecimento) um mínimo com respeito àquilo que fica além do mundo dos sentidos, se se lhe consente que alardeie opiniões sobre a existência e constituição da natureza divina, sobre seu entendimento e vontade, sobre as leis de ambos e sobre as propriedades

---

* É igualmente idolatria, no sentido prático da palavra, aquela religião que imagina o ser supremo dotado de propriedades segundo as quais pode outra coisa que a moralidade ser por si só a condição apropriada para conformar-se com sua vontade no que o homem pode fazer, visto que, por mais puro que se tenha concebido aquele conceito, e por mais que no aspecto teórico se tenha mantido livre de imagens sensíveis, no prático resulta logo um ídolo, isto é, representado antropomorficamente segundo a constituição de sua vontade.

que disso se originam para o mundo, quisera saber eu onde e em que lugar se poria limite às arrogâncias da razão, pois uma vez aceitas essas opiniões, cabe esperar que outras mais saiam inclusive da mesma fonte (basta apenas, como se supõe, apurar a reflexão). Contudo, para limitar tais pretensões seria necessário ater-se a certo princípio, sem fundar-se simplesmente na circunstância de que até agora tenham fracassado todas as tentativas feitas com elas, visto que esse fracasso nada demonstra contra a possibilidade de obter um melhor resultado. E nesse caso não cabe outro princípio que um dos dois: ou admitir que sobre o suprassensível nada em absoluto pode ser determinado teoricamente (que não seja apenas de modo negativo), ou que nossa razão encerra uma mina, ainda inexplorada, de conhecimentos de insuspeita vastidão, guardados para nós e nossos descendentes. No que tange à religião, isto é, à moral em relação a Deus como legislador, de considerar obrigado que o conhecimento teórico deste seja prévio, não apenas a moral tem que se reger pela teologia, sem limitar-se a substituir uma legislação intrínseca necessária da razão por outra extrínseca arbitrária de um ser supremo, mas também tudo o que há de defeituoso em nosso conhecimento da natureza desse ser terá que tornar-se extensivo ao preceito moral, subvertendo a religião até torná-la imoral.

No que diz respeito à esperança de uma vida futura, se, em vez do fim final que devemos cumprir de acordo com o preceito da lei moral, consultamos nossa faculdade de conhecimento teórico como guia do juízo racional sobre nossa destinação (a qual apenas em sentido prático será considerada necessária ou aceitável), a teoria da alma, assim como antes a teologia, não nos dará, nesse aspecto, senão um conceito negativo de nosso ser pensante, a saber: que nenhum dos atos e manifestações do sentido interno pode ser explicado de modo materialista, e que, portanto, acerca de sua natureza separada e da duração ou não duração de sua personalidade depois de sua morte nos é absolutamente impossível formular um juízo determinante extensivo com base em motivos especulativos mediante toda nossa faculdade de conhecimento teórica. E como nesse caso fica tudo confiado ao juízo teleológico de nossa existência no aspecto praticamente necessário e à suposição de nossa perdurabilidade como condição exigida para o fim que nos é imposto absolutamente pela razão, salienta-se ao mesmo tempo nesse caso a vantagem (embora à primeira vista pareça ser perda) de que assim como a teologia nunca poderá converter-se em teosofia para nós, tampouco a psicologia racional jamais poderá converter-se em pneumatologia como ciência extensiva, ao mesmo tempo que, por outro lado, se tem a garantia de não cair em nenhum materialismo; pelo contrário, continuará sendo mera antropologia do sentido interno, isto é, conhecimento do nosso eu pensante na vida, e meramente empírica como conhecimento teórico. Por outro lado, a psicologia racional, no que se refere à questão de nossa existência eterna, não é ciência teórica, mas se apoia numa única conclusão da teleologia moral, assim como, por outro lado, todo seu uso apenas para esta última é necessário, devido a nossa determinação prática.

§ 90

Da classe de aquiescência numa prova teleológica da existência de Deus

De toda prova, tanto se for feita (como ocorre com a prova mediante observação do objeto ou experimento) por meio da exposição empírica direta do que se quer demonstrar, quanto se mediante a razão *a priori* com base em princípios se requer, primeiramente, que não nos sugira, mas que nos convença, ou, pelo menos, induza à convicção, isto é, que o argumento ou a conclusão não seja um mero motivo subjetivo (estético) que determina o aplauso (mera aparência), mas sim uma razão de validade objetiva e lógica para o conhecimento, pois do contrário o entendimento fica enlevado mas não convencido. Desse tipo de prova aparente é aquela que, talvez com boa intenção porém encobrindo adrede sua debilidade, se emprega na teologia natural quando se traz à colação a grande quantidade de provas em prol de uma origem das coisas da natureza segundo o princípio dos fins, aproveitando o fundo meramente subjetivo da razão humana, a saber: sua própria tendência a englobar vários princípios num só, contanto que se possa fazê-lo sem contradição, e se nesse princípio se encontram apenas uns poucos, ou mesmo que sejam muitos, dos requisitos necessários para a determinação de um conceito, a acrescentar-lhe imaginariamente os demais para completar o conceito de uma coisa com base em aditamentos arbitrários. E é natural, visto que se na natureza encontramos tantos produtos que para nós são indícios de uma causa inteligente, por que, em vez de várias dessas causas, não conceberíamos melhor uma só, atribuindo-lhe ao mesmo tempo, não apenas grande entendimento, poder, etc., mas onisciência, onipotência, numa palavra: considerando-a como uma causa que contém o fundamento suficiente de tais propriedades para todas as coisas possíveis? E mais ainda: por que não atribuir a esse ser original único, que tudo pode, não apenas inteligência para os produtos e leis da natureza, mas também, a título de causa moral do mundo, a mais alta razão prática moral, se aperfeiçoando desse modo o conceito se indica um princípio conjuntamente suficiente para o conhecimento da natureza e para a sabedoria moral, sem que contra a possibilidade de semelhante ideia se possa esgrimir objeção que tenha algum fundamento? Adicione-se a isso, ao mesmo tempo, que se coloquem em jogo os recursos morais do espírito, cujo interesse se aviva com a força da eloquência (da qual são perfeitamente dignos), e a sugestão nos levará a aceitar a validade objetiva da prova dotada (na maior parte dos casos em que se usa) de uma aparência saudável que a coloca totalmente acima de todo exame de rigor lógico, e ainda sentindo por este repugnância e horror como se se fundasse em sacrílega dúvida. Pois bem, sem dúvida não há nada a dizer contra isso se o que se leva em conta é propriamente a utilidade popular; entretanto, não se pode nem deve deixar de fazer a decomposição desse argumento nas duas partes heterogêneas que contém, correspondentes à teleologia física e à teleologia moral, respectivamente, visto que, se se mantêm misturadas, não é possível saber onde se encontra propriamente o vigor da prova, nem em que parte e como tem que ser elaborado este para que sua validade possa resistir ao mais severo exame (mesmo se nos víssemos obrigados a confessar por um lado a fragilidade de nosso conhecimento racional), o filósofo tem o dever (supondo que não leve em consideração que se lhe pede sinceridade) de desvelar o aparente, por mais saudável que seja, que possa resultar de tal mistura, e de deslindar o que apenas produz sugestão daquilo que induz a convicção (ambas as coisas, qualificações do assentimento distintas não só pelo grau, mas também por sua índole), com o objetivo de que se exponha em toda a sua pureza a concepção do espírito nesta prova, e este permaneça em condições de submeter-se lealmente ao exame mais severo.

Porém, uma prova que aspira a convencer pode ser, por sua vez, de duas classes: segundo pretenda demonstrar o que um objeto é em si, ou o que é para nós (os homens), segundo os princípios racionais de um juízo necessários para nós (uma prova Κατ' 'αλγθειαν ou Κατ' ανθρωπον, tomando a última palavra em sua acepção de homens em geral). No primeiro caso funda-se em princípios suficientes para a faculdade de julgar determinante; no segundo, apenas para a reflexionante. No último caso, como se apoia em princípios meramente teóricos, jamais pode induzir a convicção; porém, se toma por fundamento um princípio racional prático (que, portanto, vigora de modo universal e necessário), pode aspirar a uma convicção suficiente no aspecto prático puro, ou seja: a uma convicção moral. Mas uma prova induz a convicção, mesmo sem convencer, ao apenas colocar no caminho que leva à convicção, isto é, apenas contendo para isso motivos objetivos que, embora sem ser suficientes para a certeza, seu caráter faz com que sirvam de algo mais que de meros fundamentos subjetivos do juízo para sugerir.

Sendo assim, todos os argumentos teóricos bastam: 1º para a prova com base em raciocínios estritamente lógicos; ou então, quando não ocorre assim, 2º para a conclusão por analogia; ou, se tampouco isso ocorre, ainda 3º para a opinião verossímil; ou, finalmente, o que é o mínimo, 4º para a aceitação de um fundamento de explicação meramente possível, como hipótese. Pois bem, eu digo que absolutamente nenhum dos argumentos suscetíveis de induzir à convicção teórica pode alcançar uma certeza desse tipo, da mais alta à mais baixa, caso se pretenda demonstrar a tese da existência de um ser original, na qualidade de Deus, existência que imprima sentido adequado a todo o conteúdo desse conceito, a saber: na qualidade de autor moral do mundo, de modo, portanto, que mediante ele se indique ao mesmo tempo o fim final da criação.

1º No que diz respeito à prova logicamente correta, que vai do universal ao particular, já se expôs suficientemente na Crítica que como ao conceito de um ser que se tenha de buscar além da natureza não corresponde nenhuma intuição possível para nós, ou seja: que seu conceito, na medida em que há de ser determinado teoricamente mediante predicados sintéticos, continuará sendo sempre problemático para nós, não há em absoluto conhecimento dele (graças ao qual se pudesse ampliar minimamente a extensão de nosso saber teórico), e o conceito particular de um ser suprassensível de modo algum pode ser subsumido sob os princípios universais da natureza das coisas, de modo que destes pudesse inferir esse ser, visto que esses princípios valem exclusivamente para a natureza como objeto dos sentidos.

2º Embora uma de duas coisas heterogêneas possa ser concebida por analogia* com a outra, precisamente no ponto de sua heterogeneidade, do fato que são heterogêneas não é possível que, por analogia, concluamos de uma a outra, isto é, transferir à outra esta nota da diferença específica. Assim, por analogia com a lei da igualdade da ação e reação da atração e repulsão mútua dos corpos entre si, posso conceber também a comunidade dos membros de

---

* Analogia (em sua acepção qualitativa) é a identidade da relação entre fundamentos e consequências (causas e efeitos) na medida em que tem lugar apesar da diferença específica das coisas ou daquelas qualidades em si que contêm o fundamento de consequências parecidas (isto é, consideradas fora dessa relação). Assim, para explicarmos as construções que fazem os animais, comparadas às dos homens, imaginamos que o fundamento dos efeitos dos primeiros, que não conhecemos, comparado com o de parecidos efeitos do homem (a razão), que conhecemos, é um análogo da razão, com o que queremos indicar ao mesmo tempo que o fundamento da aptidão construtiva dos animais, denominada instinto, mesmo sendo de fato especificamente distinta da razão, tem, entretanto, uma relação parecida com o efeito (as construções dos castores comparadas às dos homens). Mas o fato de que o homem use da razão para suas construções não autoriza a concluir que a tenha também necessariamente o castor; qualificamo-lo de conclusão por analogia. Porém, comparando o modo de operar dos animais (cujo motivo não podemos perceber diretamente) com o análogo dos homens (do qual temos consciência direta), podemos muito corretamente concluir, por analogia, que também os animais operam por representações (sem supor que sejam máquinas, como pretende Descartes) e que por seu gênero (como seres vivos) são idênticos ao homem apesar de sua diferença específica. O princípio que torna lícito esse modo de concluir reside na identidade do motivo que temos para incluir no mesmo gênero os animais, com respeito a uma determinação pensada, e os homens como homens, comparando-os exteriormente entre si por seus atos. É um caso de par ratio. Posso igualmente conceber a causalidade da causa suprema do mundo, comparando seus produtos idôneos do mundo com as construções do homem, e atribuindo-lhe por analogia um entendimento, porém não que haja uma analogia com essas propriedades do homem, visto que nesse caso falta precisamente o princípio da possibilidade desse modo de conclusão, a saber: a paritas rationis, que permite incluir num mesmo gênero o ser supremo e o homem (considerando sua mútua causalidade). A causalidade dos seres do mundo, sempre sensivelmente condicionada (como o é a devida ao entendimento), não pode ser transferida a um ser que não tenha em comum com aqueles outro conceito genérico que o de coisa.

um ente comunal regido por regras jurídicas, mas não transferir a esta aquelas determinações específicas (a atração ou repulsão de materiais) e atribuí-las aos cidadãos para constituir um sistema denominado Estado. Do mesmo modo, com respeito às coisas do mundo como fins naturais, podemos conceber a causalidade do ser original por analogia com um entendimento, como fundamento das formas de certos produtos, que chamamos obras de fábrica (visto que isso se faz apenas aos efeitos do uso teórico ou prático de nossa faculdade de conhecer que, segundo certo princípio, havemos de fazer desse conceito com respeito às coisas naturais do mundo); porém, do fato que entre seres do mundo se tenha que atribuir entendimento à causa de um efeito julgado artificial de modo algum se pode concluir, por analogia, que, também com respeito à natureza mesma, a mesma causalidade que percebemos no homem corresponde ao ser que é completamente distinto da natureza, visto que isso se refere precisamente ao ponto da heterogeneidade que se concebe entre uma causa sensivelmente condicionada quanto a seus efeitos e o ser suprassensível ainda em seu conceito, e, por conseguinte, não pode transferir-se a este. Precisamente na circunstância de que apenas pretendemos conceber a causalidade divina por analogia com um entendimento (faculdade que não conhecemos em nenhum outro ser sensivelmente condicionado que não seja o homem), reside a proibição de atribuir tal entendimento, na acepção própria da palavra, a esse ser suprassensível*.

3º Em juízos *a priori* não cabe opinar, visto que com eles ou se conhece uma coisa como completamente certa ou não se conhece absolutamente nada. Porém, se também são empíricos os argumentos dados de que partimos (neste caso: os fins do mundo), com eles não se pode ir além do mundo dos sentidos, e tão arriscados juízos não podem ter a menor aspiração a ser verossímeis. De fato, a verossimilhança é parte de uma certeza (cujas razões se comparam nela com a suficiente, como as partes com o todo) possível em certa série de razões, parte para a qual é preciso que possa ser completada aquela razão insuficiente. E como têm que ser homogêneos como fundamentos demonstrativos da certeza

---

* Com isso não se sente falta de nada na representação das relações desse ser com o mundo, tanto no que se refere às consequências teóricas como às práticas desse conceito. Querer indagar o que é em si esse ser é temeridade tão desprovida de objeto como vã.

de um mesmo juízo, pois do contrário não constituiriam conjuntamente uma magnitude (como o é a certeza), não é possível que parte deles se encontre dentro dos limites de toda experiência possível, e outra parte fora de toda experiência possível. Por conseguinte, como os argumentos puramente empíricos não conduzem a nada suprassensível, e tampouco podem completar-se as falhas que haja na série deles, o intento de chegar com eles ao suprassensível e a um conhecimento dele não se alcança nem sequer com a mínima aproximação, e, consequentemente, num juízo sobre este último, tampouco se obtém alguma verossimilhança mediante argumentos tirados da experiência.

4º Caso se queira que algo sirva de hipótese para a explicação da possibilidade de um fenômeno dado, é necessário, pelo menos, que a possibilidade disso seja absolutamente segura. É suficiente que numa hipótese se renuncie ao conhecimento da realidade (que continua sustentando-se numa opinião emitida como verossímil); porém, mais não se pode sacrificar; a possibilidade daquilo que tomamos por fundamento de uma explicação necessita, pelo menos, não se encontrar exposto à dúvida alguma, pois do contrário não haveria modo de pôr limite ao desenfreio da fantasia. E seria uma suposição completamente gratuita admitir a possibilidade de um ser suprassensível determinado por certos conceitos, pois para isso não se dá nenhuma das condições exigidas para um conhecimento segundo o que nele se apoia na intuição, e como critério dessa possibilidade não resta, portanto, mais que o mero princípio de contradição (que não pode demonstrar mais que a possibilidade do pensar, mas não a do próprio objeto pensado).

Disso resulta que para a razão humana não é possível em absoluto a menor prova em sentido teórico, nem sequer com o mínimo grau de aquiescência, em prol da existência do ser original como divindade ou da alma como espírito imortal; e isso por um motivo muito compreensível: porque não existe para nós nenhuma matéria que nos permita determinar as ideias do suprassensível, pois deveríamos tomá-la de coisas do mundo dos sentidos, e essa, simplesmente, não seria apropriada para esse objeto; por conseguinte, sem ter a menor determinação dessas ideias não nos resta mais que um conceito de algo não sensível que contém o último fundamento do mundo dos sentidos, porém esse fundamento não constitui ainda um conhecimento (como ampliação do conceito) de sua constituição intrínseca.

§ 91

Do modo de aquiescência alcançável por meio de uma fé prática

Se atendemos unicamente ao modo em que algo pode ser objeto de conhecimento (*res cognoscibilis*) para nós (segundo a constituição subjetiva de nossas faculdades de representação), os conceitos se confrontarão então, não com os objetos, mas apenas com nossas faculdades de conhecimento e com o uso que estas podem fazer (com intenções teóricas ou práticas) da representação dada, e a questão acerca de se algo é ou não um ser cognoscível não se refere à possibilidade das coisas mesmas mas ao nosso conhecimento delas.

Sendo assim, as coisas cognoscíveis são de três classes: coisas de opinião (*opinabile*), fatos (*scibile*) e coisas de fé (*mere credibile*).

1º Os objetos das meras ideias racionais, que não podem ser expostos para o conhecimento teórico em algum modo de experiência possível, tampouco são, consequentemente, coisas cognoscíveis, e, por isso, nem sequer se pode opinar com respeito a eles, e assim opinar *a priori* já é algo absurdo em si e caminho que conduz diretamente a puras quimeras. Ou nossa tese *a priori* é, pois, certa, ou nada contém suscetível de aquiescência. Por conseguinte, as coisas de opinião são sempre objetos de um conhecimento de experiência pelo menos possível em si (objetos do mundo dos sentidos), porém impossível para nós por causa do único grau que possuímos dessa faculdade. Assim, o éter dos físicos modernos, um fluido elástico que atravessa todas as demais matérias (e intimamente mesclado a elas), é mera coisa de opinião, mas sempre de tal índole que poderia ser percebido se os sentidos exteriores se aguçassem ao mais alto grau; contudo, jamais pode ser exposto em algum modo de observação ou experimento. Supor que em outros planetas haja habitantes racionais é coisa de opinião, pois se pudéssemos aproximar-nos mais deles, coisa possível em si, decidiríamos por experiência se existem ou não; porém, como nunca poderemos chegar tão perto deles, a coisa fica na opinião. Para opinar que no universo material há espíritos puros que pensam sem corpo (se se descartam, como é justo, certos fenômenos reais apresentados como tais espíritos), significa fantasiar, e não constitui coisa de opinião, mas a mera ideia que resta se se elimina de um ser pensante todo o material, porém se lhe deixa o pensar. Contudo, não podemos decidir se então resta este último (que apenas conhecemos no homem, ou seja, associado a um corpo). Tal coisa é um ser raciocinante (*ens rationis ratiocinantis*) e não um ser racional (*ens rationis ratiocinatae*); deste último, porém, é possível expor suficientemente a realidade objetiva de seu conceito, pelo menos para o uso prático da razão, porque este, que tem seus princípios *a priori* próprios e apoditicamente certos, até o exige (postula).

2º. Os objetos para conceitos cuja realidade objetiva possa ser demonstrada (ou por meio da razão pura, ou por meio da experiência, e, no primeiro caso, com base nos dados teóricos ou práticos daquela, porém mediante uma intuição que lhes corresponda), são fatos (*res facti*)*. Assim são as propriedades matemáticas das magnitudes (em geometria), porque são suscetíveis à exposição *a priori* para o uso teórico da razão. Além disso, são igualmente fatos as coisas, ou suas qualidades, que podem ser expostas por experiência (pela própria, ou, mediante testemunhos, pela alheia). Há, contudo, uma coisa muito notável: que entre os fatos se encontra também uma ideia racional (em si não suscetível de exposição na intuição, e, por isso, sua possibilidade não o é tampouco de demonstração teórica); é a ideia de liberdade, cuja realidade, a título de modo particular de causalidade, (cujo conceito seria transcendente no aspecto teórico), pode ser exposta mediante leis práticas da razão pura e, em conformidade com estas, em verdadeiros atos, ou seja: na experiência. É a única entre todas as ideias da razão pura cujo objeto é um fato, e tem que ser incluído entre os *scibilia*.

3º. Os objetos que, em relação ao uso conforme ao dever da pura razão prática (como consequências ou como fundamentos), necessitam ser concebidos *a priori*, mas são transcendentes para o uso teórico dessa faculdade, são meras coisas de fé. Assim é o supremo bem do mundo, realizável pela liberdade; seu conceito não pode ser demonstrado em nenhuma experiência possível para nós, portanto, tampouco de um modo suficiente, segundo sua realidade objetiva, para o uso teórico da razão, embora a prática razão

---

* Neste caso amplio, parece-me que com razão, o conceito de fato além da acepção usual da palavra, visto que não é necessário, nem sequer factível, circunscrever essa expressão à verdadeira experiência quando é questão das relações das coisas com nossas faculdades de conhecimento, pois contanto que apenas seja possível, uma experiência já basta para que possamos qualificá-las de simples objetos de um determinado modo de conhecimento.

pura nos imponha seu uso com vistas a alcançar esse fim da melhor maneira possível, devendo, por isso, ser considerado como possível. Esse efeito imposto, junto com as únicas condições concebíveis por nós para sua possibilidade, a saber: a existência de Deus e a imortalidade da alma, são coisas de fé (*res fidei*), e precisamente os únicos entre todos os objetos que podem ser denominados assim*. De fato, embora por nós tenha que se crer naquilo de que tomamos conhecimento apenas pela experiência de outros, não por isso se converte já em coisa de fé em si, pois, naquelas testemunhas, para alguém foi própria experiência e fato, ou como tal se supõe. Além disso, tem que ser possível chegar por este caminho (da fé histórica) ao saber, e os objetos da história e da geografia, como em geral tudo o que é possível saber pelo menos segundo a constituição de nossas faculdades de conhecimento, não se incluem entre as coisas de fé, mas sim entre os fatos. Em todo caso, apenas os objetos da razão pura podem ser coisas de fé, mas não a título de objetos da mera razão especulativa pura, pois então nem sequer poderiam incluir-se entre as coisas, isto é, entre os objetos desse conhecimento possível para nós. São ideias, ou seja: conceitos aos quais não se pode assegurar teoricamente realidade objetiva. Em contrapartida, o supremo fim final que havemos de alcançar, o único graças ao qual podemos chegar a ser dignos de ser nós mesmos fim final da criação, é uma ideia que no aspecto prático tem para nós realidade objetiva, e é coisa; porém, dado que no aspecto teórico não podemos proporcionar essa realidade a esse conceito, que é mera coisa de fé para a razão pura, e com ele o são ao mesmo tempo Deus e a imortalidade, a título de condições únicas com que, dada a índole de nossa razão (humana), podemos conceber a possibilidade daquele efeito do uso legal de nossa liberdade. Porém, a aquiescência a coisas de fé o é em pura intenção prática, isto é, uma crença moral que nada demonstra para o conhecimento racional teórico puro, mas apenas para o prático dirigido à observância de seus deveres, e não expande a especulação ou as regras de sabedoria práticas

---

* Mas não por isso são artigos de fé as coisas de fé, pois com a primeira denominação se entendem apenas as coisas de fé a cujo reconhecimento (interior ou exterior) podemos ser obrigados; não os contém, pois, a teologia natural, visto que, não podendo se basear em provas teóricas (como os fatos), em sua qualidade de coisas de fé, apenas uma livre aquiescência, e unicamente a esse título, pode conciliar-se com a moralidade do sujeito.

segundo o princípio do amor a si mesmo. Se o princípio supremo de todas as leis morais é um postulado, postula-se assim ao mesmo tempo a possibilidade do objeto supremo destas, e, com isso, também a condição em que podemos conceber essa possibilidade. Sendo assim, com isso, o conhecimento desta última não se converte em saber nem opinião da existência e índole dessas condições como conhecimento teórico, mas apenas em suposição no aspecto prático e também obrigado para o uso moral de nossa razão.

Embora nos fins da natureza, que em tão copiosa medida nos apresenta a teleologia física, pudéssemos basear aparentemente um conceito determinado de uma causa inteligente do mundo, não por isso seria coisa de fé a existência desse ser, pois como isso se aceita, não com vistas ao cumprimento de nosso dever, mas apenas para a explicação da natureza, não seria mais que opinião e hipótese adequada à nossa razão. Sendo assim, aquela teleologia de modo algum conduz a um determinado conceito de Deus, conceito que, pelo contrário, só se encontra no de um autor moral do mundo, porque unicamente este proporciona o fim final, dentro do qual apenas podemos incluir-nos com a condição de que nos comportemos em consonância com o que nos impõe, ou seja: com aquela que nos obriga, a título de fim final, a lei moral. Consequentemente, só mediante sua referência ao objeto de nosso dever, como condição da possibilidade de alcançar o fim final deste, adquire o conceito de Deus a preeminência de valer como coisa de fé em nossa aquiescência, em contrapartida, esse mesmo conceito não pode fazer com que seu objeto valha como um fato, pois, embora a necessidade do dever seja perfeitamente clara para a razão prática, a obtenção de seu fim final, sempre que este não depende totalmente de nós apenas se supõe com vistas ao uso prático da razão, e, por conseguinte, não é praticamente necessária como o dever mesmo*.

---

* O fim final, que a lei moral nos convida a perseguir, não é o fundamento do dever, pois este se encontra na lei moral que, a título de princípio prático formal, guia categoricamente, prescindindo dos objetos da faculdade de desejar (da matéria da vontade) e, por isso, de todo fim. Essa qualidade formal de nossos atos (a subordinação destes sob o princípio da validade universal), a única coisa em que reside seu valor moral intrínseco, depende totalmente de nós, e podemos prescindir perfeitamente da possibilidade ou irrealizabilidade dos fins que nos corresponde perseguir de acordo com essa lei (porque neles reside

A fé (como *habitus*, não como *actus*) é o modo de pensamento moral da razão na aquiescência àquilo que é inacessível para o conhecimento teórico. É, por conseguinte, o princípio firme do espírito a considerar como verdadeiro**, o que é necessário supor como condição para a possibilidade do supremo fim final moral, devido à obrigatoriedade deste, apesar de que não se possa conhecer por nós sua possibilidade, como tampouco sua impossibilidade. A fé (chamada assim, simplesmente) é a confiança em alcançar um propósito, que temos o dever de perseguir ainda que não conheçamos a possibilidade de sua realização (nem tampouco, consequentemente, a das únicas condições concebíveis para nós). Por conseguinte, é plenamente moral a fé que se refere a objetos particulares que não o são do possível saber ou opinar (no último caso, sobretudo no histórico, teria que se chamar credulidade, não fé). É uma livre aquiescência, não àquilo para o

apenas o valor exterior de nossos atos), por ser algo que jamais dependerá totalmente de nós, levando em conta unicamente o que nos é dado fazer. Mas a intenção de perseguir o fim final de todos os seres racionais (a felicidade, sempre que se harmonize com o dever), vem imposta também pela mesma lei do dever. Entretanto, a razão especulativa não sabe se essa intenção pode ser realizada (nem por parte de nossa própria capacidade física, nem com a cooperação da natureza), pelo contrário, tem que qualificar de esperança infundada e vã, embora bem intencionada, nossa suposição de que essas causas, até onde razoavelmente possamos julgar, há de surgir esse efeito de nossa boa conduta, e se pudesse ter segurança absoluta desse juízo consideraria a própria lei moral como mera ilusão de nossa razão no aspecto prático. Porém, como a razão especulativa se convence plenamente de que jamais pode ocorrer este último, enquanto, pelo contrário, cabe conceber sem contradição essas ideias cujo objeto fica além da natureza, terá que reconhecer como reais essas ideias, para sua própria lei prática e para a tarefa que por ela se lhe impõe, ou seja: no aspecto moral, se não quer incorrer em contradição consigo mesma.

** É uma confiança na promessa da lei moral, mas não como se essa promessa estivesse contida na mesma lei moral, mas sim que a atribuímos a ela, precisamente com fundamento moralmente suficiente, pois nenhuma lei da razão pode impor um fim final sem que a razão prometa ao mesmo tempo, embora de modo incerto, que esse fim é realizável, justificando também com isso a aquiescência às únicas condições em que nossa razão pode conceber exclusivamente que o seja. É o que expressa já a palavra fides, cabendo apenas certas suspeitas acerca de como essa expressão e essa ideia especial incorporaram-se à filosofia moral, pois, tendo feito sua primeira aparição no cristianismo, poderia parecer que sua aceitação constituísse apenas imitação aduladora da linguagem dessa religião. Entretanto, não seria este o único caso em que essa maravilhosa religião, apesar da suma simplicidade qual cabe encontrar provas dogmáticas para a faculdade de julgar teoricamente determinante, nem àquilo para o qual nos sentimos obrigados, mas sim àquilo que admitimos com vistas a uma intenção regida pelas leis da liberdade; mas não, como ocorre com uma opinião, sem motivo suficiente, mas sim suficientemente fundada na razão (embora apenas com respeito ao seu uso prático) para a intenção desta, pois sem esse fundamento o modo de pensamento moral careceria de perseverança firme ao esbarrar na intimação da razão teórica a proporcionar provas (da possibilidade do objeto da moralidade), e oscilaria entre os imperativos práticos e as dúvidas teóricas. Ser incrédulo significa aderir à máxima de não crer em nenhum testemunho, enquanto incrédulo é aquele que nega toda validade àquelas ideias racionais por faltar-lhes a justificativa teórica de sua realidade e, portanto, julga dogmaticamente. Porém, uma descrença dogmática não pode coexistir com uma máxima moral dominante no modo de pensamento (visto que a razão não pode ordenar que se persiga um fim que não se reconhece mais que como quimera); pode sim, em contrapartida, uma fé dubitativa, para a qual a falta de convicção apoiada em fundamentos da razão prática especulativa é apenas um obstáculo cuja influência sobre a conduta pode ser removida por uma compreensão crítica dos limites dessa faculdade e que proporciona, em compensação, uma predominante aquiescência prática.

Quando, em vez de certas tentativas frustradas, se quer introduzir na filosofia outro princípio, ao qual se deseja proporcionar influência, constitui uma grande satisfação o modo como fracassaram aquelas tentativas e porque tiveram que fracassar.

Deus, a liberdade e a imortalidade da alma são os problemas para cuja solução apontavam todos os apetrechos da metafísica, como sendo seu último e único fim. Sendo assim, acreditava-se que a teoria da liberdade apenas era necessária como condição negativa para a filosofia prática, enquanto, pelo contrário, a teoria de Deus e da imortalidade da alma, pertencente à teorética, tinha que ser exposta por si e separadamente para

de sua exposição, houvesse enriquecido a filosofia com conceitos de moralidade muito mais determinados e puros do que até então havia conseguido fazer aquela, mas que, uma vez introduzidos, a razão os aprova livremente e os aceita como se ela mesma tivesse podido e devido chegar a eles e introduzi-los.

unir logo as duas ao que ordena a lei moral (possível apenas sob a condição da liberdade), e obter assim uma religião. Porém, logo se pode compreender que essas tentativas tinham que fracassar, visto que com base em meros conceitos ontológicos das coisas em geral ou da existência de um ser necessário é absolutamente impossível fazer de um ser original um conceito determinado por predicados que podem dar-se na experiência e servir, portanto, para o conhecimento; porém, o que se fundou na experiência da idoneidade física da natureza tampouco podia, por sua vez, proporcionar alguma prova suficiente para a moral e, com isso, para o conhecimento de um Deus. E tampouco o conhecimento da alma podia proporcionar por experiência (que façamos nesta vida) um conceito de sua natureza espiritual e imortal que fosse suficiente para a moral. A teologia e a pneumatologia, a título de problemas para as ciências de uma razão especulativa, porque seu conceito é transcendente para todas nossas faculdades de conhecimento, não podem realizar-se mediante nenhuma classe de dados e predicados empíricos. A determinação de um ou outro conceito, de Deus como da alma (quanto à sua imortalidade), apenas pode ser feita mediante predicados que, mesmo sendo possíveis apenas com base num fundamento suprassensível, têm que demonstrar, contudo, sua realidade na experiência, pois só assim podem tornar possível um conhecimento de seres totalmente supra-sensíveis. Pois bem, tal é o único conceito da liberdade do homem sob leis morais que pode ser encontrado na razão humana, junto com o fim final que a razão prescreve por meio dessas leis; esses conceitos servem para atribuir, os primeiros ao autor da natureza, e o segundo ao homem, aquelas propriedades que contêm a necessária condição para umas e outras, de modo que precisamente dessa ideia se pode concluir a existência e a índole daqueles seres que de outro modo se nos ocultariam totalmente.

Por conseguinte, o motivo pelo qual fracassou o projeto de demonstrar por via puramente teórica Deus e a imortalidade reside em que, por essa via (a dos conceitos naturais), não é possível nenhum conhecimento do suprassensível. Que, em contrapartida, prospere pela via moral (a do conceito de liberdade), tem o seguinte motivo: que nesse caso o suprassensível que se toma como fundamento (a liberdade) não apenas proporciona matéria (graças a uma determinada lei de causalidade que dele surge) para o conhecimento do resto do suprassensível (do fim moral e das condições para que se possa realizar), mas também, a título de fato, expõe sua realidade em atos, mas precisamente por isso não pode oferecer outro motivo demonstrativo válido que não seja no aspecto prático (que é igualmente o único que necessita a religião).

Nessa ordem de coisas, constituirá sempre uma circunstância muito notável que das três ideias racionais puras: Deus, liberdade e imortalidade, seja a liberdade o único conceito do suprassensível que demonstra sua realidade objetiva na natureza (mediante a causalidade nele concebida) graças a seu efeito possível nela, e precisamente por isso torna possível a união das outras duas com a natureza e das três entre si numa religião; e que, portanto, tenhamos em nós um princípio capaz de determinar a ideia do suprassensível que há em nós, e com ela também a do suprassensível exterior a nós, embora num sentido exclusivamente prático, coisa de que tinha que desesperar a filosofia meramente especulativa (que tampouco podia dar da liberdade mais que um conceito puramente negativo); ou seja, que o conceito de liberdade (como conceito fundamental de todas as leis prático-incondicionadas) pode estender a razão além daquelas fronteiras dentro das quais teria que ficar circunscrito sem esperança todo conceito natural (teórico).

COMENTÁRIO GERAL À TELEOLOGIA

Se o que se pergunta é qual hierarquia tem entre os demais argumentos da filosofia o argumento moral que demonstra a existência de Deus como mera coisa de fé para a razão praticamente pura, será fácil calcular toda a esfera da filosofia quando então se vê que nesse caso não cabe eleição, mas sim que sua capacidade teórica se vê obrigada a renunciar por si mesma a todas as suas pretensões ante uma crítica imparcial.

Toda aquiescência tem que basear-se, antes de mais nada, em fatos se não quiser ser totalmente gratuita, e a única diferença na prova pode consistir em se nesses fatos pode-se basear uma aquiescência à consequência tirada deles com o caráter de saber para o conhecimento teórico ou apenas com o de crença para o prático. Todo fato pertence ao conceito natural, que demonstra sua realidade nos objetos dos sentidos, dados (ou suscetíveis de sê-lo) antes de qualquer conceito natural, ou ao conceito de liberdade, que expõe suficientemente sua realidade mediante a causalidade da razão com respeito a certos efeitos, possíveis segundo ela, do mundo dos sentidos, e que esta postula irrefutavelmente na lei moral. Sendo assim, o conceito natural (pertencente unicamente ao conhecimento teórico) é ou metafísico e completamente *a priori*, ou físico, isto é, *a posteriori* e por necessidade concebível somente por meio de uma experiência determinada. O conceito natural metafísico (que não requer nenhuma experiência determinada) é, consequentemente, ontológico.

A prova ontológica da existência de Deus com base no conceito de um ser original é, por sua vez, a que, com base em predicados ontológicos, os únicos que permitem concebê-lo determinadamente em todos os casos, conclui a existência absolutamente necessária ou, da absoluta necessidade da existência de alguma coisa, qualquer que seja, os predicados do ser original, visto que o conceito de um ser original requer, para que este não seja derivado, a necessidade absoluta de sua existência, e (para representar-se esta) a determinação completa mediante o conceito desse ser. Havendo crido que ambos os requisitos se reuniam no conceito de um ser superlativamente real, surgiram duas provas metafísicas.

A prova (chamada propriamente ontológica) que tomava por fundamento um conceito natural puramente metafísico concluía do conceito do ser superlativamente real sua existência absolutamente necessária, alegando que, se não existisse, lhe faltaria uma realidade, a saber: a existência. A outra (chamada também prova metafísico-cosmológica) concluía da necessidade da existência de qualquer coisa (como a que tem que ser absolutamente concedida, pois se nos dá uma existência na consciência de nós mesmos) a determinação completa dessa coisa como ser superlativamente real, porque tudo o que existe tem que estar completamente determinado, porém o absolutamente necessário (isto é, o que nós temos de conhecer como tal, ou seja: *a priori*) tem que estar também completamente determinado por seu conceito, o qual se encontra apenas no conceito de uma coisa superlativamente real. Não é necessário expor aqui o sofisma de ambas as conclusões, coisa que já fizemos em outro lugar; limitar-nos-emos a observar que essas provas, embora tenham lidado com toda classe de sutilezas dialéticas, jamais transcenderam da escola ao domínio comum nem tiveram a menor influência no puro entendimento são.

A prova que toma por fundamento um conceito natural que só pode ser empírico, embora queira ir além dos limites da natureza como soma dos objetos dos sentidos, não pode ser outra que a dos fins da natureza, cujo princípio não pode, certamente, dar-se *a priori*, senão por meio da experiência, mas promete um conceito da causa original da natureza tal que entre todos os que conhecemos é o único que convém ao suprassensível, a saber: o de uma inteligência suprema como causa do mundo, coisa que, de fato, essa prova alcança plenamente também segundo princípios da faculdade de julgar reflexionante, isto é, de acordo com a índole de nossas faculdades de conhecimento (humanas). A questão da qual tudo depende é a de se a base dos mesmos dados pode proporcionar esse conceito de um ser supremo, ou seja: inteligente ou independente, com o caráter, também, de Deus, isto é, de autor de um mundo submetido a leis morais, ou seja, se é capaz determiná-lo suficientemente para a ideia de um fim final da existência do mundo, tanto se o que pedimos é um conceito teoricamente suficiente do ser original com vistas a todo o conhecimento da natureza ou um prático para a religião.

Esse argumento, obtido com base na teleologia física, é digno de respeito. O mesmo efeito produz sobre o entendimento comum que sobre o pensador mais sutil, e Reimarus, em sua obra ainda insuperada, em que desenvolve amplamente esse argumento com a profundidade e clareza que o distinguem, conquistou com isso um mérito imperecedouro. Porém, de que modo consegue essa prova influir tão poderosamente sobre o espírito, sobretudo no juízo pela fria razão (pois sua emoção e elevação pelas maravilhas da natureza podem servir melhor de meios de sugestão), determinando um assentimento sereno que lhe dá toda a sua aprovação? Não são os fins físicos, que levam todos a uma inteligência inescrutável na causa do mundo; de fato, estes são insuficientes para isso, porque não satisfazem a necessidade da razão inquisitiva, que se pergunta: para que são todas essas coisas de arte da natureza, para que o próprio homem no qual devemos nos deter como último fim concebível para nós na natureza, para que existe toda esta natureza, e qual é o fim de uma arte tão grande e diversa? Que tenham sido criados para ser fruídos ou contemplados, para seu estudo ou admiração (o qual, por não ser levado mais além, permanece em gozo de tipo especial) como fim final de que o mundo e o próprio homem existam, é coisa que não pode satisfazer à razão, pois esta pressupõe um valor pessoal que apenas o homem pode se dar, como condição única em que ele e sua existência possam ser fim final. Na falta deste (o único capaz de um conceito determinado), os fins da natureza não satisfazem a demanda do homem, sobretudo porque não podem oferecer um conceito determinado do ser supremo como ser onissuficiente (e o único que, precisamente por isso, pode ser qualificado propriamente de supremo), nem das leis segundo as quais é causa do mundo um entendimento.

O fato de que a prova físico-teleológica convença, embora ao mesmo tempo seja teológica, não provém da utilização das ideias dos fins da natureza como outros tantos argumentos empíricos de uma inteligência suprema; o que ocorre é que na conclusão se incorpora inadvertidamente o argumento moral, inerente a todo homem e que tão intimamente o move, segundo o qual ao ser que com tão incompreensível artifício se revela nos fins da natureza se atribui também um fim final e, com isso, sabedoria (embora a isso não lhe autorize a percepção daqueles fins), completando, pois, arbitrariamente, aquele argumento moral no que tem de deficiente. Por conseguinte, o argumento moral é apenas o que na realidade produz a convicção, e mesmo esta apenas no aspecto moral para o qual nos sentimos dispostos todos em nosso foro mais íntimo; a prova físico-teleológica, pelo contrário, tem apenas o mérito de levar o espírito à contemplação do mundo pela senda dos fins e, com isso, a um autor inteligente do mundo, visto que a referência moral a fins e a ideia desse legislador igualmente moral e autor do mundo, como conceito teológico, parecem desenvolver-se por si mesmas daquele argumento, embora sejam realmente puro acréscimo.

Podemos continuar fazendo assim na exposição ordinária, visto que para o entendimento comum e são resultará difícil, via de regra, ter que separar como heterogêneos, se essa separação o obriga a refletir muito, os distintos princípios que usa misturados, embora na realidade unicamente por um, e de modo correto, tira conclusões. Entretanto, o argumento moral da existência de Deus não se limita propriamente a completar o físico-teleológico convertendo-o em prova completa, mas é uma prova especial que supra a falta de convicção procedente do último, que, na realidade, não pode fazer mais que orientar e atrair a razão (no juízo do fundamento da natureza e de sua ordem contingente, porém admirável, que nos é conhecido pela experiência) até a causalidade de uma causa que contém seu fundamento por fins (causa que, dada a índole de nossas faculdades de conhecimento, temos que conceber como inteligente), tornando-a dessa forma acessível à prova moral. É que o exigido para este último conceito resulta tão essencialmente distinto de tudo o que possam conter e ensinar os conceitos naturais que necessita de um argumento e prova especiais, totalmente distintos dos anteriores, para indicar suficientemente para uma teologia o conceito de ser original e chegar à conclusão de sua existência. Consequentemente, a prova moral (que evidentemente não demonstra mais que a existência de Deus no aspecto prático, porém indispensável, da razão) continuaria em vigor caso não encontrássemos no mundo material algo, ou apenas equívoco, para a teleologia física. Concebe-se que seres racionais que se viam rodeados por essa natureza que não revelava nenhum sinal claro de organização, mas apenas efeitos de um mero mecanismo da matéria bruta, parecendo-lhes que carecia de fundamento essa natureza e atendendo à mutabilidade de algumas formas e relações só acidentalmente idôneas, acabaram por tirar a conclusão de um autor inteligente, com o que não haveria, então, motivo para uma teleologia física, e, entretanto, a razão, que não se sente induzida a isso por conceitos naturais, encontraria no conceito de liberdade e nas ideias morais nele fundadas um motivo praticamente suficiente para postular o conceito de um ser original adequado a elas, isto é, a título de divindade, e a natureza (mesmo de nossa própria existência) como fim final conforme a ela e suas leis, atendendo precisamente ao mandato inevitável da razão prática. Sendo assim, o fato de que o mundo real contenha para seus seres racionais abundante material para a teleologia física (mesmo sem ser necessário) serve de venturosa confirmação para o argumento moral, sempre que a natureza possa apresentar algo análogo às ideias racionais (às morais), pois com isso cobra suficiente realidade para a faculdade de julgar reflexionante o conceito de causa suprema dotada de inteligência (embora isso esteja muito longe de ser suficiente para uma teologia); mas não é indispensável para fundar nele a prova moral, e esta tampouco serve para completar aquele conceito, que por si só não remete à moralidade, a fim de que por sucessivas conclusões levasse a uma demonstração. Dois princípios tão heterogêneos como natureza e liberdade só podem dar lugar a dois modos demonstrativos diferentes, pois o intento de levar a prova com base na natureza resultaria insuficiente para o que se pretende demonstrar.

Seria muito satisfatório para a razão especulativa que o argumento físico-teleológico bastasse para a prova que se busca, visto que assim caberia esperar que se formasse uma teosofia (denominação que se haveria de dar ao conhecimento teórico da natureza divina e sua existência, suficiente para explicar a constituição do mundo e ao mesmo tempo a determinação das leis morais). Do mesmo modo, se a psicologia fosse suficiente para chegar dessa forma ao conhecimento da imortalidade da alma, tornaria possível uma pneumatologia que seria muito bem-vinda para a razão especulativa. Porém ambas, por mais agradáveis que sejam para a presunção do afã de saber, não cumprem os desejos da razão quanto à teoria que tem que se basear no conhecimento da natureza das coisas. É muito distinta a questão de saber se a primeira como teologia e a segunda como antropologia, baseadas ambas no princípio moral, isto é, na liberdade, e adequadas, por isso, ao uso prático, não cumpririam melhor seu propósito final objetivo; porém, essa questão não tem por que ser tratada aqui mais detidamente.

Mas o argumento físico-teleológico não basta, por conseguinte, para a teologia, porque não dá nem pode dar do ser original um conceito determinado, mas deve tomá-lo de outra parte, completamente distinta, ou suprir sua falta com base num aditamento arbitrário. Da grande idoneidade das formas da natureza e de suas relações se quer tirar a conclusão de uma causa inteligente do mundo, porém, qual é o grau dessa inteligência? Sem dúvida, não cabe presumir que o mais alto grau possível, pois para isso exigir-se-ia que soubéssemos não ser possível uma inteligência maior que aquela de que temos provas no mundo, e isso equivaleria a atribuir-nos onisciência. Igualmente, da grandeza do mundo se conclui que seu autor tem um poder muito grande; porém, haverá de se reconhecer que isso só tem significado para nossa faculdade de conceber, e não conhecendo todo o possível para poder compará-lo com a grandeza do mundo até onde a conhecemos, não podemos, com tão pequena medida, concluir a onipotência do criador, etc. Com isso não se chega a um conceito determinado de um ser original, apropriado para uma teologia, pois este só pode ser encontrado no da totalidade de perfeições compatíveis com um entendimento, e a isso não se pode chegar mediante meros dados empíricos; porém, sem esse conceito determinado não é possível chegar à conclusão de um ser original único inteligente, mas apenas supô-lo (para o objeto que seja). Pois bem, pode-se conceder perfeitamente que se proceda a acrescentá-lo arbitrariamente (pois nada fundado pode opor a isso a razão), pois onde se encontra tanta perfeição, pode-se perfeitamente aceitar que toda perfeição se reúna numa única causa do mundo, visto que a razão encontra maior satisfação, teórica e praticamente, num princípio assim determinado; mas o que não se pode fazer é considerar como demonstrado por nós esse conceito do ser original, pois o adotamos somente com vistas a um melhor uso da razão. Por conseguinte, todo lamento ou indignação impotente contra a presumida maldade de se colocar em dúvida a solidez dessa cadeia de conclusões é vã presunção que desejaria que a dúvida francamente pronunciada contra essa argumentação fosse tida por dúvida contra a verdade sagrada e assim, cobrindo com esse manto aquela argumentação, dissimular sua pouca consistência.

Pelo contrário, a teleologia moral, de fundamentos não menos sólidos que a física, merece maior preferência pelo fato de apoiar-se *a priori* em princípios inseparáveis de nossa razão, e conduz ao que torna possível uma teologia, a saber: a um conceito determinado da causa suprema como causa do mundo segundo leis morais, ou seja, a uma causa que satisfaça nosso fim final moral: para isso se requer atribuir-lhe nada menos que a onisciência, a onipotência, a ubiquidade, etc., como propriedades naturais que é preciso conceber associadas e, por isso, adequadas ao fim final moral, podendo-se obter exclusivamente desse modo o conceito de um autor único do mundo que sirva para uma teologia.

Desse modo, uma teologia conduz também diretamente à religião, isto é, ao conhecimento de nossos deveres como mandatos divinos: porque graças ao conhecimento de nosso dever e do fim final que nele nos é imposto pela razão, pôde-se obter pela primeira vez determinadamente o conceito de Deus, que, portanto, já em sua origem está unido inseparavelmente à obrigação no que diz respeito a esse ser; em contrapartida, se tivesse sido possível encontrar o conceito do ser original determinadamente por via apenas teórica (a saber: seu conceito como mera causa da natureza), ter-se-ia tido que lutar então com grandes dificuldades, e ainda com a impossibilidade, para atribuir a esse ser, mediante provas sólidas e sem aditamentos arbitrários, uma causalidade por leis morais, sem a qual esse pretenso conceito teológico não teria podido constituir a base de uma religião. Mesmo no caso em que por essa via teórica se pudesse fundar uma religião, esta seria realmente distinta quanto a intenções (e nelas reside sua essência) daquela em que o conceito de Deus e a convicção (prática) de sua existência surgem de ideias fundamentais de moralidade. De fato, se tivéssemos que pressupor a onipotência, a onisciência, etc. de um autor do mundo como conceitos que houvéssemos obtido de outra parte, para então limitarmo-nos a aplicar nossos conceitos de deveres à nossa relação com ele, então esses conceitos teriam que ostentar muito marcadamente o estigma da coação e da submissão forçada; em contrapartida, quando o respeito pela lei moral nos representa com toda liberdade, em virtude do preceito de nossa própria razão, o fim final de nossa destinação, admitiremos em nossas perspectivas morais uma causa concordante com esse fim e com sua execução, cheios de muita autêntica veneração, completamente distinta do medo patológico, e submeter-nos-emos de bom grado a essa causa*.

Se nos perguntarem por que nos interessamos de algum modo por ter uma teologia, vê-se claramente que esta não é necessária para expandir ou retificar nosso conhecimento da natureza nem para qualquer teoria, senão simplesmente para a religião, isto é, para o uso prático, ou seja: moral, da razão no aspecto subjetivo. Sendo assim, caso se julgue ser moral o único argumento que conduz a um conceito determinado do objeto da teologia, não apenas não estranhará, mas também, em atenção ao suficiente da aquiescência obtida para o propósito final com base nessa argumentação, tampouco se perde algo caso se conceda que esse argumento moral apenas para nossa determinação moral, isto é, no aspecto prático, expõe suficientemente a existência de Deus, e que nele nem a especulação demonstra sua força nem amplia o alcance de sua jurisdição. Também se desvanecerá o assombro ou a presumida contradição da possibilidade, por nós sustentada, de uma teologia, tendo presente o que a crítica da razão especulativa dizia das categorias: que estas podiam produzir conhecimento aplicadas unicamente a objetos dos sentidos, porém de modo algum ao suprassensível, caso se note que usamos essa teologia para um conhecimento de Deus, porém

---

* A admiração da beleza tanto como a emoção provocada pelos tão diversos fins da natureza, que pode sentir um espírito reflexivo antes de ter uma representação clara de um autor racional do mundo, têm em si algo parecido com um sentimento religioso. É por isso que, mediante um juízo dessas coisas análogo ao moral quando inspiram aquela admiração que está associada a um interesse muito maior do que pode alcançar o mero estudo teórico, parecem influir sobre o sentimento moral (de gratidão e de veneração até a causa desconhecida para nós) e também sobre o espírito suscitando ideias morais.

não no aspecto teórico (pelo que seja em si sua natureza inescrutável para nós), mas simplesmente no prático. Com esse motivo, para pôr fim à má interpretação daquela doutrina da crítica, tão necessária, porém que também contraria o dogmático cego ao obrigar a razão a permanecer dentro de seus limites, vou acrescentar o esclarecimento que segue.

Se atribuo força motriz a um corpo, concebendo-o, por conseguinte, mediante a categoria da causalidade, reconheço-o por ela ao mesmo tempo, ou seja, determino o conceito desse corpo como objeto mediante o que em si (como condição da possibilidade dessa relação) lhe corresponde como objeto dos sentidos, visto que, se a força motriz que lhe atribuo é de repulsão, corresponde a esse corpo (mesmo quando não coloque outro a seu lado que a exerça contra ele) um lugar no espaço, logo uma extensão, isto é, espaço nele mesmo, além da ocupação deste pelas forças de repulsão de suas partes e, por último, também a lei dessa ocupação (que o grau de repulsão das últimas tem que diminuir na mesma proporção em que aumenta a extensão do corpo e em que diminui o espaço que com essas partes ocupa o corpo por meio de outra força). Pelo contrário, quando imagino um ser suprassensível como o primeiro motor, ou seja, mediante a categoria de causalidade com respeito à mesma determinação do mundo (do movimento da matéria), não tenho que imaginá-lo em algum lugar do espaço, nem tampouco como extenso, nem sequer como existente no tempo e em conjunto com outros. Por conseguinte, não tenho nenhuma determinação que possa tornar compreensível para mim a condição da possibilidade do movimento mediante esse ser como fundamento. Consequentemente, mediante o predicado da causa (como primeiro motor) em si, não conheço dele nada, mas tenho apenas a representação de um algo que contém o fundamento dos movimentos do mundo, e a relação entre estes e esse algo como causa deles, como de resto não me oferece nada pertencente à índole da coisa que é causa, deixa completamente vazio o conceito desta. O motivo disso está em que com predicados que só encontram seu objeto no mundo dos sentidos posso chegar, sim, à existência de algo que tem que conter o fundamento desse mundo, mas não à determinação do conceito desse ser como ser suprassensível, conceito que repele todos esses predicados. Portanto, mediante a categoria da causalidade, determinando-a pelo conceito de um primeiro motor, não conheço nada do que seja Deus; quiçá alcançaria melhor resultado se, baseando-me na ordem do mundo, não me limitasse a pensar a causalidade desse ser como a de uma inteligência suprema, mas também a conhecesse mediante essa determinação do mencionado conceito, porque então desapareceria a incômoda condição do espaço e da extensão. Em todo caso, a grande idoneidade do mundo nos obriga a conceber uma causa suprema para ela e para sua causalidade como devidas a um entendimento; porém, de modo algum nos autoriza isso a atribuir-lhe esse entendimento (como, por exemplo, conceber a eternidade de Deus como existência em todo tempo, porque de outro modo não podemos formar nenhum conceito da mera existência como magnitude, ou seja, como duração, ou a onipresença divina como existência em todos os lugares, para tornar compreensível para nós a presença imediata de coisas alheias entre si, sem por isso poder atribuir a Deus uma dessas determinações como algo reconhecido nele). Se determino a causalidade do homem com respeito a certos produtos explicáveis apenas mediante uma idoneidade intencional, concebendo-a como entendimento do homem, não tenho por que deter-me aí, pelo contrário, posso atribuir-lhe esse predicado como qualidade sua perfeitamente conhecida e reconhecê-lo por ela. De fato, sei que aos sentidos dos homens se dão intuições que o entendimento coloca sob um conceito e, com isso, sob uma regra; que esse conceito contém apenas a nota comum (prescindindo do particular) e é, pois, discursivo; que as regras para levar propriamente a uma consciência representações dadas são fornecidas pelo entendimento até antes dessas intuições, etc.: ou seja, que atribuo ao homem essa propriedade como aquela pela qual o reconheço. Pois bem, se quero conceber como inteligência um ser suprassensível (Deus), em certo aspecto de meu uso da razão, esse modo de proceder não apenas é permitido, mas também é inevitável; porém, de modo algum é lícito atribuir-lhe entendimento e fomentar a ilusão de poder reconhecê-lo por isso como por uma propriedade sua, pois então tenho que descartar todas aquelas condições que são as únicas que me permitem conhecer um entendimento, e, com isso, o predicado que unicamente serve para determinar o homem não pode ser relacionado a um objeto suprassensível e, consequentemente, não se pode reconhecer que seja Deus mediante uma causalidade dessa maneira determinada. E o mesmo ocorre com todas as categorias, que se não se aplicam a objetos de experiência possível, não podem ter nenhuma importância para o conhecimento no aspecto teórico. Porém, por analogia com um entendimento, posso, e até devo, conceber, sem dúvida em outro aspecto determinado, até mesmo um ser suprassensível, embora sem por isso pretender reconhecê-lo teoricamente; é o caso de quando essa determinação de sua causalidade versa sobre um efeito do mundo, que encerra uma intenção moralmente necessária, porém irrealizável para seres sensíveis, pois então é possível um conhecimento de Deus e de sua existência (teologia) mediante propriedades e determinações de sua causalidade concebidas nele unicamente por analogia, conhecimento que tem toda a realidade exigida no aspecto prático, mas somente com relação a este (como moral). Por conseguinte, é perfeitamente possível uma teologia ética, pois a moral pode, sem teologia, subsistir certamente com sua regra, mas não com o desígnio final que esta impõe, sem deixar a razão a descoberto com relação à teologia. Em contrapartida, é impossível uma ética teológica (da razão pura), porque não poderiam ser morais as leis que não desse originalmente a mesma razão, e cuja observância obtivesse também na condição de faculdade prática pura. Seria igualmente um absurdo uma física teológica, porque não exporia leis naturais, mas decretos de uma vontade suprema; em contrapartida, poderia servir, pelo menos como propedêutica para a teologia propriamente dita, uma teologia física (propriamente: físico-teológica), pois mediante a contemplação dos fins da natureza, dos quais oferece abundante material, dá ensejo à ideia de um fim final que a natureza nunca pode oferecer; por conseguinte, embora façam sentir a necessidade de uma teologia que determine suficientemente o conceito de Deus para o mais elevado uso prático da razão, não podem em suas provas obtê-la nem fundamentá-la suficientemente.